Next Level

Wie ich erwachsen werde, ohne zu verzweifeln – Basics für Mädchen

Linnea und Dr. med. Ute Buth

Linnea & Ute Buth

Next Level

BASICS FÜR MÄDCHEN

Wie ich erwachsen werde, ohne zu verzweifeln

neukirchener

Bibelstellen sind (wenn nicht anders vermerkt) zitiert nach:
Lutherbibel, revidierter Text 1984, durchgesehene Ausgabe in neuer Rechtschreibung 2006, © 1999 Deutsche Bibelgesellschaft, Stuttgart.

FSC
www.fsc.org
MIX
Papier aus verantwortungsvollen Quellen
FSC® C014138

Bibliografische Information der Deutschen Nationalbibliothek:
Die Deutsche Nationalbibliothek verzeichnet diese Publikation in der Deutschen Nationalbibliografie; detaillierte bibliografische Daten sind im Internet über http://dnb.d-nb.de abrufbar.

Gesamtgestaltung: Grafikbüro Sonnhüter,
www.grafikbuero-sonnhueter.de unter Verwendung
von Illustrationen von © Volker Konrad
Lektorat: Anja Lerz, Moers
Verwendete Schriften: Brandon, Mr Dodo
Gesamtherstellung: Finidr, s.r.o.
Printed in Czech Republic
ISBN 978-3-7615-6924-5 Print
ISBN 978-3-7615-6925-2 E-Book

www.neukirchener-verlage.de

Unseren
Freundinnen
gewidmet.

Medizinische Entwicklungen gehen weiter ...
Alle hier erfassten Daten und Ausführungen sind wissenschaftlich sorgfältig recherchiert und zusammengetragen worden. Die rasche Entwicklung in der Medizin und Wissenschaft bringt es jedoch mit sich, dass sich Sachlagen innerhalb kürzester Zeit ändern können und korrigiert werden müssen. Niemand ist daher von der Verantwortung freigestellt, sich selbst über aktuelle Entwicklungen auf dem Laufenden zu halten und Entscheidungen, zum Beispiel für eine Behandlungsmethode, eine Impfung oder eine Methode zur Empfängnisregelung, mit einer Ärztin seines Vertrauens vor Ort zu bedenken. Nur diese kann die persönliche Gesundheitssituation aktuell und individuell beurteilen. Auf dieser Basis sollten dann Entscheidungen getroffen werden. Sucht ein Mädchen allein Rat, wird die Ärztin im Zweifelsfall auch abschätzen, bei welchen Entscheidungen die Zustimmung der Eltern aufgrund des Alters noch erforderlich ist.
Für diese sehr individuellen Entscheidungsprozesse kann ein Buch kein alleiniger Ratgeber sein. Es kann Entscheidungsprozesse allenfalls vorbereiten oder unterstützen.

Noch ein wichtiger Hinweis vorab von Frau zu Frau:
Zahlreiche junge Mädchen in Schulprojekten äußerten, dass sie es als sehr herausfordernd empfinden, ihren sich entwickelnden Körper einer anderen Person unbekleidet zu zeigen. Geht es um medizinische Untersuchungen und ihren Intimbereich empfinden sie es als natürlicher, ihn – wenn überhaupt – einer Frau zu zeigen. Aus diesem Grund und auch der sprachlichen Einfachheit halber, wählen wir im Buch hier durchgängig den Begriff »Frauenärztin« bzw. sprechen wir auch an anderer Stelle von Ärztinnen in der weiblichen Form. Natürlich behandeln Ärzte Mädchen oder Frauen genauso fachgerecht, wie das eine Ärztin tun würde. Jedes Mädchen, jede Frau sollte in Ruhe für sich entscheiden, ob bzw. wann sie sich an eine weibliche Ansprechpartnerin oder einen männlichen Ansprechpartner wenden möchte.

INHALT

Next Level

Schön, dass du hier bist!

Hey und herzlich willkommen bei **Next Level**, dem **ehrlich**en, **unverblümt**en und **einmalig**en Pubertätsreiseführer für Mädchen auf dem Weg zur Frau. Super, dass du reinschaust!

Challenge voraus – Klartext garantiert!

In der Pubertät sind Veränderungen an der Tagesordnung. Für einige hast du nur ein müdes Lächeln übrig, andere sind echt krass und machen dir richtig zu schaffen. Vieles macht Frau mit sich selbst aus. Manchmal hilft ein Gespräch mit einer guten Freundin weiter. Doch nicht alle Fragen lassen sich so (oder überhaupt) verlässlich klären. In **Next Level** findest du gehaltvolle Infos, verlässliche Fakten und bewährte Praxis-Tipps. Nimmst du die Challenge an, dein Wissen an **Next Level** abzugleichen? Egal, wo du gerade stehst, wie viel du weißt - **Next Level** begleitet dich und spricht dabei auf jeden Fall Klartext! Ehrensache!

Und falls noch persönliche Fragen offenbleiben? Dann findest du hinten im Buch unter → **Mehrinfos** im Netz verlässliche Anlaufstellen und Kontaktdaten!

Kurz gecheckt

- → Du entscheidest, wie du vorgehst! Du kannst **Next Level** nur punktuell ansteuern, kreuz und quer oder am Stück lesen. Je nachdem, was für dich gerade angesagt ist.
- → Immer wenn du den Pfeil ▶ siehst, findest du das folgende Stichwort ▶ Sexting im Buch an anderer Stelle ausführlicher beschrieben.
- → Das A–Z Stichwortverzeichnis hilft dir, bestimmte Themen oder Stichwörter nachzuschlagen.
- → Noch ein wichtiger Hinweis: Bei allen umfassenden Möglichkeiten, die Next Level dir bietet, muss eines klar sein: Es kann keine Ärztin ersetzen. Wende dich daher vor allem bei medizinischen Fragen bitte an eine Ärztin deines Vertrauens!
- → Super, dass du dich informierst und so immer mehr zur Expertin in eigener Sache wirst! Es ist dein Leben, das du jetzt als Mädchen und dann als Frau gestaltest. Geh es aktiv an und mach was draus!

Linnea und Ute Buth

Pubertät?! –
Was geht ab?!

Basics im Überblick

In **Next Level** geht es um dich und darum, wie du vom Mädchen zur Frau wirst. Der Weg dahin führt mitten durch die Pubertät. Daher jetzt hier die wichtigsten Eckpunkte.

Die Pubertät – ein erster Steckbrief!

- Bedeutung: Geschlechtsreife
- Vorzeigbares Endergebnis: abgeschlossene Entwicklung vom Mädchen zur Frau
- Dauer: gepflegte acht bis zehn Jahre, mal gefühlt rasant, mal im Schneckentempo
- Systemimmanent: läuft selbstständig, nicht planbar
- Komplizen: Botenstoffe – auch Hormone genannt
- Unsichtbarer Nebeneffekt: Gehirn-Umbau
- Sichtbarer Nebeneffekt: Größenwachstum, unerwarteter Haarwuchs
- Soundeffekt: leichte Stimmveränderung
- Einsetzen des Eisprungs, Beginn des Regelzyklus und der Monatsblutung als Voraussetzung dafür, dass Frauen später schwanger werden können

Pubertät – muss das sein? Oder kann die weg?

Die Pubertät – ein Lebensabschnitt mit vielen Veränderungen. Mal schön und einladend, manchmal komisch, stressig, vielleicht sogar nervig. Manch eine denkt: »Muss das denn wirklich sein? Auf diesen Mix könnte ich gern verzichten! Wenn ich's mir doch bloß aussuchen könnte ...« Doch die Frage stellt sich nicht. Die Pubertät geht irgendwie jeden an. Erwachsen werden wir alle.

Umso wichtiger ist die Frage: **Wieso genau auf diese Art?** Kann Frau das nicht auch über Nacht erledigen und die Pubertät einfach abschaffen?

Wozu hilft die »Pubertät«?

... und was in aller Welt haben deine Eltern damit zu tun?

- Als Baby und Kleinkind helfen deine Eltern dir gewöhnlich, das Leben um dich herum zu verstehen und zu bewältigen. Das ist absolut notwendig und sinnvoll. Sonst würde es schnell lebensgefährlich.
- Deine Eltern und andere Bezugspersonen geben dir viel von ihrer Sicht auf die Welt mit: ihre Wertvorstellungen, Vorlieben, Herangehensweisen, Positives wie Negatives.

- Für viele Kinder sind sie ihre Alltagshelden, ihr Vorbild und Lernmodell. Manche halten ihre Eltern lange für unfehlbar – bis zur Pubertät! Plötzlich entdecken sie, was sie theoretisch schon immer wussten: Die sind auch nur Menschen! Keine Heiligen, weder Wonder Woman noch Superman. Sie sind unvollkommen – und sie machen Fehler. Viele kleinere und manche richtig üble.
- Im Licht der Pubertät wirkt die elterliche Sicht der Dinge schon mal altmodisch, abgefahren oder schlicht befremdlich. Trotz aller Beteuerungen, es wirklich gut zu meinen (häufig geben sie echt ihr Bestes ...), passt es doch manchmal eben nicht für dich.
- Dabei verhalten sich deine Eltern meist gar nicht so viel anders als vorher. Geändert hat sich vor allem dein Blickwinkel. Das kann eine echte Herausforderung für das Zusammenleben sein. Die gute Nachricht ist: Wir *alle* sind nicht perfekt, machen Fehler und fallen auf die Nase. Eltern wie Kinder, das ist menschlich.

Der tiefergehende Sinn der Pubertät:

- Es nutzt nichts, nur körperlich erwachsen zu werden. Was bringt dir eine äußerliche Verwandlung vom Mädchen zur Frau über Nacht, wenn deine Steuerungszentrale im Gehirn noch auf dem Kleinkind-Level festhängt und du tickst wie deine Eltern? Deshalb braucht die Pubertät Zeit!
- Würden wir das von unseren Eltern Gelernte nicht überprüfen, gingen wir als Erwachsene als 1:1-Kopie unserer Eltern durchs Leben – für die meisten Menschen eine ziemlich uncoole Vorstellung.

UND DAMIT IST DIE PUBERTÄT:

- Deine geniale **Chance**, dein ganz persönliches Profil zu entwickeln, dem Original auf die Spur zu kommen, das schon die ganze Zeit in dir schlummert.
- **Der Jackpot!** Du kannst all dein bisher gelerntes Wissen, deine Ansichten auf den Prüfstand stellen und behalten und ausbauen, was dich jetzt noch immer überzeugt!

Action Step

Mach mal den Gegencheck und überleg: deine Wohnung, eingerichtet im Style deiner Eltern? Dein Outfit so wie ihres? Dein Essen, Bücher und Filmvorlieben, genau wie sie? Vielleicht noch ihre berufliche Laufbahn? Die gleichen Urlaubsziele? Und was vielleicht am abgefahrensten ist – du bist immer der gleichen Meinung wie sie? Klingt das wie Musik in deinen Ohren? Most likely not! Die Pubertät bewahrt dich vor diesem All-inclusive-Gesamtpaket. Stattdessen hast du die Wahl, dir die Highlights rauszusuchen. Besser geht es nicht!

Diplomatie oder Konfrontationskurs?

Da ist jede anders unterwegs: Manche sind radikal und lehnen erst mal sicherheitshalber alles ab. Nur um dann später einiges mehr oder weniger heimlich wieder an Bord zu holen. Vielleicht kannst du mit dem Gesamtpaket nichts anfangen, findest manches aber (meist undercover) sogar ganz brauchbar oder echt gut? Womöglich bewunderst du sie für etwas, was sie tun? Kein Problem! Du entscheidest, *ob* und, wenn ja, *wann* du das offen machst. Alles andere – voll Peinliches und Sachen zum Fremdschämen – kannst du entspannt links liegen lassen.

Fazit: Die Pubertät ist wie ein langfristiger Reset, bei dem du entscheidest, welche Software du ab jetzt auf deiner Lebensfestplatte laufen lassen willst! Wähle deine Software klug!

Gegenwind?

Dein neuer Kurs fällt auf und du erntest nicht nur Szenenapplaus, sondern Gegenwind und Unverständnis? Folgendes solltest du wissen:

- **Du bist nicht verkehrt, sondern erst mal nur anders!**
- Neue Prioritäten können und dürfen bei anderen anecken. Es ist okay, dass du dich ausprobieren und vor allem auch abgrenzen möchtest.
- Manchmal verstehst du die Welt nicht mehr oder hast Stress mit Leuten, mit denen du gestern noch gut befreundet warst. Eltern und auch Lehrkräfte können dir zwischenzeitlich total auf den Senkel gehen – dann sind erwachsenenfreie Zonen sehr willkommen. Oft ist es viel entspannter mit Freundinnen abzuhängen – es sei denn, auch die nerven gerade. Aber vielleicht seid ihr ja doch nächste Woche wieder Best Friends ...?
- Du befindest dich in einer Zwischenzeit, musst die Route erst finden. Das erklärt manchen Schlingerkurs.
- Deinen Weg kannst du auch korrigieren. Du verlierst nicht gleich das Gesicht, wenn du dich mal nicht abgrenzt oder mit Erwachsenen gesehen wirst. Echt.
- Und *gleichzeitig* kann Frau in manchen Entwicklungen ganz schön in die Irre laufen oder ziemlich betriebsblind sein. Daher ist es gut, wenn man ab und an auch mal jemanden von außen nach seiner Sicht fragen kann und sich keinen Zacken aus der Krone bricht, falls mal die eine oder andere kritische Rückfrage kommt!

Energiesparmaßnahmen lohnen sich! Checkup für nervtötende Ärgernisse:

- Ist die Angelegenheit, mit Abstand betrachtet, so ätzend, dass sie mich aufreibt oder kaputt macht? Was kostet es mich, wenn ich dafür kämpfe? Was gewinne ich?
- Wie schätze ich meine Chancen ein, in dieser Sache etwas zu verändern?
- Ergibt es Sinn, meine Kräfte dafür zu mobilisieren oder geht mir an zu vielen Fronten gleichzeitig die Puste aus?

Das abzuwägen geht viel besser in Ruhe, als wenn du gerade akut mitten in einem Konflikt bist!

»Ich weiß noch genau, dass es mit ca. 13 eine Zeit gab, in der ich mich gefragt hab, wer ich bin und was mich ausmacht, weil ich mich so gar nicht wiedererkannt habe. Aber im Laufe der nächsten Jahre wurde das wieder ganz schnell klar.«

Aufgeladene Atmosphären & Wetterkapriolen!

Nicht nur für dich, auch für deine Eltern und Geschwister ändert sich viel. Manchmal haben sie das Gefühl, nicht mehr mitzukommen. Plötzlich ist dein Zimmer tabu, ihr badet nicht mehr wie früher als Kleinkinder zusammen und der Schlüssel in der Badezimmertür gehört ab jetzt zum Pflichtprogramm. Was gestern noch okay war, kann morgen zum offenen Streit führen. Und das Allerletzte ist, sich wie ein kleines Kind behandelt zu fühlen.

Oft ist die Pubertät wie Aprilwetter: eitel Sonnenschein gefolgt von plötzlichem Eisregen oder Hagel, Frühlingsgefühle, dann sintflutartige Regengüsse oder Sturmwarnung. Und wenn »unterschiedliche Luftschichten« aufeinanderprallen entstehen eben auch manchmal Gewitter. Unter Umständen ist es dann sogar klug, für einige Zeit das eigene Zimmer als Schutzhütte zu betrachten. Bedenke: Vieles davon bringt dich weiter. Sogar ein Gewitter mit Megaknall kann positiv sein, wenn es die Atmosphäre reinigt, und manchmal ist am Ende sogar ein Regenbogen drin.

Wichtig ist, dass alle Seiten sich weiterhin grundsätzlich mit Respekt, Wertschätzung und Annahme begegnen. Und wenn das beide Seiten womöglich mal vorübergehend aus den Augen verlieren, dann eben erst wieder nach dem Streit.

Du kannst den Regenbogen nicht haben, wenn es nicht irgendwo regnet.
Indianische Weisheit

Tipp: Schon mal ausprobiert? Bodybuilding fürs Gesicht: Selbst, wenn du keine gute Laune hast: Die reine Muskelaktivität deines Gesichts, grinsen oder schmunzeln, führt im Körper zu einer Ausschüttung positiver Botenstoffe! Ein echter Beauty-Tipp, der langfristig sogar eventuelle Falten positiv beeinflusst.

Das einzig Beständige ist der Wandel ...

Ja, es ändert sich tatsächlich viel. Doch die gute Botschaft ist: Die Pubertät kommt nicht mit einem großen Knall. Das wäre auch zu viel zu krass. Stell dir bloß vor, du würdest am Morgen dein eigenes Spiegelbild nicht mehr erkennen, und deine Eltern würden sich fragen, woher die Fremde in ihrem Haus kommt! Keep cool. Die Pubertät ist kein Sprint, sondern eher ein Langstreckenlauf. Und gibt dir damit genug Zeit, um dich entspannt auf die einzelnen Veränderungen einzustellen!

Dabei ist es übrigens völlig normal, wenn du dich ab und an wie zwischen den Stühlen fühlst. In der Pubertät ist man eine Art Grenzgänger, zwischen den verschiedenen Welten unterwegs. Sie ist eine im wahrsten Sinne des Wortes *heraus*-fordernde und *hinein*-fördernde Zeit: heraus aus der Kindheit, hinein ins Erwachsensein. Manchmal wirkt es cool, plötzlich als Erwachsene wahrgenommen zu werden. An anderen Tagen willst du lieber nur Kind sein und bleiben. Aus. Fertig. Basta.

An vieles musst du dich schließlich erst gewöhnen. Das veränderte Aussehen allein würde dir vielleicht schon reichen, aber nein, wildfremde oder auch bekannte Personen (zum Beispiel Lehrer!) fangen plötzlich an, dich zu siezen. Das ist strange! Ab der Oberstufe oder in der Ausbildung, beim Berufspraktikum oder bei Arztbesuchen – auch wenn du dich selbst noch gar nicht so erwachsen fühlst. Und es wirft Fragen auf. Sieze ich dann ab jetzt auch alle Erwachsenen, selbst die Eltern meiner Freundinnen? Und wirkt das nicht komisch? Wenn du uns fragst, das sind Einzelfallentscheidungen. Wo vorher das Du selbstverständlich war, würden wir es auch weiterverwenden.

Fazit: Du tust gut daran, dich auf Veränderungen einzustellen! Es besteht aber kein Grund, in Panik zu verfallen. Alles braucht seine Zeit!

Gefühlschaos im Inneren

Apropos »Gefühle«: In der Teenie-Zeit fahren die gern Achterbahn mit Loopings. Dabei sind besonders die Wechsel zwischen Hochgefühlen und tiefen Tälern extrem. Die Gefühlsachterbahn legt oft ungefragt einfach los und nimmt alles mit, von himmelhochjauchzend bis zu Tode betrübt. Vorhersehbarkeit Fehlanzeige. Es gibt Zeiten, da nimmst du bereitwillig jeden Streit mit, bist total schnell auf 180, musst mit krassen Gefühlsabstürzen klarkommen, ärgerst dich schwarz, dass du so angreifbar warst – und verstehst einfach nicht, wieso die anderen so stur sind und deine Argumente nicht gelten lassen. Dann wieder gibt es Tage, an denen hast du die Ruhe weg, bist total tiefenentspannt. Für komische Anwandlungen anderer hast du höchstens ein müdes Lächeln übrig, nichts kann deinen blauen Himmel trüben.

Weil sie oft so unkalkulierbar sind, ist der Umgang mit Gefühlen ein herausforderndes Lernfeld. Vielleicht hilft dir dieses Bild etwas dabei: Gefühle sind wie die Gewürze im Essen. Durch ihre Hilfe wird das Leben bunter und abwechslungsreicher. Wir entwickeln mehr Tiefgang. Die Kehrseite der Medaille: Gefühle können uns manchmal ganz schön die Suppe versalzen und auch total anstrengend sein – insbesondere, wenn wir uns schlechten Gefühlen ausgeliefert fühlen, noch keine Idee haben, wie wir angemessen reagieren und uns wieder einkriegen können.

Tipp: Falls es dir nicht so leichtfällt, mit dir selbst und dem eigenen Gefühlschaos klar zu kommen: Du bist nicht die Erste, die schon mal einen Hals auf sich hat, sich nicht ausstehen kann oder bei sich selbst nicht mehr durchblickt. Manch einer hilft dann eine kleine Auszeit. Oft hilft auch ein Gespräch mit einer Vertrauensperson oder einer guten Freundin. Manche lenken sich auch erst mal mit einem Hobby ab oder powern sich beim Sport aus. Wie auch immer: Auch wenn es zunächst unlogisch klingt – mitten im Sturm befindet sich die ruhigste Stelle ausgerechnet im Auge des Orkans!

Entwicklung im Autopilot-Modus

Auch wenn es dir manchmal lieb wäre, die Pubertätsentwicklungen selbst zu steuern: Dein Eingreifen ist aus gutem Grund nicht vorgesehen. Immerhin ist die Pubertät eine Zeit wechselnder Meinungen und Ideen. Was heute cool ist, ist morgen out. Daher ist es sinnvoll, dass dein Körper sein eigenes Programm fährt. Willkommen an Bord, mitten in einem Prozess nicht beeinflussbarer und vor allem nicht abgesprochener Veränderungen!

Umso besser, wenn du dich gut darin aufstellst und auch mitten in den unterschiedlichen Gefühlen den Überblick behältst! Aber wie? Indem du besonders in Krisen geduldig mit dir bist.

Tipp: Vereinbare am besten erst mal einen Waffenstillstand mit dir selbst. Und schau dir dann in Ruhe das ganze Bild an: Wo sind deine Lerngebiete? Wo solltest du dich selbst noch besser kennen- und einschätzen lernen? Bist du vielleicht übers Ziel hinausgeschossen? Zum Frau-Sein und zu-sich-Stehen gehört es auch, ehrlich zu sein und Fehler zuzugeben. Doch belass es nicht beim Grübeln und Analysieren. Hinfallen ist nicht das Problem, sondern das Liegenbleiben. Wie heißt es so schön: Hinfallen, Aufstehen, Krone richten, weitergehen. Auch Stürze helfen, das eigene Profil zu schärfen!

Übrigens sind unsere Gefühle eng mit den Botenstoffen in unserem Körper, den Hormonen verknüpft.

Hormone: Spezialagenten im Dienst

Hormone sind Botenstoffe unseres Körpers. Jeder Mensch hat eine Art inneres Mitteilungssystem. Es regelt die normale Zusammenarbeit zwischen den Organen: Hormone teilen bestimmten Körperbereichen mit, was gerade dran ist, wo Veränderungen gestartet werden müssen. Die Hormone sind rund um die Uhr aktiv, damit unser Körper permanent normal funktioniert. Du kannst dir die Hormone in diesem System wie Textnachrichten vorstellen, die von A nach B geschickt werden, um Infos zu übermitteln oder etwas in Bewegung zu bringen. Sie mischen bei allem Möglichen mit, auch bei den Körperveränderungen vom Kind zum Erwachsenen, haben ihr Eigenleben und führen ihren Auftrag wie Undercover-Agenten im Hintergrund aus. Doch die Auswirkungen bekommt man durchaus mit. Zum Beispiel an den Körperveränderungen, die sie bewirken. All das läuft unbewusst ab. Und das ist gut so. Welches Chaos würden wir wohl anrichten, wenn wir ständig aktiv dran denken müssten, die jeweiligen Botenstoffe erst freizuschalten?

Klartext

Wer besonders im Winter unter schlechten Gefühlen leidet und sich antrieblos fühlt, hat meist einen Winterblues, manchmal sogar eine Winterdepression. Zu wenig echtes Tages- oder Sonnenlicht stört die Bildung wichtiger körpereigener Botenstoffe. Manch eine taucht dann ab in die Online-Welt, isoliert sich immer mehr von anderen und vom **Real Life**. Das kann akut bessere Gefühle machen, ist langfristig aber keine hilfreiche Strategie. Was kann man stattdessen tun? Geh (schon vorbeugend!) in der dunklen Jahreszeit möglichst viel an die Luft und nutze natürliches Tageslicht. Was genau du tust, ist zweitrangig: skaten, radfahren, joggen, kicken, Basketball, tanzen, reiten kann genauso helfen wie mal eine Station eher aus dem Bus zu steigen und den Rest des Weges zu laufen. Setz, wo es geht, auf echte Begegnungen mit Menschen, die dir wichtig sind – auch wenn du dich nicht immer wie Bolle darauf freust. Super sind dabei auch Teamsportarten! Sie können echt hilfreich sein, soziale Kontakte zu knüpfen und Freundinnen zu finden. Probiere verschiedene Ideen aus. Sei kreativ – und schau insgesamt, dass du nicht in einen kritischen Bereich abrutschst. Such dir an jedem Tag bewusst 3 Dinge, für die du dankbar bist oder über die du dich freust. Manch einer helfen zusätzlich spezielle Tageslicht-Lampen, vor die man sich täglich eine bestimmte Zeit setzt, um »Sonne« zu tanken. Wenn das nicht genügend hilft, hol dir fachkundige Hilfe, zum Beispiel bei deiner Hausärztin.

Tipp: Ein Praxistipp zum Umwandeln mieser Gefühle: Such dir bewusst zuverlässige »Gute-Laune-Hilfen«. Manchmal habe ich, Ute, mich mit dem Buch der Psalmen und Lobpreismusik zurückgezogen und erst mal alles in Ruhe reflektiert. Als Studentin half mir u. a. auch eine Postkartensammlung mit zahlreichen, witzigen Cartoons, die mich oft spontan zum Schmunzeln brachten – auch wenn ich die Bilder schon so oft gesehen hatte. Mit genügend Abstand konnte ich viele Situationen anders betrachten.
Andere drehen ihre Lieblingsmusik auf, tauchen in einen spannenden Schmöker ab oder genießen Bilder aus dem letzten Urlaub. Was immer du tust, schau, dass es zu dir passt, konstruktiv bleibt und lass dem Frust nicht die Oberhand.

Gut zu wissen

Nervenverbindungen unseres Körpers sind keine Einbahnstraße! In der von einer Fachärztin für Nervenheilkunde entwickelten kostenlose Body2Brain-App[1] findest du kleine, einfache Körperübungen, mit denen du dein Gehirn in emotionalen Stresssituationen bei der Bewältigung unterstützen kannst. Wirkt, ist kinderleicht und zugleich fachlich fundiert. Tipp: Falls es dir anfangs komisch vorkommt, die Übungen zu machen, starte damit im geschützten Bereich deines Zimmers. Viele davon kann man übrigens ganz unauffällig in normale Körperbewegungen des Alltags integrieren.

»Nicht wie viel wir haben, macht uns glücklich, sondern wie sehr wir es genießen.«
C. H. Spurgeon

Chaos im Kopf und Gehirnumleitungen

Vielleicht hast du in der Pubertät manchmal das Gefühl, dass es in deinem Kopf aussieht, wie zu den schlimmsten Zeiten in deinem Zimmer: Alles (f)liegt kreuz und quer, drunter und drüber, Chaos pur – Kurzschluss im Kopf? Ja, schon möglich – so seltsam das klingt.

Dein Gehirn vollbringt in dieser Zeit nämlich ein Meisterstück. Es verknüpft sich noch einmal ganz neu. Denn es vollzieht ja all das nach, was du »draußen« durchlebst und entscheidest. Und deshalb hast du tatsächlich so eine Art »Großbaustelle« im Kopf. Und manchmal auch komische Umleitungen. Das Vorderhirn, zuständig für vernünftige Entscheidungen, wird leider erst zum Schluss wieder vollständig verbunden. Daher ist manches Verhalten für Außenstehende – und manchmal sogar für dich selbst – nur schwer nachzuvollziehen. Und du mittendrin, dem allen scheinbar hilflos ausgeliefert? Nein! Immerhin dreht dir niemand wochenlang die Sicherung raus. Der Gehirn-Umbau passiert parallel, im laufenden Betrieb. Du gibst deinen Verstand schließlich nicht ab!

Tipp: Überleg dir deine Prioritäten und deine Ziele– und bau dir gegebenenfalls Denkinseln ein: Will ich das wirklich? Oder ist das jetzt nur eine flüchtige Idee? Macht das überhaupt Sinn oder springe ich gerade nur auf den nächstbesten Zug auf?
Achte vor allem auch auf dein Reden und deine Gedanken – es gibt Sprüche, mit denen du dich in deinen Verhaltensmustern festlegst: »Ich kapier eh nichts. Ich bin einfach zu blöd dazu!«

»Für Mathe war ich schon immer zu dumm ...!«
»Ich kann mich einfach nicht konzentrieren.«
»Das schaffe ich nie ...«
Je häufiger du sie dir sagst, umso eher werden sie Wirklichkeit. Du »programmierst« dich damit. Denn jede Herausforderung, nehmen wir einmal in Mathe, sortierst du gleich in die »Ich bin zu blöd für Mathe«-Schublade ein. Setz stattdessen die Wahrheit dagegen: »Warum sollte gerade ich Mathe nicht verstehen können? Was ist aktuell genau das Problem? Okay, diese Formeln oder die Sonderfälle muss ich mir noch einmal genau anschauen. Und schließlich lernt man eine Naturwissenschaft auch nicht, indem man sich das Lehrbuch nachts unter das Kopfkissen legt. Es ist völlig normal, dass ich etwas dafür tun muss. Es ist noch lange nicht gesagt, dass ich Mathe nicht lernen werde. Ganz im Gegenteil, ich bin auf dem besten Weg dahin!«

Denk an eine Raupe – würde sie ständig über den Sinn von Kokons diskutieren oder nie einen bauen, gäbe es nie den wunderschönen, frei fliegenden Schmetterling. Behauptete sie steif und fest: »Ich bin doch Realist: Wir Raupen stehen mit all unseren Beinen auf dem Boden. Fliegen? Was für ein Hirngespinst. Das ist was für Vögel, nicht für unsereins!«, so bliebe sie am Boden, sogar später als Schmetterling! Wie blöd wäre das denn: »Wie unpraktisch ... Jetzt kann ich total schlecht laufen. Was in aller Welt sollen bloß diese überdimensionalen Dinger an meiner Seite? Sie stören mich total beim Vorwärtsgehen, ich bleibe ja überall hängen. So ein Ärger! Vorher, als ich nur Beine hatte, war es besser!« – Wirklich? Die Dinger sind Flügel, wie schade und vor allem unnötig wäre es, wenn sie nie zum Einsatz kämen?!

Privatzone! Do not enter!

Elternfreie Zonen wie möglichst ein eigenes Zimmer und das abschließbare Bad als Rückzugsort gehören zur Pubertät als Ausdruck nach mehr Privatsphäre. Das ist völlig normal und hat erst mal überhaupt nichts damit zu tun, ob du mit jemandem Streit oder Stress hattest.

Gleichzeitig ist das für deine Eltern oft erst mal gewöhnungsbedürftig. Sie müssen umlernen. Was früher selbstverständlich war, ist irgendwann nicht mehr okay, zum Beispiel der schnelle Gang ins Bad, auch wenn du drin bist. Da es kein festes für alle allgemeingütiges Alter gibt, ab dem das automatisch verändert wird, brauchen manche Eltern ein Signal ihrer Kinder. Andere nehmen es von selbst wahr oder sind da generell vorsichtiger (nicht selten auch aus unguten Erfahrungen in ihrer eigenen Kindheit).

Tipp: Falls du den Eindruck hast, dass manches mit deinen Eltern nicht rund läuft, geh es in Ruhe an. Überleg dir vorher, **was** (möglichst überschaubar) du **wann** (nicht zwischen Tür und Angel!) und **wie** (Strategie?) ansprechen willst. Und denk dran, Gewohnheiten sind lang eingeübte Verhaltensweisen. Manches braucht Zeit, bis es in der Praxis umgestellt ist. Feste Zeitabsprachen und Erinnerungshilfen, wie ein Schild an der Badtür oder Praxislösungen, die beiden Seiten entgegenkommen, können da weiterhelfen.
Und wenn es mehrere Punkte gibt, die du ansprechen müsstest? Dann überleg dir möglichst schon konstruktive Lösungen zu den einzelnen Punkten, formuliere deine Ansagen als Ich-Botschaften und vermeide Pauschalisierungen wie »immer« oder »nie« (»Mir würde es helfen, wenn ...« statt »Immer macht ihr das und das falsch«).

Für die eine ist sie noch okay, für die andere nicht: Kann sein, dass die körperliche Nähe zu deinen Eltern für dich bisher kein Problem war, es dir aber langsam zu eng wird – schließlich bist du kein kuschliges Kindergartenkind mehr. Auch dann kann es mal dran sein, etwas anzusprechen. Zum Beispiel Körperberührungen durch die Eltern in der Öffentlichkeit. Das mag zu Hause in der Familie ganz anders sein. Teils fehlt Eltern das Gespür für den richtigen Ort oder sie sind einfach unsicher? Falls es dich stört, überleg, wie du es umsichtig ansprechen kannst. Und freu dich, wenn sie überhaupt zur Kategorie »Mit denen kann man reden« gehören. Denn das ist nicht selbstverständlich!

Übrigens: Viele Eltern respektieren die Privatsphäre des eigenen Zimmers deutlich entspannter, wenn sie wissen, dass du deine häuslichen Aufgaben erledigt hast, Verantwortung für deine Schulsachen übernimmst und sie keine Ungezieferplage fürchten müssen (weil du zum Beispiel Essensreste, Schmutzwäsche, Müll, dreckiges Geschirr und Rotzfahnen in undefinierbaren Ansammlungen in deinem Zimmer bunkerst ☺). Falls im medizinischen Notfall erst das Technische Hilfswerk kommen müsste, um einen Weg zu deinem Bett freizulegen, punktest du nicht.

Apropos eigene Bude: Vielleicht denkst du jetzt ziemlich genervt »Schön wär's!« Manchmal gibt die persönliche Wohnsituation leider (noch) kein eigenes Zimmer her. Und das ist frustrierend. Besonders, wenn alle Freundinnen eins haben. Aber gib nicht gleich auf. Eventuell gibt es andere Möglichkeiten für Freiräume, an die du bisher noch nicht gedacht hast. Falls du dir ein Zimmer mit Geschwistern teilst: Könnt ihr feste »Nutzungszeiten« absprechen oder einen größeren Raum optisch teilen, so dass jeder sein eigenes Reich hat? Oder habt ihr vielleicht ein Gästezimmer? Wäre es eventuell ein Deal, dass du das übernimmst und moderat umgestaltest? Und dass du dann im Falle eines Besuchs vorrübergehend ins Wohnzimmer oder zu Geschwistern auswanderst? Manchmal kann so ein Rückzugsort auch ein Dachboden- oder Kellerzimmer sein, das sich entsprechend umräumen oder anpassen lässt. Und wenn nicht zum Schlafen, dann vielleicht als persönliches Refugium über Tag. Das Wichtigste: Nimm nicht automatisch an, dass sich an der Situation eh nichts ändern wird!

Aufklärungsbackground & Lerngeschichten

Apropos Privatzone – mit der Pubertät, dem Erwachen der hormonellen Botenstoffe und dem zunehmend wichtigen Thema Privatsphäre steigt logisch auch der Bedarf an guter, taktvoller Aufklärung. Einiges hast du auf deinem bisherigen Lebensweg ja schon mitbekommen. Daher kommen hier jetzt zunächst Basics rund um die Themen Aufklärung und Lerngeschichten:

Aufklärung »färbt ab«!

Sexualaufklärung geschieht auf vielen Kanälen. Denk dabei nicht nur ans Fernsehen, TikTok oder Instagram:

- Schule an sich oder Schulprojekte im Speziellen
- Freunde & Freundinnen
- Kindergarten, Kirchengemeinde, Musikschule & Vereine
- Fremde, Bekannte & Verwandte
- Werbung, Medien & Internet
- Pornos – dazu später mehr …
- Geschwister & andere Verwandte & – last but hopefully not least – deine Eltern

Viele Eltern tun sich mit dem Thema Aufklärung schwer, weil sie nie gelernt haben, wie man ganz natürlich über Körperveränderungen, Sex und Pubertät spricht. Kaum zu glauben: In Westdeutschland ist schulischer Aufklärungsunterricht erst seit rund 50 Jahren selbstverständlich. Davor waren die Kids zumindest in West-

deutschland ganz aufs Elternhaus oder andere Info-Quellen angewiesen. In Ostdeutschland gab es immerhin schon früher einen Aufklärungsunterricht in der Jahrgangsstufe 8 zu sexuell übertragbaren Krankheiten. Doch Sex und alles, was damit zusammenhing, war hierzulande noch ein großes Tabu.
Da viele Eltern damals mit ihren Kindern kaum bis gar nicht über die Veränderungen auf dem Weg zum Erwachsenen sprachen, gab es viele Unsicherheiten, jede Menge offene Fragen und Irritationen und so gut wie keine Ansprechpartner.

Heißt also, die Eltern zu Hause waren meist keine große Hilfe – im Gegenteil. Denn wenn wichtige Bezugspersonen über diese Fragen nicht sprechen, klären sie indirekt trotzdem auf! Was zunächst wie ein Widerspruch klingt, macht auf den zweiten Blick deutlich: »Darüber spricht man nicht!« Der Haken daran? Das ist kein kalter Kaffee von gestern. Wer früher ein schräges Bild von Sex mitbekam, gibt dies nicht selten auch wieder an seine eigenen Kinder weiter. Oder weicht aus Scham auf seltsame Geschichten vom Storch, Bienen und Blümchen aus.

Und deine Aufklärung? Super, falls du gute Ansprechpartner hast. Schwierig, wenn die fehlen. Denn natürlich sind damit die eigenen Fragen nicht weg. Manche Reaktion macht dem Fragenden auch direkt klar, dass er diese Person nicht nochmal fragen sollte.

»Meine ersten Fragen zum Thema Sex, wimmelten meine Eltern mit dem Kommentar ab: ›Dafür bist du noch zu klein‹. Notgedrungen suchte ich meist im Internet nach Antworten. Das war teils ganz schön grenzwertig. Ich war froh, manches bei Freundinnen aufzuschnappen, fühlte mich hilflos, weil ich nicht mitreden konnte und oft so ahnungslos war.«

Leider sind verlässliche Quellen nicht leicht zu finden. Und jeder Mensch hat seine eigene Lerngeschichte und damit seine persönliche Sicht auf Sex, die er jeweils weitergibt.

Klartext

Auch Schulprojekte werden unterschiedlich erlebt, als peinlich oder hilfreich, offen oder total daneben. Die Lehrkräfte wissen in aller Regel nicht, wo jede Schülerin gerade in ihrer Entwicklung und sexuellen ▶ Lerngeschichte steht. Woher auch. Ihr Ziel ist es, ein bestimmtes Wissen zu vermitteln. Darum ist es wichtig, dass du gut auf dich und deine Grenzen achtest! Was ist für dich okay? Was lehnst du ab? Manche Schülerinnen berichten von seltsamen Aufgaben in Schulprojekten, die sie nicht nur peinlich, sondern eklig oder übergriffig fanden. Klar braucht es Mumm und Rückgrat, Nein zu sagen, gleichzeitig ist es auch eine Frage der ▶ Freundschaft. Mit mir?! (ausführlich im nächsten Kapitel), dir nichts aufhalsen zu lassen, was dir nicht zugesagt! Unser Schamgefühl ist ein wichtiges Warnsignal und kann uns unter Umständen sogar vor sexuellen Übergriffen schützen. Wenn wir uns komisch fühlen, zeigt uns das: Hey, hier geht jemand an meine Grenzen! Das kann auch dort der Fall sein, wo Kids und Teens »in der Klasse dazu aufgefordert werden, vor Mitschülern über ihre Sexualerfahrungen zu sprechen« oder zu Körpererkundungsübungen aufgefordert werden, betont Johannes-Wilhelm Rörig, der frühere unabhängige Beauftragte der Bundesregierung für Fragen des sexuellen Kindesmissbrauchs und forderte: »Schamgefühl und Intimität der Kinder und Jugendlichen müssen dabei jederzeit respektiert werden.«[2]

Online Aufklärung im Netz?

Super »Fischgründe« für ungeklärte Fragen? Für das Internet als virtuelle Informationsplattform scheint im Gegensatz zu realen Ansprechpartnern auf Anhieb viel zu sprechen:

- Unbegrenzte anonyme Fragemöglichkeiten
- Jederzeit erreichbar
- Kein peinlicher Effekt oder unangenehme Rückfragen
- Sogar Kontakt zu echten Personen möglich

Der Nachteil:

- Mögliche Rückfragen deiner Eltern, wenn du den Browserverlauf nicht löschst!
- Algorithmen beeinflussen die Suchergebnisse – manchmal sehr eigenartig.
- Für den User nicht sichtbare Verbindung zu kostenpflichtigen Seiten mit späterer astronomischer Telefonrechnung möglich!
- Antworten findest du in aller Regel immer. Wenn nicht zu Hause, gibt es andere Möglichkeiten.

Moment mal: Und wieso soll das jetzt ein Nachteil sein?
Weil für den Suchenden, wenn man sich nicht auskennt, logischerweise unklar ist, ob diese Antworten verlässlich, hilfreich oder richtig sind – oder einfach eine Nachrichtenente, ein Einzelfallbericht, aber nichts Allgemeingültiges oder ein Fake bzw. sogar eine bewusste Täuschung. Blöd, wenn man dann darauf reingefallen ist. Und manchmal auch langfristig Mist, wenn man auf dieser Grundlage Fehlentscheidungen trifft.

- Sogar Kontakt zu echten Personen möglich – und nein, das ist nicht immer gut (später mehr dazu ▶ Onlinebekanntschaften).

Fakt ist:
- Ja, das Netz kann Antworten geben. Zugleich gibt es 'ne Menge unerwünschten Beifang: Über das Internet werden viele Mythen, stereotype Denkschubladen eingefahrene, einseitige Sichtweisen und schlichtweg Fehler weitergegeben.
- Vielen Informationsquellen im Netz musst du blind vertrauen, kannst nicht prüfen – ist es eine persönliche Meinung, eine Vermutung, ein Fake oder Fakt. Es kann helfen verschiedene Quellen zu sichten und dann zu bewerten, wie seriös diese sind.
- Das Erleben von Menschen ist verschieden. Schildert jemand im Netz seine eigene Sicht als allgemeingültig, fühlen andere sich in Frage gestellt, verunsichert oder denken, sie wären irgendwie »falsch«. Dabei berichtet er nur aus seiner individuellen Lerngeschichte.
- Nicht selten ist mehr Schrott als echter Fisch im Netz. Denn du erhältst ungefragt oft viel mehr Infos, als du Fragen gestellt hattest. Auch wenn man das nicht immer gern hört – das kann einen inhaltlich schlagartig überfordern und zugleich neugierig machen, weiterzulesen und damit den Absprung nicht zu schaffen.
- Ein reales Gegenüber merkt im Idealfall, wenn es dir zu viel ist. Und du selbst hast auch die Möglichkeit, dich rauszuziehen, falls es dir zu viel wird. Im Netz musst du aktiv ausschalten oder wegklicken. Doch auch im echten Leben kannst du – wie im Netz – an Menschen geraten, die nicht kompetent sind.

Ein paar Worte zur Lerngeschichte:

Sexuelle Lerngeschichten sind individuell, so einmalig wie Fingerabdrücke. Keine zwei Menschen haben exakt die gleichen Lerngeschichten, noch nicht mal Zwillinge. Wir alle sind unterschiedlich geprägt, und die Grundlagen für unsere sexuelle Lerngeschichte beginnt schon mit unserer Zeugung. Wieso?
- Aus dieser ersten Zelle entsteht unser gesamter Körper! Bei der Vereinigung von Ei und Samenzelle entscheidet die Erbinformation der Samenzelle über das Geschlecht des neuen Individuums. Damit legt die Samenzelle das genetische Geschlecht – weiblich oder männlich – fest. Mitunter gibt es auch Intergeschlechtlichkeit. Das bedeutet Zwischengeschlecht. Dazu später mehr (▶ Inter*).
- Mit jeder Zellkopie geben wir schon im Mutterleib unsere Geschlechtsinformation in alle neuen Körperzellen weiter. Wir sind also durch und durch geschlechtlich!
- Im Verlauf der Schwangerschaft kommen Botenstoffe (Hormone) und Geschlechtsorgane hinzu.

- Jeder Mensch speichert, was er über Sex lernt, mehr oder weniger intensiv ab. Dazu gehören positive wie negative Erfahrungen, Sinneseindrücke, Beziehungen, die man eingeht, die Art der ▶ Sexualaufklärung durch die Eltern und andere Quellen, Infos aus dem Netz, von Freundinnen, Büchern, Zeitschriften, Werbung u. v. m., natürlich auch reale sexuelle Erlebnisse wie Petting (sexuelle Stimulation ohne Geschlechtsverkehr, ▶ Was genau ist Sex) oder Geschlechtsverkehr.
- Sexuelle Lerngeschichten sind wie Orientteppiche mit hochindividuellen Mustern, die lebenslang gewebt werden! Unabhängig davon, ob wir Sex aktiv leben oder nicht.

Gut zu wissen

Beim Thema »Speichern« denken wir oft an Computer. Wieso ist unser Bild der Teppich und keine Festplatte? Weil einmal gespeicherte Inhalte nicht markiert und einfach gelöscht werden oder durch andere Inhalte ersetzt werden können. Sie gleichen eher dem Webteppich – es ist aufwendig etwas zu korrigieren.

Wie beeinflusse ich meine Lerngeschichte?

Wer seine Lerngeschichte verändern will, sollte das daher vom Hier und Jetzt aus mit dem Blick in die Zukunft tun! Zwei Wege sind dazu denkbar:

1. Wo es möglich ist, alte Fäden auslaufen lassen. Das kann mitunter mühsam und langwierig sein oder auch gar nicht gelingen. Eines aber geht immer:
2. Neue Fäden einweben. Und das ändert/erweitert die Lerngeschichte auf jeden Fall.

Klartext

Auch wenn beide Partner vor ihrer Hochzeit noch keinen Sex hatten, haben sie jeweils ihre eigene sexuelle Lerngeschichte. Es heiraten keine »unbeschriebenen Blätter«.

Gut zu wissen

Je älter du wirst, umso aktiver und verantwortungsvoller kannst du deine Lerngeschichte gestalten. Einmal erworbenes Wissen bedeutet nicht automatisch, dass du Sexualität genauso, wie du sie kennengelernt hast, lebst oder verstehst. Viel hängt davon ab, wie du Informationen verknüpfst. Manchmal hilft dir deine Lerngeschichte auch, zu verstehen und zu gestalten, was du **nicht** willst. Doch nur zu einem gewissen Teil kannst du selbst bestimmen, was du in deinen »Teppich« webst.

In all dem kann es hilfreich sein zu beachten, wie dein Gehirn arbeitet. Wenn es normal funktioniert, merkt es sich Lerninhalte in vielen Bereichen automatisch. Es wäre echt besorgniserregend, wenn du einen Kinofilm schaust und nachher nicht mehr weißt, was du gesehen hast – logisch. Es sei denn du bist eingeschlafen oder warst extrem abgelenkt. Aber im Ernst: Wer nicht eingeduselt ist und sich trotzdem nicht erinnern kann, müsste dringend einen Besuch beim Neurologen planen.

Das ist zugleich beachtenswert, weil das Gehirn nicht unterscheidet, *was* du schaust. Du kannst beispielsweise nicht einen Pornofilm anschauen und dann erst hinterher entscheiden, ob du ihn speichern willst. Aspekte davon speicherst du in deiner Lerngeschichte ab. Und übrigens noch viel intensiver, wenn du dich dabei selbst befriedigst. Dabei kann dies als Lernmodell gespeichert werden, in der sensiblen Umbauphase deines Gehirns als Teenie umso intensiver und prägender.

Privatsache Lerngeschichte! Ganz allein deins!

Deine Lerngeschichte bestimmt deine Wahrnehmung von Sex.

Tipp: Überleg mal in einem ruhigen Moment: Wer und/oder was hat deine Lerngeschichte bis jetzt geprägt? Bist du damit so zufrieden oder wünschst du dir noch andere Sichtweisen? Möchtest du etwas verändern?

Sei ermutigt – Sexualwissenschaftler machen deutlich, dass sexuelle Lerngeschichten lebenslang in Entwicklung sind. Veränderungen brauchen Zeit und Taktgefühl und vor allem oft einen langen Atem. Auch wenn es mal schwieriger wird oder nervt. Bleib am Ball, denn es ist deine Lerngeschichte, und du bist auf einem guten Weg, wenn du dich konstruktiv damit auseinandersetzt. Auch damit, dass manches vielleicht kaum oder gar nicht veränderbar ist. Dann kannst du aber immer noch neue Fäden in deine Lerngeschichte einweben und schauen, wie du dich dazu aufstellst. Viele hilfreiche Infos findest du hier im Buch, bei weiteren Fragen überleg, ob du deine Eltern oder eine andere Vertrauensperson einbeziehen kannst.

Ohne Worte? – Zwischenmenschliches & Sprache

Manche können es, 'ne Menge anderer tun sich schwer damit:
Intimes (= lateinisch das Innerste – besondere Nähe, Vertrautheit mit jemandem, meist bezogen auf Beziehungen) oder sogar Sex zu thematisieren ist für viele Menschen nicht selbstverständlich! Sich mitteilen, das kann man grundsätzlich auf zwei Wegen: mit Worten, auch verbale Kommunikation genannt, und, du ahnst es schon, »ohne Worte«, die sogenannte **nonverbale Kommunikation**. Dazu gehören Mimik, Körperhaltung, Gestik. Diese Sprache ist noch vielfältiger deutbar und hängt besonders von der Wahrnehmungsbrille des Betrachters ab. Was den einen als »komisches Gucken« nervt, bedeutet vielleicht für den anderen »Unsicherheit« oder »Trauer«. So entstehen leicht Fehlschlüsse. Wir alle sind keine Hellseher und können anderen nicht ständig ihre Wünsche oder Absichten von den Augen ablesen.
Doch auch in der **verbalen Kommunikation** kann manches missglücken, und der Ton macht die Musik. Wie auch immer: Der Anspruch, es sei unromantisch nachzufragen, legt die Latte extrem hoch und stammt meist direkt aus der Hollywood-Kitsch-Ecke. Im echten Leben kann Rätselraten gewaltig schiefgehen. Ein Beispiel:
»Er schaut weg. Also ist er a) verlegen, b) gelangweilt, c) ärgerlich, d) schwer verliebt, e) schüchtern?«
Was du aus seiner Mimik liest und da hineininterpretierst, hängt von deiner eigenen Lerngeschichte ab. Was aber, wenn »er« ganz anders tickt und denkt: »Ich habe weggeschaut. Das muss ihr doch sagen, dass ich a) jetzt nicht mehr reden will, sondern endlich kuscheln ..., b) total nervös bin, sonst hätte ich was gesagt, c) müde bin und nach Hause will, d) echt glücklich verliebt bin; e) dran gedacht habe, dass ich nächste Woche Mathe schreibe.«
Die diversen Kombinationen können romantisch, hoch explosiv, total missverständlich oder einfach peinlich sein. Sie haben viel Potenzial die Begegnung gründlich zu sabotieren. Auch deshalb lohnt es sich, Dinge zu klären und nicht alles der nonverbalen Bühne zu überlassen.

Sprache ist oft situationsabhängig …

Kumpel/ Freunde	Daheim/Eltern	Schule/ Unterricht/Lehrer	Arzt/ Krankenhaus
Pimmel, Schwanz, Latte, Ständer, bester Freund, kleiner Freund	(männliches) Glied, Penis, manchmal komische Umschreibungen: Puller, Stengel	(männliches) Glied, Penis	(männliches) Glied, Penis
Muschi, Möse	Intimbereich, manchmal komische Umschreibungen: Fräulein oder fehlerhafte Benennung: Scheide, Vagina	äußere weibliche Geschlechtsorgane, Vulva	äußere weibliche Geschlechtsorgane, Vulva
Mumu	Scheide	Scheide, Vagina	Scheide, Vagina
Titten, Möpse	Busen, Brüste	Brust, Busen	Brust, Mamma
poppen, ficken, Liebe machen, vögeln	miteinander schlafen	Sex machen, zusammen schlafen	Geschlechts-verkehr

Tipp: Falls dir mal unbekannte Formulierungen begegnen, lass dich nicht stressen. Keiner muss gleich alles wissen – und vergiss nicht: Manche prahlen auch nur damit, ohne einen Schimmer zu haben, wovon sie genau reden, oder verwenden völlig entspannt und zugleich nichtsahnend falsche Formulierungen. Also keep cool und suche dir verlässliche Info-Quellen!

#Bestandsaufnahme

Standortbestimmung gefällig? Zwischen »Voll Krass, ich werde tatsächlich erwachsen! Wie cool ist das denn!« und »Hilfe, gebt mir 'ne Tarnkappe zum Abtauchen!« ist alles drin! Die meisten bewegen sich irgendwo dazwischen. Es wäre aber auch nicht verwunderlich, wenn du beides ernsthaft an einem Tag erlebst. Es macht was mir dir, dass dein Körper sich verändert.

Wie ist überhaupt deine Einstellung zu dieser ganzen Entwicklung – und wie weit bist du schon? Gar nicht so einfach zu sondieren, wenn Frau mittendrin steckt! Etwas mehr Objektivität gefällig? Manchmal hilft eine Standortbestimmung. Im nachfolgenden Check kannst du dir einen Überblick verschaffen.

Bitte beachte:

→ Mach diesen Check, wenn **du** das **möchtest**, nicht, weil jemand anderes es sagt!

→ Geh in **deinem** persönlichen **Tempo** vor und so wie er für dich stimmig ist. Will sagen: Sind dir einzelne Punkte zu persönlich, lass diese einfach aus! Du bekommst auch sonst einen guten Überblick, wo du jetzt aktuell stehst!

→ Wenn du deine **Privatsphäre schützen** und dir auch die Chance offen halten möchtest, die Standortbestimmung zu wiederholen, mach dir eine Kopie und zeichne deine Ergebnisse da ein! Denk dran, sie geschützt aufzubewahren.

TO DO

Geh die einzelnen Zeilen zügig durch und markiere, wo du dich gerade einsortieren würdest:

☐ kaum Stress mit Eltern	☐ mehr Stress als früher	☐ bin ein Teen holt mich hier raus!
☐ Zimmer-Besucher ok	☐ Zimmer zeitweise Tabu	☐ PRIVAT! Lasst mir die Ruhe!
☐ Gefühle im grünen Bereich	☐ #Rollercoaster, crazy wechselhaft	☐ Freefall-Tower!
☐ Schweiß riecht nicht	☐ Schweiß müffelt etwas	☐ Nasenklammer! Schweiß stinkt!
☐ Helle Kinderstimme	☐ irgendwas dazwischen	☐ etwas tiefere Erwachsenenstimme
☐ noch recht klein	☐ es geht aufwärts!	☐ sehe Großeltern von oben!
☐ keine Pickel in Sicht	☐ wenig Pickel, aber es reicht	☐ voll die Pickelplage – es nervt!
☐ keine Achselhaare	☐ erste Härchen	☐ viele Achselhaare
☐ keine Intimhaare	☐ erste glatte Intimhaare	☐ Intimhaare lockig/kraus
☐ Brustwarze nur kleine Erhebung	☐ Brustwarze färbt sich dunkel	☐ Brustwarze erhebt sich
☐ Brust noch flach	☐ Wachstumsbeginn/Brust formt sich	☐ Brust gut sichtbar
☐ Becken noch gerade	☐ Becken formt sich	☐ Beckenrundung gut sichtbar
☐ Weißfluss setzt ein	☐ 1. Regel gehabt	☐ Monatsblutung kommt regelmäßig
☐ Jungs ... nerven	☐ ... werden interessanter	☐ ... wow – aber Hallo!☺

Nun ziehe eine durchgehende Linie von Zeile zu Zeile und verbinde damit jedes deiner jetzigen Statements. Das Gesamtbild zeigt dir den aktuellen Ausschlag deiner Pubertätskurve. Je weiter du links bist, umso mehr bist du noch Kind, je mehr Ausschläge es nach rechts gibt, umso mehr bist du – körperlich – schon auf dem Weg zum Erwachsenen. Denk dran, das alles ist nur eine Momentaufnahme, die in ein paar Wochen schon wieder anders ausfallen kann! Es steht dir frei, sie dann nochmal zu wiederholen. Falls du vorab keine Kopie gemacht hast, male die nächste Kurve einfach in einer anderen Farbe!

Gut zu wissen

Gelegentlich gibt es Abweichungen bei den die Pubertät beeinflussenden ▶ Botenstoffen. Dann kann sie zu früh oder zu spät starten. Nur äußerst selten bleibt sie ganz aus oder einzelne Entwicklungsschritte fehlen.

Darum denk dran:

- → Jede hat dabei ihren speziellen internen Fahrplan und Startpunkt.
- → Vergleiche sind unsinnig: Sicher ist nur, dass jede anders ist und sich zu unterschiedlichen Zeitpunkten und auch im Ergebnis anders verändert!
- → Darum könnt ihr in den Veränderungen gar nicht gleich auf sein!

Tipp: Falls du dir bei deiner Entwicklung trotzdem unsicher bist, suche dir eine Vertrauensperson und frag nach. Kompetente Ansprechpartner sind zum Beispiel deine Eltern und deine Kinder- oder Hausärztin.

Alles im grünen Bereich? Das folgende Kapitel lädt dich ein, dir in ganz verschiedenen Bereichen einmal anzuschauen, wie du über dich denkst und mit dir umgehst.

Freundschaft. Mit mir?!

Klar, Freundschaften sind wichtig. Aber Freundschaft mit mir? Was soll das denn?

Wenn wir deine Freundschaft mit dir selbst hier bewusst an den Anfang und in den Vordergrund stellen, geht es uns keineswegs darum, Egoismus zu fördern. Doch überleg mal:

Klartext

Du, dein Verstand und dein Körper – ihr seid ein **Dreamteam fürs Leben!** Mach dir klar: Du hast dieses einzigartige, möglicherweise noch (ein wenig) fremde Persönlichkeits- und Körper-»Modell« für dein ganzes Leben anvertraut bekommen. Es ist kein Leasingexemplar, das später alle paar Jahre ausgetauscht wird. Du bekommst auch keine zweite Chance, wie bei den Milchzähnen oder kannst es nach Weihnachten umtauschen, wenn es dir nicht gefällt. Fakt ist: **Mit niemandem im Leben wirst du jemals mehr Zeit verbringen als mit dir selbst. Jetzt bist du gefragt!** Je eher du dir das klarmachst und spätestens von da an gut auf dich und deinen Körper achtest, umso besser kommt ihr gemeinsam auf den Weg.
Miteinander verbündet seid ihr ein echt starkes Team!

In diesem Kapitel findest du jede Menge Tipps, wie du diese absolut beachtenswerte Freundschaft mit dir gut gestalten kannst!

Typisch Frau? Unikate gesucht!

Wann ist die Frau eine Frau? Und wie wird eine Frau zur Frau? Zunächst mal rein körperlich, in dem sie sich vom Mädchen zur Frau entwickelt. Darüber aber, was eine Frau ausmacht, gibt es sehr viele, unterschiedliche Vorstellungen. Diese sind abhängig von der Zeit und Kultur, in der du lebst, deinen Vorbildern, Alltagsbeobachtungen, unterschwelligen Botschaften in Werbung und Medien. Das alles kann ganz schön irritieren und manchmal sogar widersprüchlich sein.

Mythos: »Es gibt die ideale Frau. Arbeite an dir, denn genauso solltest du sein!«
Fakt: Die »Musterfrau« mit ganz »typisch weiblichen« Eigenschaften gibt es nicht! Stattdessen Milliarden Unikate = Einzelstücke! Absolut jede (!) Frau ist anders, hat unterschiedliche Begabungen und Interessen.

Wie kommst du deinem Frau-Sein auf die Spur?

Beachte, dass Charaktereigenschaften von verschiedenen Seiten betrachtet werden können. Man könnte sagen, die Geizige, Knausrige, die auf dem Geld sitzt, sich und anderen nichts gönnt, ist kleinlich und eigennützig. Man könnte es aber auch so formulieren, dass die gleiche Person eben verantwortungsbewusst, sparsam, vorausschauend, fürsorglich, zurückhaltend, vorsichtig, achtsam, umsichtig ist. Sie plant und überstürzt nichts. Fazit: Es kommt auf die Position und Sichtweise an, und darauf, wie man seine Eigenschaften gut einsetzt!

Eine andere gilt als wortgewandt, weltoffen, kontaktfreudig, gesprächig, mitteilsam, zugänglich. Oder vielleicht doch so: eine echte Quasselstrippe, aufdringlich, kann ihren Mund nicht halten und textet andere zu ...?

Einen starken Charakter bekommst du nicht in die Wiege gelegt. Am Charakter kannst du feilen, dich weiterentwickeln. Der Musiker Marc Waidelich findet dazu in seinem Buch »Heldenschmiede« deutliche Worte: »Was das Thema Charakterwachstum angeht, sind viele blind, andere faul und nur wenige klug. Doch das Wachstum deines Charakters ist eine Entscheidung.«[3]

Was bringt dir und anderen ein starker Charakter? Das Leben serviert uns nicht immer Likes, schönes Wetter und Sahnetorte. Charakterstärke hilft dir in schwierigen Zeiten weiterzugehen, dich neu auszurichten, durchzuhalten, wenn mal kein Land in Sicht ist. Sie ist eine wesentliche Grundlage für deine Lebenszufriedenheit und dein Beitrag zur Qualität zwischenmenschlicher Beziehungen! Dein Charakter bestimmt mit, wie Menschen dich langfristig in Erinnerung behalten, ob du verlässlich und vertrauenswürdig bist: kurzum – ein Mensch mit Tiefgang!

Tipp: Hilfreiche und erprobte Strategien zur persönlichen Selbstorganisation aber auch zum fairen und verantwortungsvollem Umgang mit deinen Mitmenschen vermitteln dir auch das Buch »Die 7 Wege zur Effektivität« von Stephen R. Covey.[4] Eine Zusammenfassung wesentlicher Impulse findest du in diesem Clip: **youtube.com/watch?v=7H7_lul5sV0**

Wer bist du? – #denkanstoss

- Was sind deine Eigenschaften? Was fällt dir total leicht? Wo bist du mit dir unzufrieden? Was macht dich im Kern aus? Wofür würdest du kämpfen?
- Siehst du die positive Seite der Medaille oder nur die Kehrseite?
- Schau dir bewusst auch die negative Seite an. So erkennst du, wo du anfällig bist, aufpassen solltest und dich weiterentwickeln kannst.
  Wie kannst du diese Eigenschaften ins Positive drehen?
- Was sagen gute Freundinnen und Freunde über dich?
- Hast du Vorbilder? Was an ihnen fällt dir besonders auf?
- Wenn du dir Eigenschaften wünschen könntest, welche wären das? Schau dir diese mal in Ruhe an und überleg, ob du Ansätze davon in deinem Leben findest! Vielleicht bewunderst du eine Sportlerin, eine Musikerin, eine Rednerin, eine Technikerin ... Hast du selbst erste Erfahrungen/Begabungen in diesem Bereich?
- Das ist dir alles zu theoretisch? Dann geh raus und probiere Sachen aktiv aus. Was liegt dir? Wofür schlägt dein Herz? Praktikerinnen brauchen für ihren Erkenntnisgewinn Erlebnisse, Bewegung, Handlungen. Manchmal hilft es auch, jemanden mit mehr Erfahrung auf dem Gebiet anzuhauen und zu fragen, ob du mal mitkommen/mitmachen/ausprobieren kannst.

Klartext

Vorsicht vor stereotypen Denkschubladen! Du bist als Mädchen genauso richtig, wenn du Fußball spielst oder ein Technikfreak bist wie eine andere, die ein Instrument spielst, gerne komponiert oder tanzt oder eine Leidenschaft für Fremdsprachen oder Gedichte hat. Nicht jede Frau ist modebewusst oder eine Kämpferin für ihre Werte. Manche aber sehr wohl! Und manchmal passt so ein Ninja-Style auch gar nicht in deinen Alltag. Wenn du bestimmte Werte gut findest, überleg, wie du sie für dich stimmig ausdrücken kannst. Ehrlich, uns würde viel entgehen, wenn alle als Klone durchs Leben gingen! Für eine abwechslungsreiche, zukunftsfähige und kreative Gesellschaft brauchen wir alle Facetten aller Menschen. Und vergiss nicht. Jeder Mensch ist ein einzigartiger, nicht ersetzbarer Mix aus Charaktereigenschaften, Persönlichkeit, Veranlagung, Fähigkeiten und seinem Aussehen.

Action Step

Sammle eine Zeit lang eigene und eventuell auch fremde Beobachtungen und praktische Erfahrungen: Was ist dir wichtig, was begeistert/fasziniert dich? – Bitte unbedingt, ohne es direkt persönlich zu bewerten oder Dinge als unsinnig auszusortieren. Überleg dir, welche Hobbys/Interessen/Fähigkeiten hast du, für welche Themen du brennst. Dann nimm dir eine Auszeit – und schau dir das Gesamtbild an. Was sagt es dir über dich als Person aus? Schreibe für einen Überblick alle Fundstücke auf die Rückseite eines alten Puzzles oder klebe Stichworte auf ein altes Poster. Je mehr Teile du beschriftest, umso besser kannst du sehen, was für ein einzigartiges Bild sich daraus ergibt! Achtung – leg Dinge, die du nicht einordnen kannst, nicht irritiert beiseite oder lehne sie ab. Später im Leben können genau diese Interessen, Eigenschaften, Begabungen plötzlich gefragt sein und total Sinn machen!

Fake oder echt? Sogenannte Ideale

Was ist eigentlich »angesagt«? Wie definiert man das? Und vor allem wer? Objektive Kriterien oder Schönheitsideale gibt es nicht. Schönheit liegt total im Auge des Betrachters. Zu allen Zeiten haben Menschen willkürlich und zum Teil noch nicht einmal mehrheitlich definiert, was sie gerade als in, angesagt oder schön empfinden. Und – oh Wunder – ständig kam etwas anderes dabei heraus.

Klartext

Schönheitsideale wechseln innerhalb von Epochen und Kulturen. In der westlichen Welt ist heutzutage oft der gepflegte, sonnengebräunte Influencerinnen-Typ gefragt. Im asiatischen Raum (K-Pop! Mangas!) blasse, elegante Typen. Daher helfen absolute Schönheitsideale nicht weiter – es sind ja Ideale und somit unerreichbar!

Irgendwer gibt ein Ideal vor – sagen wir schlank, kurvig, vollbusig, sportlich, super gestylte blonde Haare – oder entsprechende Sendungen geben Kriterien vor – und viele andere hecheln wie wild hinterher. Da wird gehungert und gerannt, vielleicht auch noch getönt oder gefärbt – oder gleich abgefrustet. Was tun, wenn das alles auch nicht hilft? Dann wird zu härteren Mitteln gegriffen. Denn schließlich kann doch heutzutage jede Frau und jeder Mann dem gängigen Schönheitsideal problemlos entsprechen! Oder?

Die digitale Fotoindustrie macht es – immerhin schmerzlos – vor. Es gibt kaum ein Werbebild oder Foto eines Stars, bei dem nicht auf dem Computer nachgeholfen und nachbearbeitet worden wäre. Doch anders als bei Warnhinweisen auf Zigaretten steht auf Werbeplakaten nicht »Vorsicht, dieses Bild wurde digital bearbeitet. Es kann ihre Selbstkritik fördern und zu Schönheitsoperationen verleiten.«

Im Netz, besonders auch auf YouTube, kann man sich prima ansehen, wie Bilder bearbeitet und retuschiert werden.[5] Und wie Stars ungeschminkt[6] und im real life aussehen. Das Fazit eines Infofilms über diese Praktiken: Es handelt sich um die perfekte Lüge, diese Personen existieren so nicht! Niemand sieht so aus wie die Fotos von Stars und Werbeanzeigen![7] Ganz zu schweigen von den Filtern auf Smartphones, die dir zeigen, wie du in einer besseren Version von dir aussehen könntest.

»Dass Bilder von Prominenten bearbeitet werden, war mir schon klar, aber nicht wie sehr auch sonst die Bilder aus der Mode-Szene, im Internet allgemein und auf Insta bearbeitet sind und wie schwer es ist, sich dem Eindruck zu entziehen – wieso sehe ich nicht so aus.«

Frauen & Körperkult

Fake hin oder her: Die vermeintlichen Maßstäbe zeigen Wirkung. Mehr und mehr Frauen versuchen diesen Idealen irgendwie zu genügen, verwenden gefährliche Abnehmpillen oder legen sich mit steigender Tendenz unters reale Messer, lassen ihren Körper verändern. Im Falle eines Fails ist der One-Shot oft endgültig im Eimer – es gibt keinen nächsten Versuch. Viele denken anfangs, *wie abgefahren, davon bin ich Lichtjahre entfernt*. Doch noch nie waren ästhetische Operationen auch für Normalos so einfach erhältlich wie heute.[8]

Bei vielen Frauen sind es Faltenunterspritzungen, plastische Operationen im Brustbereich (▶ Brust) Fettabsaugungen, Bauchdeckenstraffungen und Operationen im Intimbereich am äußeren Genitale. Manche Menschen werden sogar abhängig von ▶ Schönheits-OPs.

Klartext
Anabolika sind Wirkstoffe, die körpereigenes Gewebe, besonders Muskeln aufbauen sollen. Dass sie im Sport in der Regel als Doping verboten sind, liegt nicht nur an der Wettbewerbsverzerrung und dem Gebot der Fairness beim Sport, sondern auch an ihren gravierenden Nebenwirkungen wie Akne, Herz-Kreislauf-Erkrankungen und Leberschäden. Bei Auswirkungen auf die Pumpkraft des Herzens drohen Herzversagen und plötzlicher Herztod![9] Früher, außer im Profisport, überwiegend als Männerthema betrachtet, holen die Frauen inzwischen auf und nehmen auch vermehrt Anabolika ein.[10]

Vorsicht vor der Falle der Vergleiche. Die töten unser Eigenes. Vergleichende werten sich selbst ab, heben andere und deren Aussehen auf den Sockel. Doch die Risiken von Operationen bleiben: überschießende Narbenbildung, schlechte kosmetische Ergebnisse, Entzündungen, Gefühlseinschränkungen durch Nervenverletzungen und vieles andere mehr können vorkommen und sollten in die Überlegungen mit einbezogen werden.
Keine Operation der Welt kann (d)ein schwaches Selbstbewusstsein innerlich heilen. Sie arbeiten alle außen, an der Fassade! Besser das eigene Leben mit allen Einschränkungen leben, das Beste daraus machen und sich weiterentwickeln, als mit ewigen (Verg-)**Leichen** durchs Leben zu ziehen.
Diese Leiche aus dem Keller des Vergleichs kannst du beliebig auf andere Lebensbereiche übertragen. Sie stinkt, verdirbt dir dein eigenes Leben und zerstört zwischenmenschliche Beziehungen, wenn man sich ständig über oder unter andere stellen muss.

Voll angesagt? Trends & ihr Verfallsdatum

Das Verfallsdatum von Modetrends ist noch etwas schneller als das von Schönheitsidealen.

Viele Teens springen in der Zeit der Abgrenzung von den Eltern gern auf den einen oder anderen Modezug auf. Unter uns gesagt, manchmal nur um die Eltern zu schocken. Mal sind es exotische Haarfarben und abgefahrene Frisuren – die echt schräg rüberkommen können. Doch so schräg es sein mag, die Haare tun ihrer Besitzerin in aller Regel den Gefallen und wachsen wieder nach, wenn sich der Geschmack wieder geändert hat.

Anders sieht es bei massiveren Eingriffen in den Körper aus. Da wir uns nicht wie Schlangen häuten, will eine Tätowierung (Englisch: tattoo) gut überlegt sein. Wenn ein Tattoo-Trend sich legt oder der Beruf andere Bekleidungsmaßstäbe fordert, wurde schon so manches Tattoo zu einer teuren Fehlinvestition, die nur schwer wieder zu beseitigen ist. An manchen Körperstellen sehen Tattoos auch echt uncool aus, wenn sich das Gewicht ihrer Besitzerin verändert und das Tattoo einen 3-D-Effekt bekommt, die Haut im Alter erschlafft oder Dehnungsstreifen entstehen.

Überlege dir gut, ob du Ohrtunnel, künstliche Löcher, die ins Ohrläppchen gedehnt werden, wirklich ein Leben lang möchtest. Sie werden allenfalls kleiner, wachsen aber von allein nicht mehr ganz zu. Willst du das Loch irgendwann nicht mehr oder reißt es ein und der Ring kann nicht mehr getragen werden, fallen Kosten für den plastischen Chirurgen an.

Ähnlich ist es beim Piercing. Je nachdem, an welcher Stelle du es dir stechen lässt, sind die Heilungszeiten und Infektionsrisiken sehr unterschiedlich. Es kann zu Allergien aufs Material, vorrübergehenden oder dauerhaften Empfindungsstörungen, Rissen und Narbenbildung im Intimbereich, Störungen in der Gefühlswahrnehmung und sogar zu Blutvergiftung kommen. Besonders lange Wundheilungszeiten gibt es im Intimbereich. Während ein Augenbrauenpiercing meist in 4 – 8 Wochen heilt, kann ein Intimpiercing auch mehrere Monate für den Heilungsprozess brauchen.

Tipp: Letztlich entscheidest du – spätestens mit der Volljährigkeit sowieso, aber in vielen Situationen auch früher – darüber, wie du mit Modetrends umgehst. Und natürlich ist es uncool, wenn Erwachsene ihren Senf dazu geben. Lass dich dann nicht zu einer trotzigen »Jetzt-erst-recht-Reaktion« hinreißen. Denn letztendlich müssen nicht deine Eltern für die Entscheidung geradestehen, sondern du selbst. Es ist nun mal dein Körper, mit dem du lebenslang auskommen solltest.

Nutz daher deine Freiheit weise, indem du dich gut informierst und dir klarmachst, wer du selbst sein möchtest – kurzfristig und auf lange Sicht.

Last but not least gehört zu Modetrends ganz allgemein auch das Thema Besitz und Konsum: Handys und Tablets, Markenklamotten, Designermöbel und teure Konzerttickets – die Werbeindustrie und Influencer:innen halten in uns den ständigen Wunsch wach, Neues zu besitzen und coole Dinge zu unternehmen. »Wen stört's – Hauptsache ich bin angesagt!«, denken viele, shoppen und konsumieren munter drauf los. Doch ganz so einfach ist die Sache nicht. Viele können es sich (schon bald) nicht mehr leisten, jedem Modetrend nachzujagen. Enorm viele Jugendliche sitzen in der Schuldenfalle. Eine unschöne Hypothek für den Start ins Erwachsenenleben! Besonders Smartphone-Kosten können zunächst unbemerkt richtig Probleme machen. Und – was viele nicht bedenken – jeder Besitz kostet weit mehr als den Anschaffungspreis. Er benötigt Platz und beansprucht Kraft und Energie, zum Beispiel beim Aufräumen oder wenn du ihn wieder loswerden willst. Klar ist das kleine Andenken aus dem Urlaub nicht das Problem – aber die Masse macht's!

Falls bei dir am Ende des Taschengelds noch viel Monat übrig ist und dir der Umgang mit Geld schwerfällt, wirft mal einen Blick in die Checkliste »Jugend ohne Schulden«. Deine Finanzen sind schon weit in den roten Zahlen? Dann informiere dich als ersten Schritt zu den »Tipps bei Verschuldung«, zum Beispiel hier:
https://www.ardmediathek.de/video/markt/geldsorgen-immer-mehr-jugendliche-in-der-schuldenfalle/ndr/Y3JpZDovL25kci5kZS80OTA5ZGMwYS1kMGUzLTRiMzgtYjI1Ni1mNDMyYWRhNjg1OWE

Tipp: Überleg dir gut, was du wirklich brauchst – oder was nur eine Eintagsfliege ist. Je weniger Krempel du hast und je weniger vollgestopft dein Zimmer ist, umso besser kannst du dich darin erholen und findest dort einen echten Ruhe-Ort zum Auftanken, Nachdenken, Träumen und Freunde treffen. Positiver Nebeneffekt: Es lässt sich leichter aufräumen – und du bist auch bei Spontanbesuchen entspannter!
Eine gut sortierte, Mode unabhängige Basisgarderobe kannst du prima ab und an mit dem einen oder anderen Teil, das dir aktuell gefällt, aufstylen. Gewöhn dir einen guten Umgang mit Geld an, spar auch mal auf etwas, was dir wichtig ist, und kauf nicht auf Pump.

Inter*

Einen Körper, der nicht eindeutig weiblich oder männlich ist, also »zwischen den Geschlechtern« steht, man sagt auch »Zwischengeschlecht«, bezeichnet man als intergeschlechtlich/intersexuell. Früher wurde auch der Begriff »Zwitter« verwendet. Da es hier um die Geschlechtsorgane und nicht um das bevorzugte sexuelle Interesse geht, verwenden wir vorrangig den Begriff Intergeschlechtlichkeit. In der Medizin ist aber meist von Intersexualität die Rede, in den Medien finden sich beide Bezeichnungen oder die Abkürzung Inter*.

Auch wenn in den Medien Intergeschlechtlichkeit inzwischen immer häufiger vorkommt, kann es sein, dass du jetzt zum allerersten Mal davon hörst. Und das kann ziemlich irritierend sein: »Echt jetzt? Wieso habe ich nie etwas davon gehört?« Weil es in unserer Gesellschaft immer noch ein großes Tabu ist und selbst im Aufklärungsunterricht oft nicht angesprochen wird – zum Leidwesen der persönlich Betroffenen. Wie viele das genau sind, weiß man nicht. Man geht von etwa 100 000 intergeschlechtlichen Menschen in Deutschland aus.[11]

Intergeschlechtlichkeit wirft – natürlich zuallererst für persönlich Betroffene – viele Fragen auf: »Wieso kann man zwischen den Geschlechtern stehen und Anteile von beiden haben? Wie entsteht das? Was heißt das für Betroffene praktisch?«, die gar nicht so leicht zu beantworten sind. Intergeschlechtlichkeit ist auch aus medizinischer Sicht ein hoch komplexes und vielschichtiges Thema:

Gut zu wissen

Zur Entwicklung eines Menschen müssen innerhalb von neun Monaten unzählige Einzelschritte in der richtigen Reihenfolge ablaufen. Alles beginnt mit einer von einem Spermium befruchteten Eizelle. Aus ihr sind wir alle jeweils entstanden!
Erbinformationen werden in der Biologie mit Zahlen und Buchstaben für das Geschlecht chiffriert. 46 XX für Frau und 46 XY für Mann.

Erstaunlich, aber Fakt!

- Während seiner frühen Entwicklung im Mutterleib hat jeder Mensch spezielle Körperzellen, die sich zu männlichen und weiblichen Geschlechtsorganen entwickeln können.
- Im Mutterleib sind die Parallelen zwischen der weiblichen und männlichen Entwicklung der Geschlechtsorgane anfangs erstaunlich hoch. Am Ende entsprechen beispielsweise die Klitoris der Penisspitze und die Hodensäcke den äußeren Genitallippen.

Geschlechts-Entwicklung

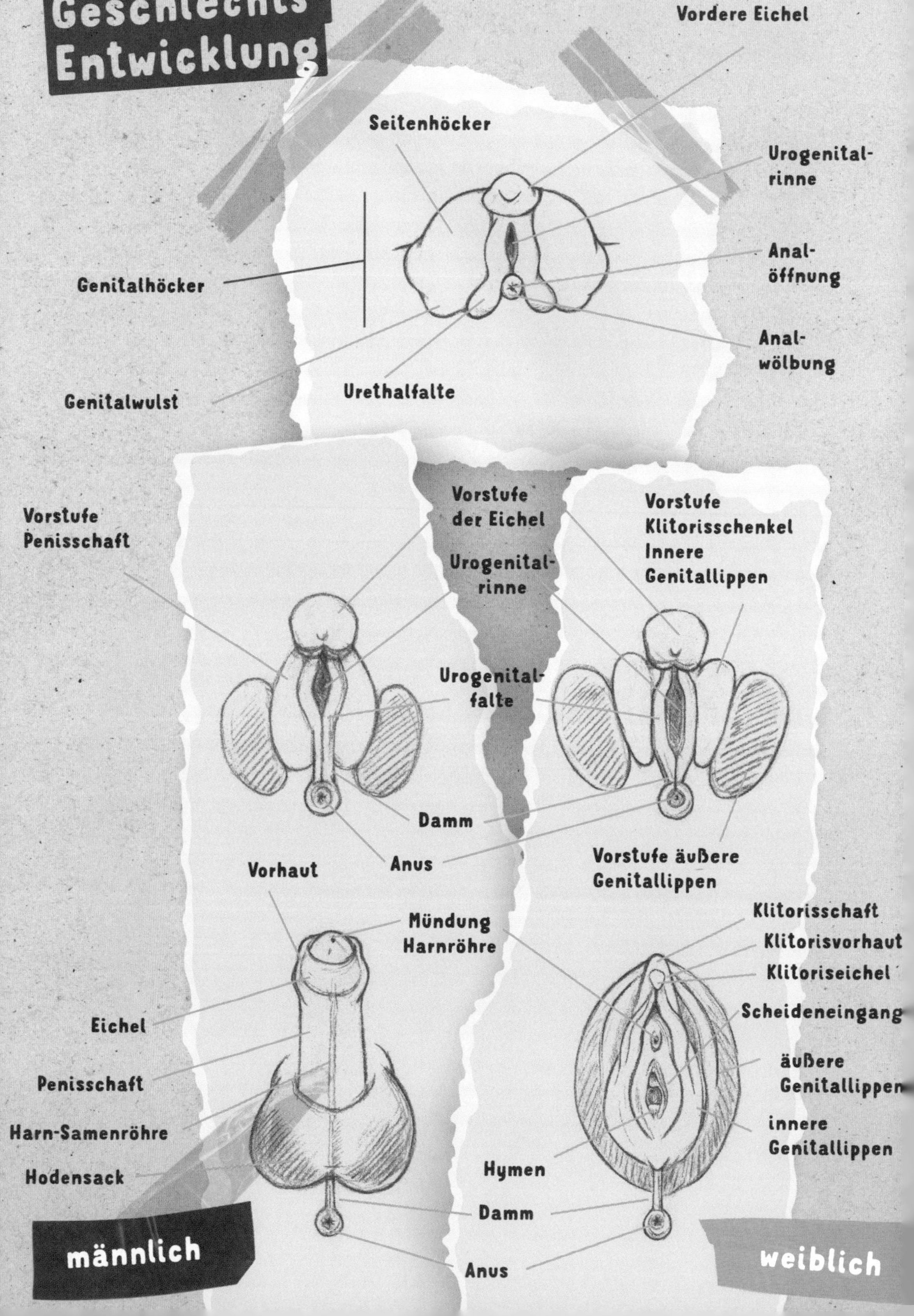

- Nun werden, je nach Erbinformation des Babys, in seinem Körper diejenigen Spezial-Botenstoffe (Hormone) freigesetzt, die bei Jungs 46 XY die Entwicklung der männlichen Geschlechtsorgane fördern und die zugleich bewirken, dass die weiblichen Geschlechtsorgane sich nicht ausbilden.
- Bei Mädchen 46 XX ist es genau anders herum.
- Mit der Geburt eines Babys ist diese Entwicklung natürlich noch nicht abgeschlossen. Wir müssen ja noch wachsen, entwickeln uns weiter und in der Pubertät nochmals speziell vom Kind zum Erwachsenen.

Eine Intergeschlechtlichkeit kann in verschiedenen sehr frühen Entwicklungsabschnitten entstehen. Manchmal gibt es Abweichungen beim Verschmelzen der Erbinformationen, die je zur Hälfte aus Ei- und Samenzelle stammen oder eine Störung bei den ▶ Botenstoffen, die für die Entwicklung der Geschlechtsorgane so wichtig sind. Manchmal fehlen sogar welche ganz. Wenn zum Beispiel nicht wie sonst eins der Geschlechter in der Entwicklung runtergefahren wird, können sich in ein und derselben Person männliche und weibliche Geschlechtsorgane entwickeln.

Du verstehst nur noch Bahnhof? Kein Problem. Das ist schon für Erwachsene sehr schwer zu verstehen und in der Medizin ein Spezialgebiet. Fakt ist – Intergeschlechtlichkeit kommt vor und du weißt jetzt davon.

In den wenigsten Fällen haben intergeschlechtliche Menschen sichtbare Anteile beider Geschlechter. **Meist ist Intergeschlechtlichkeit auf Anhieb gar nicht zu erkennen.**

Damit das Geschlecht eindeutig zugeordnet werden konnte, wurden früher viele Babys mit unklarem Geschlecht zu Mädchen operiert. Damals war es technisch noch nicht gut möglich, einen Penis zu formen. Die Betroffenen mussten und müssen mit den Folgen einer Entscheidung leben, die andere über ihr Geschlecht getroffen hatten. Denn sie selbst konnten sich als Baby ja nicht zu ihrer Geschlechtszugehörigkeit äußern. Das Personenstandsgesetz wurde inzwischen hierzulande geändert: Seit 1. November 2013 ist in Deutschland die Angabe über das Geschlecht eines Babys nach der Geburt offen zu lassen, wenn dies nicht eindeutig zugeordnet werden kann,[12] und seit 2021 sind geschlechtsangleichende Operationen im Kindesalter in solchen Fällen verboten.[13]

Zum Weiterdenken

Für Außenstehende und nicht Betroffene mag das alles echt befremdlich klingen. Doch im Grunde genommen hätte bei jedem von uns die Entwicklung anders verlaufen können. Und dann müssten wir mit genau diesen Rahmenbedingungen klarkommen. Ob sie uns nun passen oder nicht! Das könnte bedeuten, Beziehungen oder Sexualität nicht so leben zu können, wie es viele für selbstverständlich halten. Womöglich nie schwanger werden oder ein Kind zeugen zu können. (Je nach Konstellation der Intergeschlechtlichkeit, denn das hängt tatsächlich vom Einzelfall ab.) Es mag herausfordernd sein, eine »Hätte-wäre-könnte-Gedankenkette« durchzudenken. Wie viel schwerer aber ist es für jemanden, der tagtäglich damit leben muss? Bräuchte nicht gerade so ein Mensch gute, verlässliche Freunde? Doch die sind gar nicht so einfach zu finden, wenn das Thema bei vielen Unverständnis auslöst oder unbekannt ist. Da erfordert es viel Mut, sich anderen anzuvertrauen.

Klartext

Intergeschlechtlichkeit ist **nicht** gleichbedeutend mit Transgeschlechtlichkeit/Transsexualität oder Transvestiten. Trans*personen empfinden ihr Geschlecht als nicht zu ihnen zugehörig und möchten das andere Geschlecht annehmen, ihre Geschlechtsorgane sind jedoch eindeutig einem Geschlecht zugeordnet. Transvestiten tragen gern die Kleidung, die eher dem anderen Geschlecht zugeordnet wird, möchten aber meist ihren Körper nicht verändern (siehe auch das nächste Kapitel).

Impulse für persönlich Betroffene: Möglicherweise weißt du selbst oder erfährst irgendwann, dass du intergeschlechtlich bist. Dann überleg in Ruhe: Was genau ist deine Geschichte? Wo stehst du heute? Was sind deine Pläne für die Zukunft? Was hilft dir dabei und was hilft dir jetzt konkret in deiner Lebenssituation? Such dir nach Möglichkeit eine kompetente Fachbegleitung. Hier reicht ein Buch nicht aus, und auch (unbekannte) Menschen im Internet können nur sehr bedingt raten. Versuche, wenn es irgendwann möglich ist, mit der Vergangenheit und mit dir selbst Frieden zu schließen. Oft ist auch erst mal trauern dran über das, was dir verwehrt ist, vielleicht auch mit einer Fachbegleitung. (▶ Hilfsadressen im Anhang). Doch dann irgendwann sieh aktiv nach vorn, entfalte dein Leben. So ungerecht es erscheinen mag: Du kannst nicht in die Vergangenheit reisen, um die Weichen anders zu stellen. Aber die Weichen der Zukunft liegen vor dir. Im Rahmen aller Grenzen, die du vielleicht wahrnimmst – kannst du sie aktiv stellen und Ja zu dir sagen?!

Trans*

Manche Menschen fühlen sich in dem ihnen zugewiesen Geburtsgeschlecht nicht stimmig. Da es hier um das Geschlechtsempfinden/die geschlechtliche Identität und nicht um sexuelle Vorlieben geht, verwenden wir vorrangig den Begriff Transgeschlechtlichkeit. In der Medizin ist oft von Transsexualität die Rede, in den Medien finden sich beide Bezeichnungen oder die Abkürzung Trans*.

Unter Transgeschlechtlichkeit versteht man eine **Geschlechtsinkongruenz**, also die fehlende Übereinstimmung zwischen dem bei der Geburt zugewiesenen Geschlecht und dem eigenen Geschlechtsempfinden. In internationalen medizinischen Befundklassifikationen wird eine Geschlechtsinkongruenz inzwischen nicht mehr den Störungen oder Krankheitskategorien zugeordnet, sondern als »Befund im Zusammenhang mit der sexuellen Gesundheit« (»condition related to sexual health«) verstanden.

Von einer *Störung des emotionalen Erlebens* (= Geschlechtsdysphorie) spricht man nur, wenn dieses »passt nicht« als subjektiv belastend empfunden wird. Die genauen Ursachen sind noch nicht umfassend erforscht. Manche Kinder söhnen sich im Verlauf ihrer Entwicklung zum Erwachsenen mit dem ihnen bei der Geburt zugewiesenen Geschlecht aus, andere nicht. Andere stellen irgendwann fest, dass sie nicht trans*, sondern homosexuell sind.[14]

Durch speziell verordnete Botenstoffe des anderen Geschlechts kann man sich optisch dem Wunschgeschlecht annähern, allerdings ist man zum Aufrechterhalten des Ergebnisses lebenslang von der Hormonersatztherapie abhängig. Denn beim Absetzen wirken die körpereigenen Botenstoffe ja wieder so, wie es im genetischen Code vorgegeben ist. Den in jeder Körperzelle vorhandenen genetischen Grundcode und den Körperbau von Erwachsenen kann man dadurch nicht verändern.

Einige Trans*Personen ändern nur ihren Namen und leben im Alltag als Person des anderen Geschlechts, andere entscheiden sich zu einer Geschlechtsangleichenden Operation. Manche davon sind mit dem Ergebnis sehr zufrieden, andere nicht. All dies will daher langfristig sehr gut überlegt sein. Einmal entfernte Organe kann man nicht später wieder annähen. Man kann sie nur chirurgisch nachbilden. Mitunter steht für jugendliche Trans*Personen die Frage an, ob sie Pubertätsblocker einnehmen. Diese werden eingesetzt, um die geschlechtsspezifischen Körperveränderungen aufzuhalten, die sonst ihren Körper noch mehr wie das von ihnen nicht als stimmig angesehen Geschlecht entwickeln würden. Pubertätsblocker wirken auf den ganzen Körper und auch die psychosoziale Pubertätsentwicklung. Ihr Einsatz wird kontrovers diskutiert, besonders auch wegen der Frage, ob Jugendliche das Ausmaß der Behandlung, Risiken und Folgen umfänglich erfassen können.[15] In Schweden wurde vorübergehend der Einsatz aller Pubertätsblocker außerhalb klinischer Studien gestoppt.[16]

Gut zu wissen

Vor einigen Jahren titelten Boulevardzeitungen »Der erste schwangere Mann!« Wie jetzt? Können Männer inzwischen schwanger werden? Des Rätsels Lösung heißt in diesem Fall **Transgeschlechtlichkeit**. Diesem schwangeren Mann war als Baby bei der Geburt aufgrund der Geschlechtsmerkmale das Geschlecht einer Frau zugewiesen worden. Für diese Person war dieses Geschlecht jedoch nicht stimmig, sie fühlte sich als Mann, und ließ sich daraufhin geschlechtsangleichend zum Mann operieren. Doch bestimmte weibliche Organe, wie Gebärmutter und Scheide behielt sie bewusst, um noch schwanger werden zu können. Vom genetischen Grundmuster war und ist die Person immer noch weiblich, vom Personenstand hingegen und vom äußeren Anblick spricht man – und die Person selbst – inzwischen von einem Mann. Biologische Männer verfügen nicht über die entsprechenden Geschlechtsorgane und können daher nicht schwanger werden.

Tipp: Möglicherweise weißt du selbst oder vermutest irgendwann, dass du Trans* bist. Vielleicht helfen dir auch unsere Impulse für Personen, die Inter* sind (am dortigen Kapitelende) ein Stück weiter auf deinem ganz persönlichen Weg. Vor allem aber suche dir fachkompetente Ansprechpartner, die dich begleiten.

Mental Health

Die Corona-Pandemie hat uns schmerzlich gezeigt, was viele schon vorher aus dem Blick verloren hatten: Körperliche Gesundheit und Fitness sind wichtig, ohne Frage. Zugleich dürfen wir auch die seelische und geistige Gesundheit nicht vernachlässigen. Was also hat es mit dem Schlagwort »Mental Health« auf sich? Und wann ist jemand psychisch gesund?

Kriterien für mentale Gesundheit sind, dass eine Person sich wohlfühlt, ihren alltäglichen Lebensanforderungen nachkommen kann, sich in der Lage fühlt, zur Schule zu gehen oder zu arbeiten und da nicht nur eine leere »Hülle« anwesend ist. Psychische Gesundheit hat viel mit Lebenszufriedenheit zu tun, mit sich und anderen stimmig im Alltag unterwegs zu sein, aber auch mit dem Gefühl, etwas beizutragen, das anderen oder im weiteren Sinne der Gesellschaft dient. **»Mach mehr von den Dingen, die dir das Gefühl geben, am Leben zu sein!«**, habe ich einmal auf einer

Karte gelesen. Guter Tipp! Gerade in einer Zeit, in der sich super viel in die virtuelle Welt verlagert, ist es unerlässlich, gute, analoge Erfahrungen zu sammeln und aufzutanken. Der Mensch ist aufs »Du«, auf ein Gegenüber angelegt. Beziehungen und Erfahrungen mit echten Menschen sind wichtig. Mal wieder jemanden treffen, etwas spielen, lesen, Sinneserfahrungen, die Natur genießen und feiern, Wellness für den Körper, den Füßen mal Danke fürs Laufpensum sagen ...! Immerhin ist unser Körper 24/7 für uns am Start, ohne Urlaubsanspruch und Kaffeepausen!

Action Step

Überlege dir einen Punkt, wie du deine mentale Gesundheit verbessern könntest! Was ist dein erster Schritt in diese Richtung? Mach dir Erinnerungshilfen, zum Beispiel auf dem Smartphone, Zettel im Schrank ...
Schreib Freundinnen an, ob ihr etwas zusammen machen wollt.
Oder falls das gerade nicht geht, leg das Buch mal bewusst weg und geh eine Runde raus!

Zu den hilfreichen Möglichen der mentalen Gesundheit und Entspannung gehören auch Sounds und Musik. Du kannst sie gezielt einsetzen, zum Beispiel in Pausen nach intensiven Lernphasen, zum Runterkommen, Auftanken oder einfach Abhängen. Sie beeinflussen die Stimmung und spielen danach im Kopf manchmal stundenlang im Ohrwurm-Modus Gesangsfetzen ein. Ja, das kann je nach Text total nervig sein! Doch dreh den Spieß einfach herum und nutze den Effekt zu deinem Vorteil: Suche dir gezielt Texte bzw. Songs aus, an die du dich gern erinnern möchtest! Musik trainiert unser Gedächtnis, besonders bei langsamer Musik ohne Gesang zeigen sich positive Effekte aufs Lernen.[17]

Gut zu wissen

Zu deiner Grundausstattung gehört kein implantierter Ohrschutzbonus. Viele Kopfhörer- und Smartphone-Hersteller ermöglichen über Apps und an Geräten, die Lautstärke so zu begrenzen (meist 80 bzw. 85 dB[18]), dass das Gehör geschützt wird. Kopfhörer mit aktiver Geräuschunterdrückung (Noise-Canceling-Funktion) filtern Umgebungslärm heraus und ermöglichen Genuss bei deutlich niedrigeren Lautstärken! Doch der beste Schallschutz nutzt nicht, wenn die Pop-up-Fenster mit Warnungen ignoriert werden.
Zu laute Musik erhöht das Unfallrisiko im Straßenverkehr und kann schon bei Kids oder im Jugendalter zu echter und lebenslanger Schwerhörigkeit führen. Einmal verlorene Hörzellen werden im Innenohr lebenslang nicht mehr nachgebildet. Mehr als eine Milliarde Jugendlichen droht aktuell ein Hörverlust.[19] Dann helfen nur noch Hörgeräte – und womöglich ist der Traumjob in Gefahr.

Action Step

Welche Rolle spielt Musik in deinem Leben? Trägt sie eher zu deiner mentalen Gesundheit und Freundschaft mit dir bei? Oder gibt es da noch Luft nach oben? Falls ja, was möchtest du konkret ändern?

Recharge your batteries: Auftanken & Schlaf

Die Nacht zum Tag machen, abends ausgehen, lange wegbleiben – je älter du wirst, umso weiter steckst du deine Grenzen. Gut, dass dein Körper einen kurzfristigen Schlafmangel in aller Regel gut verkraftet und du weit weniger Schlaf brauchst als kleine Kinder. Doch damit dein Körperbetrieb rund läuft, du dich zwischendrin entspannen und erholen kannst, ist ein ausgewogener Schlaf längerfristig zentral!

»Schlaf bereitet man den ganzen Tag vor.«[20] Der Schlafforscher Christian Benedict weist darauf hin, dass unser Körper Tag-Nacht-Kontraste braucht und betont, dass uns Schlaf eine gute Widerstandsfähigkeit gibt, wenn es in anderen Lebensbereichen mal nicht rund läuft. »Schon eine oder wenige Nächte mit zu wenig schlafen führen dazu, dass unser Gehirn unglaublich gestresst ist.«[21]

Manche Botenstoffe in unserem Körper reagieren tageszeitgebunden. Wissenschaftler fanden heraus, dass Probanden nach Schlafmangel am Folgetag mehr Hunger hatten – und auch mehr aßen. Auch aus diesem Grund fördert Schlafmangel

langfristig Übergewicht und, was vielfach unbekannt ist, auch Diabetes sowie hohen Blutdruck.[22] Außerdem geschieht ein Großteil unseres Körperwachstums nachts ebenso wie körpereigene Reparaturvorgänge![23] Auch unser Abwehrsystem gegen Krankheiten leidet bei Schlafmangel. Während Neugeborene mit 14 bis 16 Stunden etwa doppelt so viel schlafen wie Erwachsene, kommen die meisten Erwachsenen mit mehr als sieben Stunden Schlaf aus, um ausgeschlafen und fit für den Tag zu sein.

Klartext

Manche »Experten« denken nur kurzfristig und versuchen, fehlenden Schlaf permanent durch Kaffee, Cola oder andere Aufputschmittel wie Energydrinks auszugleichen. Das mag zwar kurzfristig funktionieren, um wach zu bleiben, doch der Langzeiteffekt ist nicht zu unterschätzen: Energydrinks »arbeiten« mit hohen Mengen an Zucker, Koffein und anderen wachmachenden Botenstoffen wie Taurin und können zu Übelkeit, Herzrasen und Schlaflosigkeit führen. Bei einer Überdosierung kann das Herz dauerhaft Schaden nehmen. Besonders kritisch ist die Kombination mit Alkohol, da Koffein die Wirkung von Alkohol verschleiert und die Risikobereitschaft erhöht. .[24]

»Irgendwann fiel mir in meiner Klasse auf, wie viele Leute da mit schlechter Laune rumhingen. Ich suchte bewusst das Gespräch mit ihnen, und es bestätigte sich, was ich vermutet hatte: Sie alle hatten in den letzten drei Tagen viel zu wenig geschlafen!«

Action Step

Überleg mal: Dein Smartphone muss immer wieder ans Ladekabel, sonst macht es dir einen Strich durch die Rechnung – und schaltet sich im unpassendsten Moment aus. Ziemlich mies, wenn es dann einfach seinen Dienst verweigert! Gönnst du deinem Körper seine »Auflade- und Regenerationszeit«, damit er gut funktionieren kann und dich im Notfall nicht im Stich lässt? Suche dir eine konkrete Verbesserung, um in diesem Bereich besser aufgestellt zu sein!

Life-Challenges & Struggles

Dass wir durch Höhen und Tiefen gehen und dabei auch an persönliche Grenzen und in Krisen geraten können, gehört zum ganz normalen Menschsein dazu. Nicht die Krise ist das eigentliche Problem, sondern wie du damit umgehst! Das eigene Bauchgefühl allein ist nicht immer ein guter Ratgeber, da es sich meist nur an kurzlebigen Empfindungen orientiert.

Tipp zum Umgang mit schwierigen Entscheidungen – die 10-10-10-Methode[25]: Mach dir klar, welche Optionen du hast. Überlege dann jeweils 10 Minuten lang: »Wenn ich mich für eine von ihnen entscheide – welche Auswirkungen wird das haben – a) in 10 Minuten? b) in 10 Monaten c) in 10 Jahren?« Dann dreh den Spieß herum: »Welche Auswirkungen wird es in den gleichen Zeiträumen haben, wenn ich mich NICHT dafür entscheide?«

Klartext

Die immer größer werdende Menge an Wahl- und Entscheidungsmöglichkeiten kann Menschen schier erschlagen (»overwhelm«,[26] Engl. = überwältigend; siehe auch Overchoice-Effekt[27]). Immer mehr Menschen haben das Gefühl, sich gar nicht mehr richtig entscheiden zu können, weil jede Entscheidung für etwas auch eine Entscheidung gegen unzählige andere Optionen ist. Das kann einen handlungsunfähig und im Extremfall sogar krank machen – FOBO – Fear of Better Options.

Was kannst du tun? Fang eine Freundschaft mit dir an. Schritt für Schritt. »Alles hat seine Zeit!«, sagt die Bibel im Buch Prediger aus gutem Grund und sehr weise. Mach dir klar: Du musst jetzt überhaupt noch nicht alle Lebensentscheidungen treffen. Konzentriere dich auf deinen aktuellen Handlungsspielraum. Und by the way: Ja, es gibt ultra viele Möglichkeiten – aber unsere Lebenszeit zumindest hier auf diesem Planeten ist begrenzt. Praktisch bedeutet das: Man kann im Leben nicht alles ausprobiert/gemacht haben – muss das aber auch gar nicht!

Manchmal nehmen im Leben Ängste Überhand. Bevor man jetzt womöglich denkt, das geht gar nicht – und sich oder andere deshalb runtermacht – ist erst einmal eine Unterscheidung wichtig: Von **Furcht** spricht man, wenn es eine objektiv vorhandene Bedrohung gibt. Furcht ist ein nützlicher Instinkt – und eine rationale Reaktion, um uns vor Gefahren zu schützen.[28]

Bei einer **Phobie** wird die eigene **Angst** übermächtig und springt bei konkreten irrationalen Auslösern immer schneller an. Einige häufige Beispiele sind: Tierphobien, wie etwa die Spinnenphobie, Platzangst (Agoraphobie) – Angst vor Menschenmengen, Soziale Phobie – Vermeidung sozialer Situationen (auch Schule kann dazu gehören!), in denen sich die Aufmerksamkeit auf einen selbst richten könnte, Flugangst, Spritzenangst, Anblick von Blut ... Wenn etwas **Angst** macht, tendieren die meisten Menschen dazu, dem erst mal auszuweichen oder es ganz zu vermeiden. Doch damit schwächt man das körpereigene Angstbewältigungssystem. Und hartnäckige, übergroße Ängste verschwinden in aller Regel nicht mehr von allein. Ergebnis: Das Ganze kann sich zu einer handfesten **Angststörung** entwickeln, sich auf andere Lebensbereiche ausweiten und Menschen völlig lahmlegen! Darum ist es ratsam, Probleme mit der Angst nicht auf die lange Bank zu schieben.

Apropos aufschieben – wenn etwas unliebsam ist oder einen überfordert, tendieren viele dazu, es vor sich her zu schieben und erst dann zu erledigen, wenn es nicht mehr anders geht. Ab und an erleben dies die meisten Menschen. Doch das chronische Vertagen unliebsamer Aufgaben ist eine ernst zu nehmende Arbeitsstörung[29] mit dem etwas sperrigen Namen **Prokrastination** (lateinisch pro = für und cras = morgen).

Klartext

Mythos: Bei körperlichen Beschwerden ist es okay, zur Ärztin zu gehen und sich fachliche Hilfe zu holen. Alles rund um die Psyche ist ein Tabu! Wer hier Probleme hat, hat einen an der Klatsche! **Fakt:** Wir Menschen bestehen aus Körper, Seele und Geist. Genau wie unser Körper, erkranken auch die nicht sichtbaren Körperanteile Seele und Geist – und brauchen dann ebenfalls Hilfe. Allerhöchste Zeit, das Ganze zu enttabuisieren! Es ist ein Zeichen von Weisheit und Stärke, sich um seine mentale Gesundheit zu kümmern – und sich dann fachkundige Hilfe zu suchen, wenn man allein nicht weiterkommt! (▶ Hilfsadressen im Anhang)

Personal Fitness

Bewegung tut unserem Körper richtig gut. Gerade in der Pubertät, wenn dein Körper sich mal in die Breite, mal in die Höhe entwickelt, hilft dir ein gutes Maß an Bewegung, aktiv und fit zu bleiben.

Tipp: Übe gute Gewohnheiten ein. Welche Sportart macht dir Spaß? Kannst du sie regelmäßig in deinen Alltag aufnehmen? Wie kommst du zur Schule, ist da Bewegung gut einzubauen? Was ist zu Hause problemlos möglich? Vielleicht schockst du deine Eltern demnächst und meldest dich überraschend zur Gartenarbeit? ☺
Nein, im Ernst, schau, wo sich Gelegenheiten bieten und warte nicht, dass sie zu dir kommen. Das fängt schon bei der Entscheidung »Treppe oder Aufzug« an … und brauchst du bei gutem Wetter wirklich einen Fahrdienst?

Klartext

Fakt ist, Übergewicht kommt unter Kindern und Jugendlichen häufig vor, vor allem durch falsche Ernährung und Bewegungsmangel, seltener durch genetische Ursachen. Tendenz steigend, am meisten in der Gruppe der 14- bis 17-Jährigen.[30] Wenn du allein nicht weiterkommst, suche dir ärztliche Hilfe! Schau, wo du in Sachen Sport deinen eigenen, guten Weg finden kannst. Warte nicht drauf, ob andere ihren inneren Schweinehund besiegen. Du kannst auch allein Kontakt zu einem Verein aufnehmen und findest da motivierte Gleichgesinnte, vielleicht sogar neue Freundinnen. Notfalls tun es vielleicht auch erst einmal gestreamte Fitnessvideos oder ein paar Sportgeräte für zu Hause, bis du in Ruhe etwas gefunden hast, was wirklich zu dir passt. Aber bleib dran! Regelmäßigkeit ist besser als Gewaltaktionen. Wie bei allen anderen Dingen gilt auch hier: alles in Maßen. Treibst du extrem viel Sport, steigt die Verletzungsgefahr. Und auch wenn man offiziell wenig davon hört, so manches Mädchen schliddert auch auf dem Weg in eine handfeste ▶ Essstörung.

Sportarten mit längerer Bewegungsdauer (wie Joggen, Fußball, Inlinerskaten) trainieren die **Ausdauer**. Sie stabilisieren dein Herz-Kreislaufsystem, stärken dein Immunsystem sorgen für eine gute Kondition und sind bei einer Herzfrequenz von

120-140 Schlägen/min optimal für die Fettverbrennung. Krafttraining hingegen steigert die absolute **Muskelkraft**, stärkt bestimmte Körperbereiche, wie die Rückenmuskulatur, verbessert die Haltung und steigert die Kraftausdauer. Ein echtes Multitool ist das Schwimmen, das fördert Ausdauer und Muskelaufbau gleichzeitig!

Food facts

Neben mentaler Gesundheit und Schlaf müssen wir für einen attraktiven Gesamtauftritt auch anderweitig Energie tanken: Nahrung ist für unseren Körper vergleichbar mit dem Treibstoff für ein Auto. Es fährt nicht ohne Treibstoff – wir wachsen und entwickeln uns nicht ohne Nahrung. Darum ist es nicht nur wichtig, *dass*, sondern auch *was* wir essen. Für deine Gesundheit sind viele einzelne Prozesse im Körper notwendig. Die kosten viel Energie und benötigen eine ausgewogene Ernährung. Hilfreich sind frische und gute Lebensmittel, vor allem Obst und Gemüse als Lieferanten für lebenswichtige Vitamine und Nährstoffe. Doch es geht nicht darum, die gesunde Lebensführung zu perfektionieren – und vor lauter Verboten irgendwann Null Bock auf gar nichts mehr zu haben. Die ungefähre Gesamtrichtung ist entscheidend. Dein Körper ist so designt, dass er auch Junk-Food verkraftet – wenn du es ihm nicht ständig zumutest.

Regelmäßige Mahlzeiten verhelfen deinem Körper zu einer guten Balance zwischen Essensaufnahme und Essensverdauung. Ein Auto hängt nicht ständig am Zapfhahn der Tankstelle oder am Stromkabel oder kommt ganz ohne Energiezufuhr aus. Ist beim Auto der Tank voll, läuft er über, mehr passt nicht hinein. Anders als beim Auto ist unser Magen jedoch bis zu einem gewissen Punkt anpassungsfähig, er dehnt sich aus, der Körper legt für schlechte Zeiten Vorräte an, wird dicker und runder.

Enthält man dem Körper freiwillig oder unfreiwillig Nahrung vor, funktioniert er Gott sei Dank zunächst weiter. Er macht Essensreserven mobil, geht an die Vorräte. Bei Notlagen oder Diäten ist das erwünscht. Doch Vorsicht! Bleibt die Nahrung länger aus oder es wird zu wenig zugeführt, fürchtet der Körper eine Hungersnot – schaltet auf Sparflamme und drosselt deinen Energieverbrauch. Sobald du wieder »normal« isst und mehr Energie zuführst, legt der Körper zur Sicherheit Vorräte an, aus Sorge vor einer weiteren »Hungersnot«. Es kommt zum sogenannten Jo-Jo-Effekt: Man nimmt nach der Diät mehr zu, als man vorher abgenommen hat.

Übrigens stellt der Körper den weiblichen Hormonzyklus in einer Mangelzeit vorübergehend auf ruhend, weil er »denkt«: Eine Schwangerschaft wäre jetzt echt riskant! Daher setzt die Monatsblutung meist erst wieder ein, wenn sich das Gewicht weiter oben einpendelt. Achtung! Bei einer schwerwiegenden ▶ Essstörung zum Zeitpunkt der (erwarteten) ersten Regel kommt diese mitunter gar nicht von allein!

Viele Diäten sind viel zu drastisch und einseitig und deshalb für den Körper oft schädlich.

Klartext
Die Jo-Jo-Falle umgeht man, indem man langsam weniger Energie aufnimmt, als man verbraucht. So vermeidet man, dass der Körper auf das Programm »Hungersnot« umschaltet. Regelmäßige Mahlzeiten, weniger Fettes, konsequente Essenpausen und vor allem mehr Bewegung bewirken viel.

Tipp: Achte gut darauf, dass du genügend (ca. anderthalb bis zwei Liter pro Tag) trinkst – und *was* du trinkst. Die Zuckermenge in einem Liter Cola entspricht ganzen 36 Stücken Würfelzucker! Bei anderen Softdrinks sieht es nicht viel besser aus. Auch die so gesund klingenden Fruchtsäfte enthalten sehr viel Fruchtzucker. Am besten löscht Wasser den Durst – und deine Zähne danken es dir!

Klartext
Im Internet gibt es sehr viel Fehlinfos und selbst ernannte Experten rund um das Thema Ernährung. Wenn du dazu wirklich Rat suchst, bist du bei einer Fachperson im Real Life deutlich besser aufgehoben!
Die findest du beispielsweise hier:
primomedico.com/de/fachbereich/
ernaehrungsmedizin

Essstörungen

Essstörungen werden häufig mit Mädchen assoziiert. Nicht ganz zu Unrecht, denn viele Girls haben damit traurige Geschichten. Jungs allerdings auch, nur meist noch tabuisierter. Manche leiden darunter, dass sie sich als zu dünn empfinden. Wieder andere setzen viel Fett an und kriegen deshalb die Krise. Essstörungen entstehen, wenn jemand das Essen zu anderen Zwecken als zur Nahrungsaufnahme verwendet, bewusstes oder unbewusstes Essen zur Beruhigung, zum Regulieren schlechter Gefühle (Stressesser). Doch wenn wir mehr aufnehmen als wir verbrauchen, nehmen wir zwangsläufig zu.

Der Blick von Magersüchtigen auf ihren Körper ist verzerrt. Sie halten sich durch eine Körperschema-Störung für zu dick, auch wenn sie schon extrem untergewichtig sind. Es ist für sie kein Widerspruch, dass ihr Denken dabei trotzdem ständig ums Essen und wie sie noch mehr abnehmen können kreist.

Die meisten Magersüchtigen kommen aus diesem Teufelskreis nicht allein raus und brauchen dringend fachkundige Hilfe. Es gibt viele, meist speziell auf Frauen ausgerichtete Hilfsangebote.

Klartext

Die Sicht auf den eigenen Körper wird oft von Bildern und vermeintlichen Vorbildern geprägt. Viele weibliche und inzwischen auch männliche Models stellen ein völlig unnatürliches Körperideal vor und sind gesundheitsgefährdend untergewichtig. Schnell kann die Grenze zur **Magersucht** (Fachbegriff: **Anorexia nervosa**) überschritten sein, der lebensgefährlichen und oft drastisch unterschätzen Essstörung, die Jungs wie Mädchen betrifft. Dass in unserer Gesellschaft viele Sportlich- und Schlanksein für angesagt halten, wohingegen Übergewicht eher negativ wahrgenommen wird, feuert die Krankheit zusätzlich an! Deshalb bekommen Magersüchtige erst spät Kritik an ihrem Aussehen. Es ist eine Tragödie, dass immer wieder Menschen an Magersucht sterben.

»Wenn Hunger nicht das Problem ist, kann Essen nicht die Lösung sein.«

Eine Übersicht über verschiedene andere **Essstörungen:**
Bulimie (Ess-Brech-Sucht): Betroffene essen große Mengen an Nahrung und erbrechen sie direkt nach der Mahlzeit wieder aus Angst zuzunehmen. Langzeitfolgen sind Leistungseinbußen, Nährstoffmangel, Zahnschäden durch Salzsäure aus Erbrochenem, das den Zahnschmelz angreift. Viele Bulimiker sind normalgewichtig, einige übergewichtig. Daher wird diese Essstörung schlecht erkannt.
Binge-Eating-Störung : Betroffene verlieren immer wieder die Kontrolle über ihr Essverhalten. Sie haben Essanfälle und nehmen in kurzer Zeit weit mehr Nahrung zu sich, als ihr Körper braucht. Binge-Eater sind meist übergewichtig.
Abführmittelmissbrauch: Manche Menschen mit Essstörungen versuchen über Abführmittel, die Nahrungsverwertung zu behindern, in der Hoffnung, so weniger Kalorien aufzunehmen.[31] Die Folgen: Abführmittel beschleunigen die Darmentleerung und lösen Krämpfe aus, der eigene Aktionsradius ist extrem eingeschränkt, ohne WC in der Nähe geht nichts. Der Körper verliert wichtige Mineralstoffe wie Kalium. Kaliummangel kann lebensgefährliche Herzrhythmusstörungen verursachen.
Sportmissbrauch: Besonders Männer, aber auch manche Frauen treiben übermäßig viel Sport, um ihr Gewicht zu kontrollieren, Muskeln aufzubauen oder Fett abzutrainieren. Da dies gesellschaftlich vielfach akzeptiert ist, fallen Betroffene von Essstörungen und/oder Sportmissbrauch erst sehr spät auf.

Genussmittel & Abhängigkeit – Mit (ab-)gehangen – mit gefangen?

Es gibt eine Menge Dinge, die in Menschen einen besonders guten Gefühlszustand hervorrufen. Nicht immer ist gleich die Grenze offensichtlich: Was schmeckt einfach nur gut, und was macht definitiv abhängig, also süchtig? Aber genau in dieser Grauzone liegt auch die Gefahr, Sachen falsch einzuschätzen, sie eher für harmlos zu halten – und plötzlich zu merken: »Ich komm nicht mehr davon los, was jetzt?«

Basics zum Thema Abhängigkeiten/Sucht
Abhängig sein kann man »stoffgebunden« oder »nicht-stoffgebunden«. Stoffgebundene Süchte binden Menschen an bestimmte Substanzen wie Alkohol, verschiedenste Drogen, Nikotin, Medikamente (vor allem Schmerz- und

Schlafmittel und stimmungsaufhellende Substanzen). Bei nicht-stoffgebundenen Süchten sind Menschen an ein bestimmtes Verhalten gekettet, zum Beispiel Arbeitssucht, zwanghafter Sport, Diäten oder zwanghaftes Essen, Esssucht, Spielsucht, Kaufsucht, Smartphone-Sucht, Internet- oder Online-Sucht, Sex- oder Pornografie-Sucht.

Bist du überrascht, weil du manches auf der Liste nicht vermutet hättest? Und ja, das alles wirft Fragen auf: Essen? Ernsthaft jetzt? Das muss doch jeder! Und wieso soll Fleiß im Beruf schlecht sein? Wo liegt die Grenze zur Arbeitssucht? Ist es nicht normal, ab und an mal Medizin zu nehmen? Ich dachte, Sport wäre gesund! Alkohol trinken viele. Wie gefährlich ist Alkohol wirklich? Kann Rauchen so schädlich sein? Die vielen Leute fallen doch auch nicht alle gleich tot um!

Viel Rauch um nichts?

Im Rauch einer Zigarette sind ca. 3.800 Stoffe enthalten – davon 200 giftige und mindestens 40, die Krebs auslösen können.[32]

Stell dir vor, du lutscht ein echt leckeres geschenktes Bonbon. Plötzlich sagt der edle Spender: »Oh, übrigens: In dem Bonbon ist ein Krebs auslösender Stoff. Ich hoffe, das stört dich nicht?«

Wahrscheinlich würdest du es schnellstmöglich ausspucken und überlegen, ob du ihn verklagst. Und doch stecken sich so viele Menschen Zigaretten mit derart vielen krebserregenden Stoffen freiwillig in den Mund, auch wegen der beigemischten Aromen und Zusatzstoffe. Sie erleichtern den Einstieg und binden den Konsumenten. Viele von ihnen wussten als Jugendliche noch nicht um die Gefahren und das Suchtpotenzial, schon ab den ersten Zigaretten. Langfristig schaden sie ihrer Gesundheit erheblich. Nikotin ist in Sekunden im Gehirn. Besonders bei Jugendlichen kommt es zu einer Vermehrung und Hochregulation von Nikotinrezeptoren an Nervenzellen. So entsteht neben der psychischen auch eine körperliche Abhängigkeit – und der Entzug ist erschwert.[33]

Auch E-Zigaretten enthalten meist das Suchtmittel Nikotin und sind in ihrer Langzeitwirkung auf enthaltene Stoffe noch nicht erforscht.

Viele denken, das Rauchen einer Wasserpfeife, »Shisha«, sei weniger problematisch und eine ungefährliche Alternative zu gesundheitsschädlichen Zigaretten. Doch auch beim Shisha-Rauchen gelangen krebserregende Stoffe in den Körper und sind danach im Urin nachweisbar.[34] Unmittelbar gefährlich ist aber vor allem die hohe Konzentration eines Gases im Blut, an dem man ersticken kann: Kohlenmonoxid ist ein farb-, geruch- und geschmackloses Atemgift. Es bindet sich anstelle von Sauerstoff an die roten Blutkörperchen und führt so zu einem starken Sauerstoffmangel im Körper.[35] Anzeichen davon sind Kopfschmerzen, Schwindel, Übelkeit, Bewusstlosigkeit und Krampfanfälle. Im Brandfall darf man daher nie den Aufzug nehmen – dort kann man dem Kohlenmonoxid ja nicht ausweichen!

Wie beim Rauchen finden viele andere der oben genannten Verhaltensweisen oder Genussmittel im Alltag einen angestammten Platz – und sind auch deshalb so tückisch. Es ist schlau, seine Grenzen gut im Blick zu behalten – nicht nur beim Rauchen, sondern auch beim Trinken.

Tipp: Auf der Internetseite **www.kenndeinlimit.de** kannst du anhand eines anonymen Tests deinen eigenen Umgang mit Alkohol checken. Das Ergebnis zeigt in Form von Ampelfarben, ob noch alles im grünen Bereich ist oder wo du aufpassen solltest. Denn alles Alkoholhaltige ist eine Droge und ein starkes Zellgift. Mach dir klar, dass **du** für deine Entscheidungen Verantwortung hast.
https://www.kenn-dein-limit.de/alkohol-tests/

‰

Vor hunderten Jahren gab es noch keine Narkosemittel. Da setzte man Alkohol zur Betäubung bei medizinischen Eingriffen ein. Heute ist er ein gesellschaftlich ziemlich akzeptiertes Rauschmittel. Bei vielen Großveranstaltungen ist Alkoholwerbung selbstverständlich. Mit Alkohol gemischte Softdrinks (Alkopops) verführen zum Komasaufen[36]. Durch den hohen Zuckergehalt und den süßen Geschmack sind sie üppige Kalorienbomben, und du merkst oft gar nicht, wie viel Alkohol du schon intus hast.

Ganz abgesehen von den negativen Einflüssen auf die Figur wirkt Alkohol enthemmend.[37] Das ist mitunter der Hauptgrund, weshalb jemand ihn konsumiert. Alkohol dient weiter zur Frustbewältigung und gibt Teens teils das Gefühl, erwachsener zu sein. Bei zu viel Alkohol kann es zum »Filmriss« kommen, einer mehr oder weniger großen Erinnerungslücke der nahen Vergangenheit: Du weißt am nächsten Tag vielleicht nicht mehr, wie du nach Hause oder wie nah du deiner männlichen Begleitung wirklich gekommen bist. Viele Straftaten und Verkehrsunfälle, nicht selten mit tödlichem Ausgang, geschehen unter Alkoholeinfluss. Wer noch Auto (oder auch Fahrrad/Moped/Motorrad/E-Scooter) fahren muss, sollte sicherheitshalber bei null Promille bleiben und ganz auf Alkohol verzichten. (Promille gibt die Menge des Alkohols im Blut an.)

Nach **Alkoholexzessen** findet man sich womöglich auf der Intensivstation eines Krankenhauses mit einer Alkoholvergiftung wieder. Die Überdosierung von Alkohol kann tödlich enden.
Aus dieser Sicht macht es schon Sinn, dass das Jugendschutzgesetz den Verkauf von Bier und Wein erst ab 16 Jahren und von hochprozentigem Alkohol wie Schnaps erst ab 18 Jahren zulässt. Längerfristig führt übermäßiger Alkoholkonsum zur Gewöhnung und dabei nicht nur in die Sucht, sondern auch zu ersthaften Körperschäden, zum Beispiel an der Leber bis hin zu Leberkrebs. Für Schwangere gilt unbedingt das Null-Promille-Gebot! Schon in geringen Mengen kann Alkohol das ungeborene Kind erheblich und lebenslang schädigen.
Immer mehr Jugendliche verstehen glücklicherweise die Gefahren des Alkoholkonsums und die Fallzahlen sinken seit Jahren: »Laut BZgA tranken im Jahr 2021 8,7 Prozent der Zwölf- bis Siebzehnjährigen nach eigenen Angaben mindestens einmal pro Woche Alkohol. 2011 waren es rund 14 Prozent und bei der ersten Erhebung 1979 noch ein Viertel der Befragten. Auch bei den jungen Erwachsenen (18 bis 25 Jahre) ist der langfristige Trend beim regelmäßigen Trinken rückläufig und lag 2021 bei 32 Prozent. Vor zehn Jahren betrug der Anteil gut 40 Prozent und Ende der 1970er-Jahre 66 Prozent.«[38]

Substanzkonsum

Neben Alkohol werden vielfach auch andere Substanzen konsumiert – meist freiwillig, manchmal aber auch gegen den eigenen Willen, wie ▶ K.-o.-Tropfen oder Drogen. Worum geht es genau?

- Substanzen, die das Bewusstsein verändern und meist auch die Stimmung aufhellen
- Legale Drogen (offiziell erlaubt) wie Koffein, Alkohol, Nikotin, bestimmte Medikamente
- Illegale Drogen (verboten) wie Heroin, Ecstasy, Crystal Meth, u. v. a. m., auch (noch) »weiche« Drogen wie Cannabis und Marihuana*
- Meist hohes Abhängigkeits- und Gewohnungspotenzial
- Je nach Mittel sehr unterschiedliche Einnahmewege: Tabletten, Spritzen, inhalieren, schniefen, rauchen, essen, trinken ...

* Ob Cannabis/Marihuana in Deutschland für Erwachsene legalisiert wird, steht derzeit in der politischen Diskussion.

Die meisten legalen Stoffe/Mittel kann man im Laden erwerben. Drogen hingegen werden durch Dealer verkauft. Diese verdünnen oder »strecken« teils den ursprünglichen Stoff mit billigeren Substanzen, um ein besseres Geschäft zu machen und ihren Gewinn zu maximieren. Das kann der Käufer in aller Regel nicht feststellen – und geht so ein hohes Risiko ein.

Während Alkohol und Rauchen auf dem Rückzug sind, gibt es klare Verschiebungen hin zu einer anderen Droge: »Die Hälfte der 18- bis 25-Jährigen hat mindestens schon einmal Cannabis konsumiert. Das ist der höchste Wert seit den 1970er-Jahren. Bei den 12- bis 17-jährigen Jugendlichen hatten rund neun Prozent der Befragten Cannabis-Erfahrung, den bisherigen Höchststand gab es hier 2004 mit 15 Prozent.«[39]

Hanf[40] (Cannabis) gehört zur Pflanzengruppe der Hanfgewächse. Die folgenden Verabreichungsformen sind alle Produkte derselben Pflanze:

→ **Marihuana**: Umgangssprachlich Gras oder Weed. Getrocknete meist zerkleinerte harzhaltige Blüten und blütennahe, kleine Blätter der weiblichen Pflanze. Werden trocken konsumiert.

→ **Haschisch oder Haschischöl**: Wurde aus extrahiertem Harz weiterverarbeitet.

→ Das Cannabinoid **THC** (Tetrahydrocannabinol) = psychoaktiver Teil der Droge, beeinflusst das zentrale Nervensystem. Wirkung: Entspannend, betäubend und unterdrückt Übelkeit/Brechreiz, wird in der Medizin teils als Schmerzmittel bei bestimmten Krebsarten erforscht/teils schon eingesetzt.

Der Konsum erfolgt über selbst gedrehte Zigaretten »Joints«, die man »kifft«, kleine Varianten als Sticks, in Wasserpfeifen (Shishas oder Bongs) oder auch in spezielle Haschpfeifen – oder über Nahrungsmittel wie Haschkekse/-kuchen, Bonbons ... oder Getränke.

Mögliche Folgen können kurz- aber auch langfristig Angst und Verfolgungswahn, geistige und körperliche Abhängigkeit sein.[41]

Cannabis ist in Deutschland und auch weltweit die am häufigsten illegal konsumierte Droge.[42] Der Weltdrogenbericht 2019 stellt fest, dass der Konsum als Folge der Legalisierung von Cannabis in manchen Ländern zunimmt[43] und beobachtet einen Anstieg an Sucht und psychischen Krankheiten in Westeuropa. In Nordamerika kommen zudem vermehrt Suizide vor.

Klartext

Teens sind beim Kiffen viel gefährdeter als Erwachsene, da sich ihr Gehirn in der Pubertät noch umformt. THC stört die Reifeprozesse des Gehirns dosisabhängig – je mehr und je häufiger, umso intensiver! Regelmäßiges Kiffen kann die geistige Leistungsfähigkeit verringern.[44] Die gute Nachricht: Wenn man den Konsum komplett aufgibt, erholt sich Gehirn nach und nach wieder.[45]

Opium/Heroin[46] ist ein Rauschgift mit sehr hohem Abhängigkeitspotenzial in jeglicher Konsumform. Opium wird aus Schlafmohn hergestellt. Es wirkt schmerzstillend und betäubend. Die Aufnahme erfolgt vor allem als Pulver über die Nase, durch Verdampfen oder aufgelöst mit Spritzen injiziert.
Heroinartige Substanzen/Opioide wie Fentanyl verursachten 2021 nach vorläufigen Schätzungen in den USA über 108.000 Fälle von tödlichen Überdosierungen, 17 Prozent mehr als im Jahr davor.[47]
Kokain[48] ist ein Rauschmittel, das aus den Blättern der Kokapflanze gewonnen wird und v. a. psychisch abhängig macht. Es wirkt stimmungsaufhellend, macht euphorisch, dämpft Hunger- und Müdigkeitsgefühle und führt dazu, dass man sich leistungsfähiger fühlt. Die Aufnahme erfolgt über den Mund, die Nase (schnupfen/ziehen/rupfen) oder als Spritze. Vor allem in den Anbauländern in Südamerika werden Kokablätter gekaut oder als Tee gekocht. Die so aufgenommene Dosis löst jedoch keinen »Kick« wie beim Missbrauch von Kokain aus.[49]
Ecstasy[50] ist eine künstlich hergestellte Party-/Designerdroge, die anfänglich in Tablettenform auf den Markt kam. Der ursprünglich enthaltene Wirkstoff MDMA wirkt meist appetitzügelnd, macht euphorisch, hemmungslos, erhöht das Selbstbewusstsein. Allerdings werden inzwischen zahlreiche Pillen mit wechselnden Inhalten vertrieben, sodass völlig unklar ist, was genau eine angebotene Tablette enthält und welche Wirkungen bzw. teils bis zu tödlichen Nebenwirkungen sie entfalten kann! Schon die Einnahme einer Ecstasy Tablette kann tödlich enden.[51] Insgesamt haben die Todesfälle durch den Konsum von Ecstasy in den letzten Jahren zugenommen.[52]
Inzwischen werden auch Pulver sowie Kristalle vertrieben.[53]
Als Come-Down oder Feier-Depris bezeichnet man die teils tagelang andauernde Zeit nach dem Konsum, die mit depressiver Verstimmung, Müdigkeit, Antriebslosigkeit und teils Übelkeit einhergeht. Ecstasy kann psychisch abhängig machen. Eine akute Gefahr beim Konsum entsteht bei der Überhitzung des Körpers auf 40 – 42 °C durch den Wirkstoff MDMA.[54]

Crystal Meth ist bekannt dafür, sehr schnell Abhängigkeit hervorzurufen und kann zu Hirnschäden, Angstzuständen und Psychosen führen. »Crystal lagert sich zum Beispiel in den Hautschichten ab, viele Süchtige drücken stundenlang an den Unreinheiten herum. Andere zerkratzen sich im Rausch das Gesicht.«[55]

K.-o. – ganz ohne Kampf!

Es ist eine ganz miese Masche! Da wird ein chemischer Stoff (meist Liquid XTC), der betäubend wirkt, heimlich in das Glas oder Essen eines Partygastes gemischt. Der Eigengeschmack des Getränks oder Essens überdeckt den salzigen, seifigen Geschmack der Droge. Ziel des Ganzen: den wehrlosen Zustand der Opfer ausnutzen, für einen Raub oder sexuelle Übergriffe bis hin zur Vergewaltigung. Das Verabreichen von K.-o.-Tropfen ist eine ausgesprochen hinterhältige Form der massiven Grenzüberschreitung (▶ Grenzschutz & sexualisierte Gewalt)! Durch K.-o.-Tropfen kann es ganz ohne Alkohol zum totalen Gedächtnisausfall kommen.

Die Wirkung setzt etwa 15-30 Minuten später ein und ist von Person zu Person unterschiedlich, auch davon abhängig, was man vorher getrunken und ob man Medikamente oder Drogen genommen hat. Die Wirkungen können sich dann mischen. Den meisten Opfern wird schwindelig oder schlecht, als hätten sie zu viel getrunken, sie sind aus heiterem Himmel euphorisch. In diesem Zustand sind sie leicht zu beeinflussen. Später kommt es dann meist zur Bewusstlosigkeit mit anschließendem Filmriss.

Tipp: Besonders in Discos oder bei anderen Großveranstaltungen, aber auch auf privaten Partys tust du gut daran, einen Blick auf dein Glas zu haben. Sprich dich am besten mit deinen Freundinnen ab, dass ihr zum Beispiel bei Toilettenbesuchen gegenseitig wachsam seid.

Die Einnahme von K.-o.-Tropfen kann lebensgefährlich sein! Daher sollte man bei plötzlicher Ohnmacht eines anderen gerade in diesem Gesamtsetting zur Sicherheit mit der 112 den Notarzt rufen (das geht auch ohne SIM- oder bei leerer Prepaidkarte!). Auf **www.ko-tropfen-nein-danke.de** gibt es viele Infos rund um das Thema. **Weitere Informationen** dazu findest du auch in diesem Film:
https://weisser-ring.de/tipps-gegen-k-o-tropfen

Als wäre die Unberechenbarkeit von K.-o.-Tropfen nicht genug, sind die Besucher von Diskos, Konzerten, Sportveranstaltungen nun durch eine neuen »Trend« beunruhigt: Beim sogenannten Needle-Spiking spritzen Unbekannte Besuchern eine Partydroge mit Nadeln unter die Haut.[56] Betroffene bemerken den Einstich oft nicht und entdecken die Einstichstelle meist erst am nächsten Tag. Sie berichten über Schwindel, Übelkeit, Orientierungslosigkeit, teils Ohnmachtsanfälle.

Fakt: Mit K.-o.-Tropfen kann *jeder* aufs Kreuz gelegt werden, nicht nur irgendwelche Promis! Weil sie nur so kurz nachweisbar sind, sind Statistiken wenig bis gar nicht aussagekräftig. Die Dunkelziffer ist hoch! Vergewaltigungen unter K.-o.-Tropfen gibt es bei Frauen und Männern!

Klartext

Kaum was getrunken und plötzlich high? Sobald jemand den eigenen Körper nicht mehr steuern kann, sollte man direkt medizinische Hilfe suchen, egal welche Ursache dieser Zustand hat. Man sollte umgehend die 112 rufen oder das nächste Krankenhaus aufsuchen, auch um eine Überdosierung zu behandeln (ob nun mit K.-o.-Tropfen oder etwas anderem) und die gesundheitliche Gefahr zu minimieren. Nicht warten! Schnell handeln! Manche Stoffe sind nur wenige Stunden nachweisbar!

Hat man den Verdacht, dass K.-o.-Tropfen im Spiel sind, ist es ratsam, schon parallel dazu die Polizei einzuschalten und Strafanzeige zu erstatten. Ohne Blut- oder Urinprobe ist eine Strafverfolgung nicht möglich. Wenn nicht sofort Anzeige erstattet wird, ist es noch schwieriger einen Täter ausfindig zu machen.[57]

Sprich mit einer Vertrauensperson, such dir Hilfe! Mit Unterstützung fällt der Weg zum Krankenhaus und im Zweifelsfall auch zur Polizei leichter.

Grenzschutz & sexualisierte Gewalt

Grenzüberschreitungen sind Übergriffe. Das Gesetz verbietet sowohl körperliche Gewalt (▶ Gewalt in Beziehungen) als auch sexualisierte Gewalt. Oft wird diese allerdings in der Praxis noch totgeschwiegen. Vergiss nicht: **Du bist wertvoll und schützenswert. Niemand hat das Recht, über deinen Körper zu verfügen**. Eine gute Selbstfürsorge beinhaltet das Setzen klarer und guter Grenzen.

Sexualisierte Gewalt fängt schon in sexistischer, abwertender Sprache an. Für sexualisierte Gewalt muss es keinen Körperkontakt geben. Sie findet auch statt, wenn man jemanden zwingt, sich Pornografie anzuschauen, beim Sex zuzugucken oder sexuelle Handlungen an sich vorzunehmen. Strafrechtlich unterscheidet man die sexuelle Nötigung von der Vergewaltigung. Vergewaltigung ist ein erzwungener vollzogener Geschlechtsverkehr – das gibt es auch in Form von oralen oder analen Sexpraktiken.

Übrigens – Mädchen und Jungen können beides sein – Opfer und Täter! Täter können dir »fremde« oder »bekannte« Personen sein:

- »Fremde« sind dem Opfer völlig unbekannt. Jemand ist »zur falschen Zeit am falschen Ort«.
- »Bekannte« stellen die weitaus größere Gruppe dar. Die Täter aus dem nahen sozialen Umfeld nutzen ihre Position oder sogar ihre Vertrauensstellung, um sexualisierte Gewalt auszuüben.

Täter oder Täterin kann jeder sein:

- Nahe/entfernte Verwandte (Vater, Mutter, Geschwister, Onkel, Tante, Großeltern, Cousins, Stiefeltern ...)
- Personen aus der Schule (Lehrkräfte, Hausmeister:innen, Sozialarbeiter:innen, Mitschüler:innen ...)
- Personen aus dem Bereich Hobbies und Freizeitaktivitäten (Jugendleiter:innen, Pastor:innen, Trainer:innen, Musikschullehrer:innen, Freizeitleiter:innen, Hausaufgabenhilfe, Reitlehrer:innen ...)
- Personen aus dem sozialen Umfeld (Nachbar:innen, Briefträger:innen ...)
- (Gleichaltrige) Kumpel

Klartext

Egal ob fremd oder bekannt, es kommen leider alle Schweregrade von Übergriffen vor. Zwar sind Männer häufiger Täter als Frauen, doch auch Frauen können übergriffig sein und ihre Machtposition ausnutzen.

»Als ich mit meinem Freund gekuschelt habe, griff er plötzlich mit seiner Hand in meine Hose und steckte seinen Finger in meine Scheide. Ich fühlte mich schrecklich dabei, konnte mich aber nicht dagegen wehren und hatte Angst ihn zu verlieren, wenn ich etwas dagegen sage.«

Manche Opfer sind darüber derart erschrocken, dass sie in solchen Fällen in eine Art Schockstarre verfallen und so tun, als würde das gerade nicht stattfinden. Doch tatsächlich ist es ein sexueller Übergriff. **Das ist nicht okay!** Mach in solchen Fällen deutlich, dass du das nicht willst. Hat es dich überrumpelt, sprich es ggf. beim nächsten Treffen an. Besonders, wenn sich Übergriffe wiederholen und der andere sein Verhalten nicht ändert, kann es dran sein, sich Hilfe von außen zu holen!

»In der Tanzgruppe war ich mit einem Mädchen befreundet, das zwei Jahre älter war als ich. Bei Fragen half sie mir oft weiter und erzählte mir auch viel über ihre Beziehungen, fast wie eine große Schwester. Als ich 14 wurde hat sie gegrinst und gemeint, ich wäre jetzt alt genug. Und dann hat sie mir auf ihrem Handy Pornos gezeigt.«

Haben andere ein anderes Verständnis von Körperkontakt, das dir nicht guttut, überlege, wo und wie du das weise ansprechen kannst. Respektiere es, wenn andere unterschiedliche Grenzen als du haben. Wie geht man damit schlau um? Orientiert euch am kleinsten gemeinsamen Nenner, mit dem beide sich wohlfühlen. Feiert eure Übereinstimmungen und macht euch nicht zu viele Gedanken über eure Differenzen. Schließlich seid ihr beide wertvoll und ganz besondere Persönlichkeiten. Hauptsache, jede fühlt sich in ihren Grenzen wohl und sicher und akzeptiert die der anderen.

Klartext

Laut einer Studie[58] zu sexueller Aggression bei Jugendlichen und jungen Erwachsenen berichten 60 Prozent der siebzehn- bis zwanzigjährigen Mädchen und 30 Prozent der Jungen von sexuellen Übergriffen durch Gleichaltrige, häufig innerhalb einer Beziehung: 31 Prozent der befragten weiblichen Jugendlichen erfahren sexualisierte Gewalt durch einen männlichen Beziehungspartner. Gib gut auf dich acht. Wer bereits einmal in diesem Bereich übergriffig gehandelt hat, wird in ähnlichen Situationen kaum anders reagieren. Darum warte nicht und hoffe, dass es besser wird. Such dir frühzeitig eine Vertrauensperson oder professionelle Hilfe, wenn du in diesem Bereich Übergriffe erlebst. (▶ Hilfsadressen zum Thema sexualisierte Gewalt)

Bemerkenswerterweise liegt der Gewinn von sexuellen Übergriffen für viele Täter mehr bei der Kontrolle und Macht als in der eigentlichen Sexualität. Oft setzen sie bei zuvor identifizierten Schwachstellen, unerfüllten Bedürfnissen ihres Opfers an. »Hey, du kämpfst mit deiner Figur und kommst allein schlecht klar? Schick mir Fotos von dir, dann helfe ich dir das zu kontrollieren ... Und vielleicht kommst du mich einfach ab und an mal besuchen ...«

Der Effekt: Das Opfer wird vom Täter abhängig und hintergeht sogar das Verbot der Eltern.

Unabhängig vom Motiv und den Mitteln, mit denen Täter ihr Opfer überlisten: Die Opfer fühlen sich durch den Übergriff meist ausgenutzt, missbraucht und beschmutzt. Täter verpflichten ihre Opfer oft durch schlechte Geheimnisse und Drohungen zum Schweigen. Scham und Angst hindern viele Opfer, sich Hilfe zu suchen: »Wenn ich ihn anzeige, tut er meiner kleinen Schwester was ... kommt mein Vater ins Gefängnis – und wir verlieren unser Zuhause. Das will ich nicht ...«

Klartext

Der Missbrauchende verdreht gern die Tatsachen – und schiebt die Schuld dem Opfer zu. Diese Strategie der Täter-Opfer-Umkehr heißt »**Victim blaming**«.[59] »Du hast dich ja auf meinen Schoß gesetzt ... weil du so attraktiv bist/dich so verlockend gekleidet hast, hatte ich gar keine andere Wahl ...« Eine glatte Lüge, die das Leid der Opfer vergrößert! Verantwortlich für die Übergriffe ist immer der Täter, nicht das Opfer! Das gilt selbstverständlich auch für gesellschaftliche Gruppen, in denen sexualisierte Gewalt und Vergewaltigungen gang und gäbe sind. Man spricht dann von einer »**Rape Culture**«[60] (Engl. rape = Vergewaltigung und culture = Kultur), weil dieses Vorgehen so häufig ist und auch gesellschaftlich vielfach toleriert wird. Das perfide daran ist, dass sowohl die Verhinderung eines sexualisierten Übergriffs als auch die Verantwortung für solche Übergriffe in die Zuständigkeit des Opfers (meist Frauen) verschoben werden, die eher als Sexualobjekte denn als eigenständige Persönlichkeit betrachtet werden. Ähnliches passiert beim »**Slutshaming**«,[61] (Engl. für »Verhöhnen von Schlampen«). Dabei wird auch meist Frauen unterstellt, sie seien »Schlampen« – und damit selbst Schuld an Übergriffen, die sie erleben. Das ist aber nicht der Fall. Die Kleidung ist kein Grund, jemanden zu belästigen oder zu vergewaltigen!

Manche Täter spielen sich auch als Aufklärer auf. Sie nutzen besonders in der Pubertät erwachende sexuelle Gefühle: »Ich habe dich doch nur aufgeklärt, weil du so wenig wusstest. Und immerhin hattest du ja auch Spaß dran. Also kann es nicht verkehrt sein.« Noch eine Lüge. Schuld ist der Täter! Es gibt keine Berechtigung, sich danebenzubenehmen, weil man sich nicht kontrollieren konnte oder das Opfer erfolgreich manipuliert hat! Und Lustgefühle? Ja, die können auch inmitten eines Missbrauchs vorkommen und das Opfer zusätzlich verwirren. Das liegt aber daran, dass die Organe des Opfers normal auf eine sexuelle Stimulation reagieren und hat rein gar nichts mit einer Mitschuld des Opfers zu tun!

Lass dich nicht von anderen in deiner Grenzziehung beeinflussen, weil sie angeblich schon wer weiß was gemacht haben, das angeblich irgendwie gut ging. Erzählen kann man viel. Wenn es doch schiefgeht, musst du es ausbaden, nicht sie! Es hilft nicht, sich die Dinge schön zu reden und dann eigene Prinzipien über Bord zu werfen. Steh zu dir und finde gute, kreative Lösungen innerhalb deiner Grenzen.

Action Step

Eine sehr gute Hilfe für kritische Situationen sind drei Fragen der Theaterpädagogischen Werkstatt in Osnabrück:

1. Habe ich ein Ja-Gefühl?
2. Weiß jemand Vertrautes, wo ich bin?
3. Bekomme ich notfalls Hilfe?

Sie sind so aufgebaut, dass du nicht in die Situation hineingehen solltest, wenn du nur eine der drei Fragen mit »Nein« beantworten musst du – bzw. überlegen solltest, wie du die Situation so verändern kannst, dass es ok ist.

Wenn du bei früheren Treffen mit anderen Personen bereits komische Gefühle hattest, geh vor neuen Terminen die drei Fragen durch und entscheide dann, ob du dich weiter mit ihnen treffen möchtest oder dir Hilfe suchst.[62]

Inzwischen kann man sich bei viele guten ▶ Anlaufstellen (siehe Hilfsadressen im Anhang) beraten lassen, und zwar sowohl, falls du selbst einen Übergriff erfahren hast, aber auch, falls du Sorge hast, zur Täterin zu werden oder wenn dich jemand um Hilfe bittet. Geht es um jemand anderen, dann kläre vorher auf jeden Fall mit ihm, was du erzählen und ob du seinen Namen nennen darfst. Eine Vertrauensperson kann helfen, die Situation zu besprechen und zu überlegen, welche Schritte nun die besten sind.

Tipp: Nicht alle Kinder und Erwachsenen haben ein Zuhause, in dem sie sich sicher fühlen können. In einem Klima von Streit und Gewalt, kann auch der Zugang zu Handy oder Computer eingeschränkt oder verboten sein.
In allen Notlagen, die ein lautes Hilfezeichen nicht zulassen, können betroffene Personen ein bestimmtes Handzeichen – #SignalForHelp – nutzen, um andere ohne Worte und unauffällig auf sich aufmerksam zu machen. Informiere dich darüber – womöglich wirst du dadurch sogar zur Rettung für jemand anderen?! Wichtig: Sollte dir gegenüber jemand ein solches Signal zeigen, »schauspielere« dich durch die Situation, als wäre nichts gewesen. Jede Reaktion könnte dein Gegenüber in Gefahr bringen! Und dann schalte hinterher eine erwachsene Vertrauensperson ein, so schnell du kannst. Da ist Gefahr im Verzug! Dass solche Notsignale nicht zum Spaß gebraucht werden sollten, versteht sich von selbst.

Klartext

Dass Gewalt nicht in eine Paarbeziehung gehört, ist den meisten klar. Doch am besten setzt man, als Charaktertraining und Vorbereitung einer späteren Beziehung, schon viel früher an! Jede Person, die dazu neigt, unkontrolliert die Fassung zu verlieren, sollte sich diesbezüglich weiterentwickeln, und wenn sie allein nicht weiterkommt, sich frühzeitig professionelle Hilfe suchen! Wenn du merkst, dass du dazugehörst, sei ehrlich mit dir. ▶ Hilfsadressen im Anhang

Wenn es wehtun muss – Aggressionen & autoaggressives Verhalten?

Manche Menschen lassen die Unzufriedenheit über sich selbst oder über ihre Lebensumstände an anderen aus.

Richtet sich deine Wut gegen andere, so kann das daran liegen, dass sie dir Unrecht getan haben oder deine Erwartungen nicht erfüllt wurden. Die Frage ist, ob du schon konstruktive Wege gefunden hast, Enttäuschungen zu verarbeiten. Aggressives Verhalten schadet Beziehungen. Auch hier ist fachkundige Hilfe ratsam, wenn du solches Verhalten an dir bemerkst, bevor es sich weiter in dein Leben einfräst und ernsthaften Schaden anrichtet.

Doch nicht immer sind es andere, die schlecht mit einem umgehen. Manche richten ihre Wut nicht nach außen, sondern gegen sich selbst. Sie schaden ihrem Körper, indem sie sich ritzen oder mit scharfen Gegenständen schneiden und selbst verletzen. Für manche ist es ein Weg, schlechte Gefühle zu verarbeiten, für andere die vermeintlich letzte Möglichkeit, sich selbst noch zu spüren. Viele Betroffene verstecken die Narben, oft nutzen sie das Ritzen aber auch als Hilferuf.

Action Step

Falls dich das betrifft, bleib damit nicht allein. Such dir bitte unbedingt fachkundige Hilfe. Autoaggressives Verhalten kann sich verselbstständigen und süchtig machen!

Gegen den eigenen Körper gerichtete negative Gedanken, Wut und Aggression tun uns nicht gut. Es ist viel ratsamer, sich mit dem eigenen Körper zu verbünden, statt gegen ihn zu kämpfen oder ihn als Feind zu betrachten.

Stell dir Soldaten vor, die eine Burg gegen Angreifer von außen schützen, sich überall auf den Zinnen verteilen und alles sichern. Plötzlich kommen ihre Kameraden, mit denen sie innerhalb der Burg Dienst tun, denen sie vertrauten – und überfallen sie von hinten. Da nützt die beste Außenabwehr rein gar nichts.

Klartext

Im Extremfall mündet die Autoaggression im Suizid. Viele Suizidversuche sind Hilferufe, weil es jemand in seinen Umständen einfach nicht mehr aushält (oder eine Krankheit wie Depression dazu führt) – und er keinen anderen Weg weiß.

Nimm Andeutungen von anderen in diese Richtung ernst und überlege, an welche Vertrauensperson du dich notfalls wenden kannst, und unter welchen Umständen du – falls es nötig ist – die Identität der betroffenen Person erst einmal nicht offenlegen musst.
Wenn du selbst davon betroffen bist, wende dich an eine Vertrauensperson und überlegt möglichst gemeinsam, wo du Hilfe finden kannst.

Meist liegt bei autoaggressivem Verhalten eine tiefe Ablehnung der eigenen Person zugrunde. Ursächlich können abwertende Urteile sein, die sie bereits als Kids oder Teens hörten: »Du bist nichts.«; »Alles ist deine Schuld.«; »Ohne dich wäre es leichter.«; »Du kannst nichts.«

All das kann zum zerstörerischen inneren Echo, zur Selbstabwertung werden: »Ich hab's ja gewusst. Ich bin nichts/kann nichts. Alles ist meine Schuld ...« Wer diesen Sondermüll in sich trägt, ob freiwillig oder unfreiwillig, wird auf Dauer dadurch tödlich vergiftet. Denn **das alles sind nichts als Lügen**.

Fakt:
Es stimmt nicht, was die anderen oder dieses destruktive Echo sagen: Jeder Mensch hat seinen ureigenen Wert und damit eine Würde – egal wo er lebt und ob es da gesetzlich festgeschrieben ist! Der Mensch ist wertvoll, weil er ein Mensch ist! Punkt!

Action Step

Das ist genau dein Thema? Ein Weg da heraus ist, die Lügen nach und nach zu erkennen, sie offenzulegen und dann Schritt für Schritt gegen die Wahrheit auszutauschen. Viele Betroffene brauchen dazu fachkundige Hilfe. Aber es lohnt sich. Für dich! Weil du wertvoll bist. Egal, ob du selbst betroffen bist oder sich dir jemand anvertraut hat: Wenn gar nichts mehr geht und du für dich keine Vertrauenspersonen siehst, wende dich vertrauensvoll in einem ersten Schritt an die Telefonseelsorge. Dort kannst du anonym Kontakt aufnehmen und mit jemand anderem überlegen, was weitere Schritte sein könnten.
Du erreichst die Telefonseelsorge unter den Nummern 0800 111 0 111 oder 0800 111 0 222 anonym, kompetent, rund um die Uhr! Oder im Netz:
http://telefonseelsorge.de/
Weitere ▶ Hilfsadressen, auch für andere Länder, findest du im Anhang.

Mutproben – Nur so wirklich cool?

Die Neuverknüpfung des Gehirns und die große Bedeutung der gleichaltrigen Clique sind ein Grund dafür, weshalb viele Teens Mutproben mitmachen. Dabei sind sie gar nicht unbedingt blauäugig oder finden das alles so harmlos. Vielmehr empfinden sie sich oft in der Zwickmühle, wollen im Ansehen der Gruppe nicht als Baby dastehen und machen gegen ihr inneres, ablehnendes Gefühl deshalb oft doch mit. Was andere teils nutzen, um sie zu manipulieren! Der Gruppendruck ist manchmal einfach stärker als die eigene Vernunft. Die *eigentliche* Herausforderung ist, dich um deiner selbst willen dagegen zu behaupten – um nicht in Situationen zu landen, die du dir allein kaum ausgesucht hättest.

Klartext

Jugendliche bauen an einem Fahrsimulator viel mehr Unfälle, wenn eine Gruppe Gleichaltriger hinter ihnen steht, als wenn sie allein fahren. Wer möchte schon hören, dass er wie Oma Auto fährt … In dem Moment geht es darum, cool zu sein.
Aber es bleibt ja nicht beim Fahrsimulator. Das gleiche Prinzip greift, wenn du ins echte Auto, aufs Rad oder Moped steigst.

Den eigenen inneren Widerstand zu überwinden, kann durchaus auch positiv sein – wenn du dich zum Beispiel in einen Kletterpark traust. Es kann aber auch verhängnisvoll schiefgehen, wenn du dabei deinen gesunden Verstand beiseiteschiebst. Immer wieder kommt es zu lebensgefährlichen Verletzungen, weil sich Jugendliche auf Bahngleisen oder in der Nähe von Hochspannungsmasten »beweisen« wollen. Viele wissen nicht: Überspringen kann der Strom auch, wenn man die Leitung nicht berührt! Selfies auf Bahngleisen sind lebensgefährlich. Die Züge sind oft so leise, dass man sie nicht kommen hört! Oder das illegale Graffiti-Sprayen: Es kann auch den erwischen, der selbst nicht sprayt, aber Schmiere steht: Selbst wer nur dabeisteht und aufpasst macht sich strafbar.

Klartext

Wusstest du, dass Graffiti-Sprayer wegen Sachbeschädigung dem Eigentümer gegenüber 30 (!) Jahre lang haftbar sind?[63] Graffiti als Kunstform gehört auf offiziell genehmigte Flächen und ist dann auch legal.

Um echt cool zu sein, musst du keine Mutproben bestehen. Sie sind meist schräge Herausforderungen, die sich andere ausdenken, um lässig vom Sofa zu beobachten, wie du unter Druck gerätst und dich quälst. Im Kern geht es aber doch darum, dass du dich zu der *echten* Person entwickelst, die in dir steckt. Darum: Leg ab und an eine Extra-Gedankenschleife ein: Was ist wirklich dein Ding? Was willst du tun und was willst du nicht? Steh zu dir und lass dir nichts von anderen aufzwingen.

Selbst-TÜV – Bin ich ok?

Du hast jetzt viel rund um das Thema »Freundschaft mit mir« gelesen. Was machst du damit? Wie siehst du dich selbst?

Fakt ist: Der Insider bist du! Und damit auch die Expertin. Niemand kennt dich besser als du dich selbst. Alle anderen haben nur die sehr begrenzte Außenwahrnehmung, lauter Momentaufnahmen, wie Selfies, die dich in Szene setzen und nur die äußere Hülle zeigen. Mal mehr, mal weniger vorteilhaft. Doch in dir steckt so viel mehr als nur diese Momentaufnahmen. Nicht alles würdest du anderen zeigen: Manches ist zu privat, geht die meisten nichts an, auf anderes kannst du richtig stolz sein. Vielleicht findest du Sachen an dir uncool oder stehst gerade völlig auf Kriegsfuß mit dir selbst. Nur du kannst deinen momentanen Standpunkt am besten abschätzen und weißt, in welchem Prozess du dich aktuell befindest. Denk nicht klein von dir! Und zeige Rückgrat!

**»Sei wer du bist und sag, was du fühlst.
Denn die, die das stört,
zählen nicht und die, die zählen,
stört es nicht.«**
Theodor Seuss Geisel[64]

Ob du es glaubst oder nicht, dich so fühlst oder nicht: Du bist einmalig! Ja, genau du! Dich gab es noch nie, gibt es nicht noch einmal und wird es auch nie wieder geben!

Lebenslang beste Freundinnen?!

Du bist einzigartig. Niemand in dieser Welt ist genauso wie du!

Klartext

Eine krasse Tatsache bei mehr als acht Milliarden Menschen, die aktuell auf dem Erdball herumlaufen: Kein Mensch ist exakt wie ein anderer, nicht nur wegen unserer einzigartigen Fingerabdrücke: Jeder Blick auf diese Welt, jedes Erleben, jede Begabung in ihrer Gesamtkombination ist einmalig. Lou Engle führt das auf einen besonderen Grund zurück:
»God had a dream – and wrapped your body around it.«[65] Gott hatte einen Traum und wickelte deinen Körper um diesen Traum. In jedem von uns liegt so ein Spezialtraum Gottes verborgen. Um in dem Bild zu bleiben: Du bestehst aus einer einzigartigen »Wrap-Spezialmischung«! Jemanden wie dich gibt es nicht noch einmal in diesem Universum! Eine ziemlich coole Vorstellung!

Gott als Freund, der einen Schatz in dich und jeden von uns hineinlegt, eine Freundschaft mit Gott? Geht das denn überhaupt? Vielleicht sagst du: »Ja, klar, so kenne ich ihn schon lange.« Oder du fragst irritiert: »Gott? Der macht doch keine Fehler. Können wir da überhaupt mithalten, wo uns so viel misslingt, wir Menschen uns gegenseitig kaputt machen und weh tun?« Das menschliche Zusammenleben ist schon ohne aktuelle Kriege herausfordernd. Bereits im Alltag werden wir oft genug aneinander schuldig und tun anderen Unrecht.

Das eigene unschöne Verhalten kann einen manchmal heftig belasten. Ob man an Schuldgefühlen zerbricht, Hilfe bei Gott findet oder aus Angst lieber in Deckung geht, hängt sehr von der eigenen »Glaubens-Lerngeschichte« ab. Die prägt dein jetziges Bild von Gott. Doch auch dieses Gottesbild ist nicht in Stein gemeißelt, wenn du mehr über Gott oder ihn persönlich kennenlernst. Gott jedenfalls wünscht sich Gemeinschaft mit den Menschen, die er wunderbar gemacht und in die er Träume gelegt hat. Und er freut sich, wenn sich Menschen auf die Suche nach ihm machen, an ihn glauben, ja sogar, dass er alle belohnen wird, die ihn suchen (Hebräer 11,6). Du brauchst keine speziellen Formeln oder vorgeschriebenen Handlungsabläufe. Jesus hat den Weg zu Gott geebnet (Johannes 3,16+17). Mit Gott kannst du im Gebet ganz offen ins Gespräch kommen, sei dazu ermutigt!
Und wenn du Fragen hast oder dir Unterstützung wünschst?
Ansprechpartner findest du in einer Jugendgruppe, Kirchengemeinde oder übers Netz, zum Beispiel über die Seite **www.gottkennen.de**.

»Gott trägt dein Bild in seiner Brieftasche.«
Tony Campolo[66]

Wer kann dir besser helfen, deine Identität und den Sinn deines Lebens zu finden, als der Erfinder selbst ...? – Wir alle haben Begabungen, Fähigkeiten und Talente, bereichern unsere Welt. Doch niemand kann exakt das tun, wozu du hier bist. **Wenn du fehlst oder deine Begabungen nicht entfaltest, dann fehlt etwas total Wichtiges und die Welt ist ein Stück ärmer!** Krass, oder? Und manchmal kaum zu glauben, vor allem, wenn man sich gerade nicht so gut leiden kann.

Zum Weiterdenken:

Die Bibel spricht sogar davon, dass Gottes Geist im Körper eines gläubigen Menschen wohnt wie in einem Tempel. Dein Körper als Gotteshaus? Schon schräg, oder? Oder doch nicht? Überleg mal. Wenn Gott sich nicht zu fein ist, Menschen nahe zu kommen, was bedeutet das für deinen Umgang mit dir selbst? Gehst du achtsam mit deinem Körper um? Oder bekämpfst du ihn eher – und stehst innerlich mit dir auf Kriegsfuß?

Trau dich, dich Schritt für Schritt genau so anzunehmen, wie du *jetzt* bist. Geh respektvoll mit dir und deinem Körper um – auch wenn du nicht unbedingt alles an dir magst. Sich anzunehmen, bedeutet nicht, *das Jetzt* einzuzementieren. Es ist voll in Ordnung und normal, sich zu mögen und gleichzeitig Veränderungsbedarf zu sehen. Du kannst, darfst und wirst dich sowieso immer weiterentwickeln. Es macht viel mehr Spaß, diese Entwicklung aktiv und konstruktiv mitzubestimmen! Geh beharrlich deinen Weg, entdecke deine Highlights und bau sie dann nach und nach immer mehr aus! Stell die richtigen Weichen, verbünde dich möglichst frühzeitig mit dir selbst! **Nutz die Chance – und freunde dich Schritt für Schritt mit dir selbst an.** Immerhin bist du ein ganzes Leben lang mit dir unterwegs!

Action Step

Du willst etwas ändern? Nimm dir nicht zu viel auf einmal vor. Verhaltensänderungen brauchen Zeit, anfangs mehr Energie im Gehirn und sehr viele Wiederholungen, im Durchschnitt zwischen zwei und acht Monate.[67] Verzweifle nicht, wenn es mal nicht gleich klappt. Mach einfach beharrlich weiter. Denk dran: »Ausnahmen bestätigen die Regel« – schon nach ein paar Wiederholungen läuft es etwas leichter. Und wenn du es immer wieder trainierst, wird es langfristig verankert. Memory-Points zum Beispiel in deinem Zimmer oder Gewohnheits-Apps auf deinem Handy können helfen. Feier deine Erfolge! Und denk dran: Du bist ein Original, keine Kopie! Du alleine definierst, wie Erfolg für dich aussieht.

Die meisten Menschen sterben als Kopien,
während sie als Originale geboren sind.
Ernst Elias Niebergall

Alles über Mädchen

Mehr Durchblick gefragt? Dieses Kapitel ist dein ganz persönlicher Reiseführer bei deiner Entwicklung vom Mädchen zur Frau! Oder wie es im Flugzeug so schön heißt: Get ready for takeoff! Dein Reiseziel: Expertin in eigener Sache!

Startschuss? Wann geht's los?

Die meisten Mädchen verändern sich sichtbar im Alter zwischen 9 und 18 Jahren, jede in ihrem eigenen Tempo. Die sichtbare Entwicklung vom Mädchen zur Frau startet etwa ein bis zwei Jahre früher als die der Jungs. Und auch wenn irgendwann die Volljährigkeit erreicht ist, geht es mit dem Feintuning in der kompletten psychologischen Entwicklung beider Geschlechter übrigens noch bis ins Alter von etwa 27 Jahren weiter!

Wie beim Marathon kann man nichts abkürzen. Im Prinzip haben alle Mädchen die gleichen Entwicklungsschritte vor sich, aber jede ist zwischendurch in einer anderen Phase. Ein respektvoller Umgang miteinander sollte daher zur Grundeinstellung gehören!

Hier eine erste Übersicht, was dich erwartet:

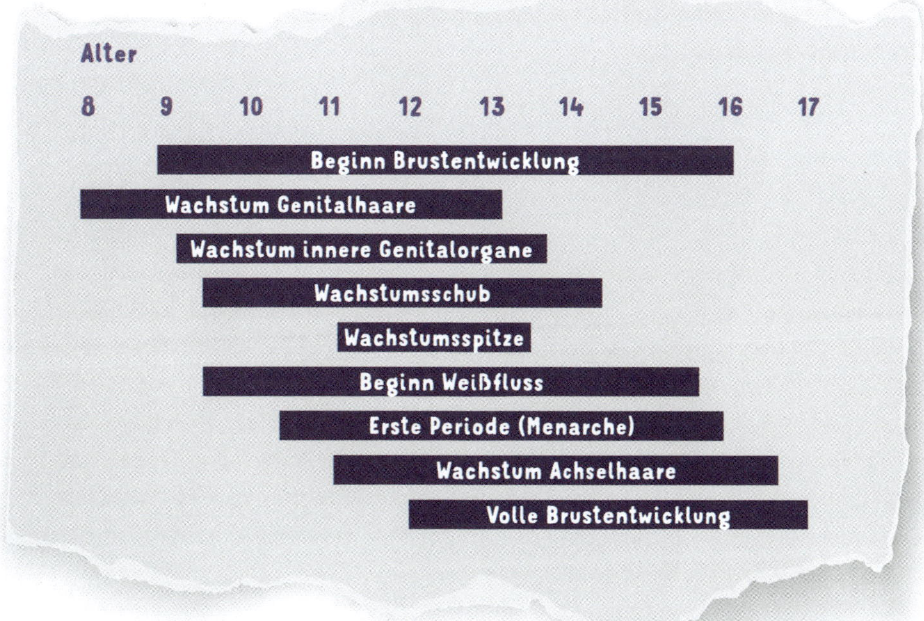

Und nun der Reihe nach:

Dein Aussehen – Typsache!

Dass Mädchen auf dem Weg zur Frau größer und schwerer werden, ist logisch. Das breiter werdende Becken erhältst du als Vorbereitung für eine mögliche spätere Schwangerschaft. Es gibt dir eine fraulichere Figur. Manche Frauen sind eher schmal, andere rundlicher. Auf jeden Fall haben sie alle im Becken genug Platz für einen neuen Erdenbürger. Noch früher als du deine definitive Körpergröße erreichst, hören deine Füße auf zu wachsen. Das kann dazu führen, dass du dich zwischendrin manchmal ziemlich komisch proportioniert findest.

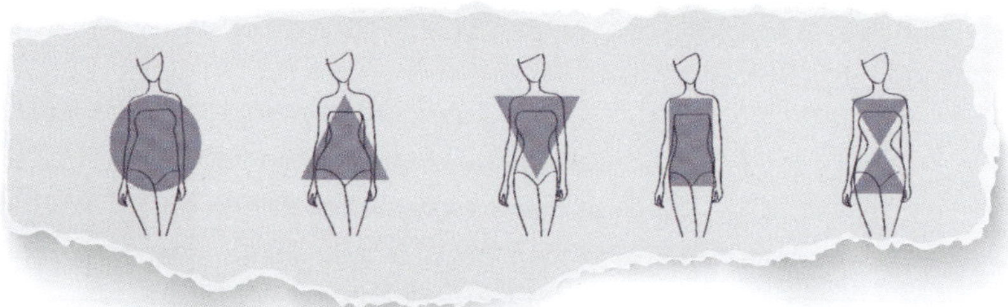

Gut zu wissen

Es ist völlig normal, dass du mal in die Höhe wächst und mal in die Breite. Vor allem wenn dich der aktuelle Zustand stresst, vergiss nicht, dass auf einen Wachstumsschub in die Breite meist einer in die Höhe folgt. Krieg nicht gleich die Krise und fang nicht gleich an zu hungern, wenn du denkst, dass dein Gewicht aus dem Ruder läuft. Sonst gerät Frau leicht in eine unschöne Diätspirale. (▶ Essstörungen)

Klartext

Disproportionen fühlen sich nicht unbedingt gut an, doch: Erstens nimmst du es meist viel deutlicher wahr als Außenstehende. Denen fällt das vielleicht noch nicht mal auf. Und zweitens bist du und damit deine ganze Figur noch in Entwicklung. Dein Körper formt sich noch und wächst dabei nicht immer gleichmäßig. Immerhin müssen neben dem Größenwachstum auch die anderen Körperbestandteile wie innere Organe, Arme, Füße, Muskeln, Sehnen und Bänder in ihrem ganz eigenen Rhythmus mitwachsen. Wie wäre es mit einem Waffenstillstand? Gib deinem Körper Zeit, bis er ausgewachsen ist, meist zwischen 15 bis 18, im Feintuning bis ca. 20 Jahre.

Wissenschaftler fanden übrigens heraus, dass unsere Körpergröße und Körperform, auch unser Gewicht, sehr viel stärker vererbt wird, als man früher dachte. Wenn vieles »gesetzt« ist, also zu deiner Grundausstattung gehört, ist es ratsam, nicht ständig damit zu hadern, sondern dich und dein genetisches Grundgerüst so anzunehmen mit den Randbedingungen, die nun mal da sind – wie du bist, auch mitten in der Entwicklung – vor allem aber so, wie du später sein wirst. Und gleichzeitig zu schauen, wo dein Handlungsspielraum ist, zum Beispiel durch Bewegung/Sport und Ernährung.

Schminken?

Beim Thema Aussehen geht es ab der Pubertät häufiger auch um die Frage: Schminken, ja oder nein? Die Entscheidung ist persönlich. Manche Frauen schminken sich, andere verzichten drauf, mögen es nicht oder finden sich so schön. Wenn es dir gefällt, probiere es aus. Schau, was zu dir passt.

Der Sinn von Schminke ist, deinen Typ zu unterstreichen, nicht ihn zu übermalen oder jemand anderen zu kopieren. Bleib vor allem und in allem du selbst. Du bist das Original – nicht die Schicht Farbe oben drüber. Übung macht die Meisterin. Es muss nicht perfekt sein! Taste dich langsam ran, anstatt alles auf einmal aufzutragen. Dezent ist besser und gibt dir mehr Sicherheit.

Sich abends wieder abzuschminken schützt nicht nur deine Bettwäsche. Deine Haut und besonders auch deine Augen danken es dir. Umweltbewusste Baumwollpads und Mikrofasertücher ersetzen inzwischen meist die früher mehr verbreiteten Einmal-Abschminktücher.

»Meine Patentante, Mitte fünfzig, hat sich noch nie geschminkt. Sie sagt: Ich bin so natürlich schön, ich brauche das nicht.«

Zahngelegenheiten

Die Pubertät ist Zahnspangenzeit. Diese helfen die Zahnstellung zu begradigen, wirken aber auch bei bestimmten Gesundheitsproblemen (Fehlstellungen der Zähne verursachen Kopfschmerzen, Wirbelsäulenprobleme, Funktionsstörungen der Kiefergelenke usw.) – und helfen den eigenen Gesamtauftritt langfristig zu verbessern.

Deinem langfristigen Nutzen stehen vorübergehende Unannehmlichkeiten entgegen, die manch einer als Zumutung empfindet:

- Undeutliche, manchmal unkontrollierbar feuchte Aussprache
- Durch Drähte verzerrtes Lächeln

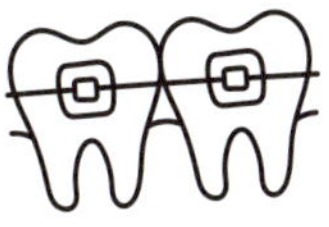

- Vorübergehende Schmerzen beim Nachspannen fester Zahnspangen
- Schlafstörungen, besonders bei Erkältungen
- Beeinträchtigter Gesamtauftritt
- Vorübergehendes Verbot verschiedener Lebensmittel wie Popcorn oder Kaugummi

Dass viele Gleichaltrige ebenfalls betroffen sind, mag ein wenig über die Unannehmlichkeiten hinwegtrösten, doch letztlich muss jede Einzelne da allein durch. Ob mit oder ohne Zahnspange, plane die regelmäßige Zahnpflege zweimal am Tag als wesentlichen Bestandteil der Freundschaft mit dir unbedingt ein!

Hier einige Tipps von anderen Teens, wie sie die Zahnspangenzeit gut überlebt haben:

- »Wegen meiner losen Klammer denke ich jetzt regelmäßig ans Zähneputzen. Sonst ist es total fies, sie wieder reinzusetzen, riecht und schmeckt komisch.«
- »Wenn ich die Krise wegen meiner Klammer kriege, schaue ich mir alte Bilder von meinen schiefen Zähnen an, die mich so lange störten! Ich weiß ja, dass es besser werden wird.«
- »Anfangs nuschelte ich mit Zahnspange übertrieben laut und sprach alles sehr betont aus. Das war so witzig, dass das Sprechen später gar nicht mehr peinlich war.«

Erwachsen mit Haut und Haaren

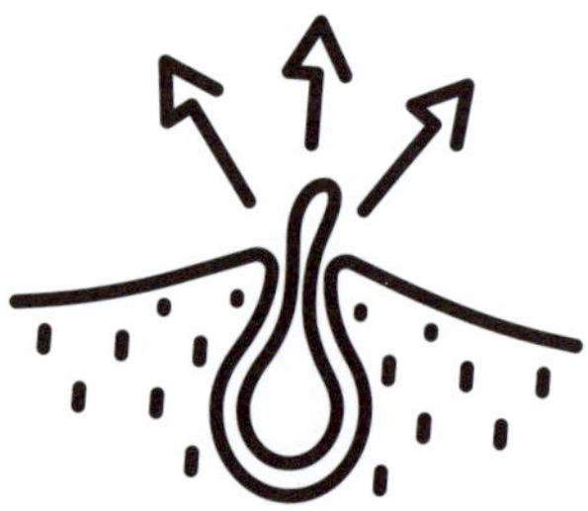

Haut

An die ▶ Botenstoffe deines Körpers muss deine Haut sich in der Pubertät erst gewöhnen. Deshalb bekommst du häufiger Pickel. Unter dem Einfluss der chemischen Botenstoffe verstopfen die winzigen Hautöffnungen leichter. Das Ergebnis: Eiterpickel und Mitesser, oft an den unmöglichsten Stellen. Dein erster Reflex: auf Tauchstation gehen. Oder versuchen, den Pickel auszudrücken. Keine gute Idee: Die Stelle wird noch farbintensiver und du riskierst eine unschöne Narbenbildung. Unbedingt Finger weg von Pickeln oberhalb der Oberlippe. Der Abfluss der Lymphe (Flüssigkeitssystem im Körperinneren zum Abtransport von Stoffwechselabfallprodukten) geht hier in Richtung Gehirn. In das Abflusssystem gedrückte Bakterien können bis ins Gehirn gelangen und zu Entzündungen führen!

Tipp: Wasch dich täglich und nutze nicht-parfümierte Seife. Wenn du zu Pickeln neigst, kannst du dein Gesicht auch mit einem Gesichtswasser mit Hilfe von Kosmetikpads reinigen.
Achte auf saubere Hände und Nägel! Aufkratzen und Ausdrücken kann die Entzündung weiter verteilen und die Narbenbildung fördern. Drück Pickel daher möglichst nicht aus. Fachpersonal im Drogeriemarkt kann dir helfen, sinnvolle Pflegeprodukte zu finden. Wenn das nicht reicht, frag eine (Haut-) Ärztin um Rat.

Manche Teens, Jungen mehr als Mädchen, haben besonders viel Ärger mit Hautunreinheiten & Pickeln. Die Ursache kann Akne[68] sein. Akne entsteht durch verstopfte Talgdrüsen der Haut. In ihnen finden bestimmte Bakterien einen idealen Nährboden. Dann entstehen eitrige Pusteln, die schmerzhaft sein können. Ausdrücken der Pickel führt hier besonders zum Verteilen der Entzündung und zu bleibenden Narben, auch wenn die Akne längst wieder weg ist! Hautärzte können bei Akne Spezialmedikamente verschreiben. Hol dir möglichst frühzeitig Rat, um langfristig Narben zu vermeiden.

Apropos Haut: Dellen- oder streifenartige Veränderung der Haut an Oberschenkeln, Po, Hüfte und Bauch nennt man Orangenhaut oder Cellulitis. Sie kann Frauen und Männer betreffen und hängt von der Elastizität der Haut ab. Übrigens können eher schmale Menschen genauso Dehnungsstreifen bekommen wie Menschen, die gewichtiger sind. Auch hier spielt wieder die Dehnbarkeit der Haut eine Rolle.

Klartext

Viel hat mit Veranlagung zu tun. Teure Cremes und Mittelchen können deinen Hauttyp nicht verändern. Anstatt richtig zu wirken, erleichtern sie meist eher den Geldbeutel der betroffenen Person. Statt wissenschaftlichen Studien zur Wirkung von Kosmetika werden meist nur die Erfahrungen von Anwendungsbeobachterinnen werbewirksam in Szene gesetzt. Ein gut reflektierter Artikel kommt zu deutlichen Kernaussagen: »Die Dellen wegzaubern? Quasi unmöglich!«[69] Auf jeden Fall ist es eine gute Idee, die Haut mit Sport zu straffen und generell zu pflegen.

Mief lass nach!

Eine gute Körperpflege ist für einen überzeugenden, coolen Gesamtauftritt grundlegend. Zum Real Life gehören, anders als im Film, die Geruchsempfindungen! Ja, auch kleine Kinder schwitzen, doch in der Pubertät steigt die Schweißmenge, und die Ausdünstungen fangen teils übel an zu riechen. Das Üble: Man selbst nimmt den Mief meist gar nicht als so aufdringlich wahr, wie er für andere rüberkommt ...

Die folgende Checkliste gibt dir eine Idee, auf was du achten kannst:

Checkliste:

- Wasch dich mindestens einmal pro Tag. Morgens zu duschen ist kein Joker für später. Wenn du tagsüber stark schwitzt (Sommer, Sport o. ä.), ist es sogar schlau, nochmals aktiv zu werden ... Plane mit deinem inneren Rhythmus.
- Bei empfindlicher Haut kann tägliches Duschen jedoch too much sein. Nimm besser den guten alten Waschlappen oder einen Waschschwamm. Zum Basisprogramm gehören Gesicht, Achseln, Intimbereich und Füße. Zieh nach dem Waschen frische Klamotten an und befördere deine verschwitzten Sachen in die Wäsche.
- Wechsle vor allem Unterwäsche und Socken täglich und prüfe auch deine Lieblingsteile auf ihren Mieffaktor. Unterschätze Käsefüße nicht! Wenn Füße stinken, liegt das meist an der fehlenden Luftzufuhr, nicht an der Sauberkeit. Wasche dich auch zwischen den Zehen.
- Die Scheide reinigt sich innen von selbst und sollte NICHT gewaschen werden! (▶ Scheide).
- Verwende Deos direkt **nach** dem Duschen oder **vor** dem Sport. Überleg in Ruhe, was zu dir passt und vermeide aufdringliche Deos mit Parfumzusatz.
- Finde deinen Rhythmus für die Haarwäsche und habe sie regelmäßig im Blick.

Merke:

Deos sind dazu da, dem Schweiß vorzubeugen, nicht um den Gestank zu überdecken! Typische Fehlanwendungen: Das Deo als Waschersatz. Oder nach dem Sport aufgetragenes Deo, das sich mit dem Schweiß vermischt – und dann nicht duftet, sondern stinkt.

Parfums sind kein Deo-Ersatz und wirken nicht gegen Schweiß. Sie sind als persönliche »Duftmarke« gedacht und nicht als chemisches Kampfmittel. Kein Witz! Setzt du Duftstoffe mit Sorgfalt ein, ist die Duftwolke auch für andere noch angenehm!

Sogenannte Antitranspirantien sind spezielle Deos, die meist Aluminiumsalze enthalten, um die Achsel trocken zu halten und die Schweißporen zu verschließen. Andere Deos verhindern nur unangenehme Gerüche. Weil sich das Aluminium im Körper ansammeln kann, sollte man solche nicht zu oft nutzen.[70] Viele Hersteller bieten inzwischen Deos ohne Aluminium an.

Wuschelkopf & Zottelmähne?

Der routinierte morgendliche Griff zu Kamm oder Bürste hilft dir beim Start in den Tag. Viele Teens stylen sich stärker und häufiger als früher. Das braucht erfahrungsgemäß mehr Zeit und kann einen Kampf ums womöglich einzige Badezimmer in der Wohnung auslösen. Sprich dich am besten mit deiner Family ab. Stell notfalls deinen Wecker entsprechend früher, damit nicht jeder Morgen in Stress und Chaos endet.

Tipp: Manchmal stehen dir nicht nur morgens die Haare zu Berge. Besonders, wenn du dich cool stylen möchtest, weil du ein Date oder einen anderen wichtigen Termin hast, ist das doof. Manche sprechen dann vom »Bad Hair Day«. Halte dann nach Möglichkeit mal kurz inne – und überleg: »Sind es wirklich die Haare, die heute streiken? Oder kann mein Spiegelbild es mir gerade einfach nicht recht machen?« Ab und an hilft es, das Styling einer Vertrauensperson, zu überlassen. Sonst greif auf bewährte Standardfrisuren zurück.
Und wenn deine Freundinnen auch alle unter widerspenstigen Haaren leiden? Dreht den Spieß rum und macht eine »Happy Hair Party« draus. Dabei kommt jede mit einer abgefahrenen oder verrückten Frisur und ihr habt einfach Spaß.

Deine Haare werden in der Pubertät viel schneller fettig als früher. Achte auf die regelmäßige Haarwäsche und finde heraus, was das für deine Haare bedeutet, vielleicht alle zwei bis sechs Tage? Ein festes Maß gibt es nicht! Zu viel Shampoo schadet der Kopfhaut. Achte bei der Nutzung von Haargel auf Reste, die nach dem Auskämmen oft wie Schuppen im Haar aussehen. Wasch oder kämm das Gel möglichst am gleichen Tag wieder aus. Haarspray kannst du auskämmen oder notfalls ebenfalls auswaschen. Und wenn es auch ohne Haargel weiß rieselt? Dann ist das meist kein Schnee, sondern wahrscheinlich abgestorbene Kopfhautzellen – Schuppen. Dagegen helfen spezielle Pflegeshampoos.

Haargenau!

Viele Menschen meinen, wir hätten vor der Pubertät nur am Kopf Haare. Weit gefehlt! Unsere gesamte Körperoberfläche ist mit zunächst feinen Härchen überzogen. Dunkle Körperhaare kann man natürlich besser erkennen. Ab der Pubertät entstehen bei Mädchen wie Jungen zusätzliche, deutlich sichtbarere Haare.

Deine Kopfhaarfarbe muss übrigens nicht unbedingt der Haarfarbe der Genitalhaare entsprechen. Auch bei manchen Männern ist das unterschiedlich.

Achsel- und Genitalhaare wachsen im Bereich der großen Körpergelenke. Die Genitalhaare wachsen früher als die Achselhaare, sind erst glatt, dann werden sie dichter und welliger und gehen bei Mädchen dann noch ein Stück auf die Oberschenkel und den Unterbauch über. Bei der Bewegung von Armen und Beinen entsteht Reibung. Wenn nackte Haut schwitzt und aneinander reibt, wird sie schnell wund. Diese zusätzlichen Haare dienen als Zwischenschicht zum Schutz der Haut. Wenn man schwitzt, verdunstet der Schweiß und kühlt die Haut. Die Haare verstärken diesen Effekt und *vermindern* die Geruchsbildung. Drüsen in den Achseln und im Intimbereich geben sexuelle Botenstoffe mit individuellem und diskretem Geruchsmuster ab. Wir nehmen nur unterschwellig wahr, ob wir jemanden »gut riechen« können. Achsel- und Genitalhaare sorgen mit für die Verteilung dieser Botenstoffe. Außerdem verstärken unsere Haare die sinnliche Wahrnehmung.

Rasur-Trends

In Filmen, Werbung, Internet und in der Öffentlichkeit sind immer mehr am Körper enthaarte Frauen zu sehen – zum Beispiel Models in Unterwäschewerbung, Schauspielerinnen, Influencerinnen ... Die Botschaft, wie Frau zu sein hat, bringt viele Mädchen in Zugzwang. Manche berichten auch, dass sie sich von ihrem Partner gedrängt fühlen, da ihre Achsel- oder Genitalhaare »störend« und »nicht normal« seien ... womit wir wieder bei der Frage sind, wer »normal« eigentlich definiert!

In den letzten Jahrzehnten geht es den Haaren zunehmend an den Kragen. Schon vor Jahrzehnten begann ein aus den USA kommender Rasur-Trend immer exotischere Blüten zu treiben. Bei Frauen fing es mit der Rasur der Beine und Achselhaare an. In Modezeitschriften wurden Frauen in Tops nur noch ohne Achselhaare gezeigt. Dann kamen »Frisuren« im Gentialhaarbereich dazu. Schließlich weitete der Rasur-Trend sich auf Männer aus. Männer ohne Achselhaare, ohne Brust-, Bauch- und Rückenhaare, »Frisur« und später auch Komplettrasur an den Genitalhaaren bei Mann und Frau sind die Folgen – kräftig unterstützt durch Werbebilder und leider auch vermeintliche »Maßstäbe«, die in pornografischen Filmen (▶ Pornos & Sex-Seiten im Internet) gesetzt werden. Inzwischen sind wir an dem Punkt, dass viele buchstäblich »kein gutes Haar mehr an sich lassen«.

»In der Pubertät fühlte ich mich sehr unter Druck, meine Beine zu rasieren, obwohl mich die sehr zarten blonden Haare bisher nie gestört hatten. Nach der ersten Rasur wurden sie nie wieder so hell, sondern wuchsen dunkel und kräftiger nach.
Das störte mich sehr. Nun musste ich meine Beine rasieren, um mich wohl zu fühlen. Schade, dass ich damals nicht mehr Rückgrat hatte.«

Klartext
Heute ist es für viele Menschen kaum mehr vorstellbar, die Körperbehaarung so zu belassen, wie sie von Natur aus wächst. Der Verlust der Körperbehaarung geht zugleich mit großen Gewinnen der Pflegemittelindustrie einher. Die hat natürlich Interesse daran, dass ihre Produkte verwendet werden, um »gepflegt und schön« auszusehen. Wer sich nicht dem Werbetrend anpasst, wird rasch abgewertet, als »Affe im Dschungel« verschrien und als hinterwäldlerisch dargestellt und diskriminiert.

Aus medizinischer Sicht ist der Rasur-Trend gleich in mehrfacher Hinsicht eine bedenkliche Entwicklung. Durch die Rasur kommt es immer wieder zu kleinen, oft sogar unerkannten Verletzungen in der Haut. Sie bilden Eintrittsstellen für Keime, die Entzündungen in der Haut auslösen können. Auch sexuell übertragbare Krankheiten wechseln durch die Verletzungen leichter zum Sexualpartner. Besonders betroffen machen aber die auch durch diesen Trend enorm steigenden Zahlen von ▶ Intim-OPs, wie eine Korrektur der Genitallippen, mit allen damit verbundenen Risiken.[71]

Tipp: Dein Körper gehört dir. Es ist und bleibt daher deine höchstpersönliche Entscheidung, wie du damit umgehst – und, logisch, auch mit deiner Körperbehaarung. Überlege, ob du dich rasieren möchtest und wenn ja, wie viel. Und egal, wie **deine** Entscheidung **für dich** ausfällt: Versuche, die Entscheidung anderer zu respektieren und sie nicht abzuwerten.

»Meine Schwester wollte immer, dass ich mir die Achseln und Beine rasiere. Ich fand es blöd und peinlich, dass sie mich darauf ansprach und es anscheinend eklig fand. Im Urlaub habe ich dann ihren Rasierer benutzt.«

Damenbart?! Was tun?

Alle Menschen haben Haare im Gesicht! Sehen kann man sie jedoch meist nur bei Männern. Doch manchmal haben auch Frauen einen sichtbaren Haarwuchs im Gesicht, vor allem oberhalb der Oberlippe, manchmal auch am Kinn. Bei einigen kommt es sogar zu einer verstärkten Körperbehaarung, medizinisch »Hirsutismus«.[72] Vielen Frauen ist das sehr unangenehm, auch weil eine solche Haarverteilung oft als »typisch männlich« wahrgenommen wird. Dahinter stecken mitunter eine erblich bedingte Haarverteilung oder verstärkt vorkommende männliche ▶ Botenstoffe. Deren Produktion kann durch verschiedene Faktoren oder sogar Tumore beeinflusst und gefördert werden.

Gut zu wissen

Die sogenannten »weiblichen« und »männlichen« Hormone sind nicht strikt auf »Frau« und »Mann« festgelegt. Wissenschaftler haben diesen Botenstoffen diese Attribute einmal zugeordnet, weil bei einem Geschlecht mehr davon festgestellt wurden. Doch im Körper selbst gibt es keine absolute Zuordnung der Hormone in die richtige »Geschlechtsschublade«. Die Unterschiede in der Menge der jeweiligen Hormone führen zur Ausprägung der eigenen Geschlechtsmerkmale.

Auch Frauen haben alle natürlicherweise Hormone im Blut, die Männern zugeordnet werden, die sogenannten Androgene. Das ist völlig normal und macht noch keinen Damenbart. Der zeigt sich erst, wenn sich die Hormonzusammensetzung so verändert, dass die sogenannten männlichen Hormone Überhand nehmen. Wichtig sind daher die entfalteten Hormonwirkungen und das Hormongleichgewicht. Andersherum betrifft dies auch Männer, bei denen die Östrogene oder Gestagene Überhand nehmen.

Tipp Hol dir medizinischen Rat bei einer Ansprechpartnerin deines Vertrauens, wenn du ein ungewöhnliches Behaarungsmuster bei dir feststellst. Leider versuchen viele Frauen aus Scham nur, die Haare irgendwie wegzubekommen. Doch eine dahinter steckende Grunderkrankung muss ggf. behandelt werden. Deine Haus- oder Kinderärztin, eine Hautärztin oder deine Frauenärztin vermitteln dir auch andere kompetente Ansprechpartnerinnen, falls die Problematik nicht in ihr Fachgebiet fällt.

Naheliegend erscheint für viele auf den ersten Blick die von den Männern bekannte *Rasur*. Doch dies verspricht nur kurzfristig Abhilfe. Denn mit dem Abrasieren der Haare entstehen lästige und meist gut sichtbare Bartstoppeln. Diese werden dann leicht als Drei-Tage-Bart wahrgenommen und fühlen sich wie Schmirgelpapier an. Betroffene Frauen raten dringend von der Rasur ab und empfehlen andere Wege, die teils aber auch starke Nebenwirkungen haben können. Welche Methode sich für dich am besten eignet, besprich daher möglichst mit deiner Hautärztin!

Weibliche Botenstoffe

Du hast oben schon davon gelesen: Hormone sind chemische Botenstoffe unseres Körpers. Sie werden mit dem Blut transportiert. Auf ihre Nachricht reagiert der Empfänger mit weiteren Botenstoffen oder anderen Zellaktivitäten. Sexualhormone haben mit geschlechtlichen Besonderheiten zu tun.

- Die Hauptakteure der Sexualhormone bei Mädchen sind Östrogen und Gestagen. Die übergeordneten zentralen Steuerungshormone werden im Gehirn gebildet. Das Gehirn funkt mit diesen Steuerungshormonen Nachrichten an die Hirnanhangsdrüse – und diese sendet weiter an die Eierstöcke und die Nebenniere.
- Die Botenstoffe der Geschlechtsorgane melden ihre Aktivitäten wieder ins Gehirn zurück. Das steuert den weiblichen Zyklus.
- Östrogen und Gestagen werden bei Frauen ganz überwiegend in den Eierstöcken gebildet. Die Nebennierenrinde bilden in geringem Umfang Östrogen und Testosteron. Östrogene beeinflussen bei Mädchen das Knochenwachstum und die Verbreiterung des Beckens.[73]

Die weibliche Brust

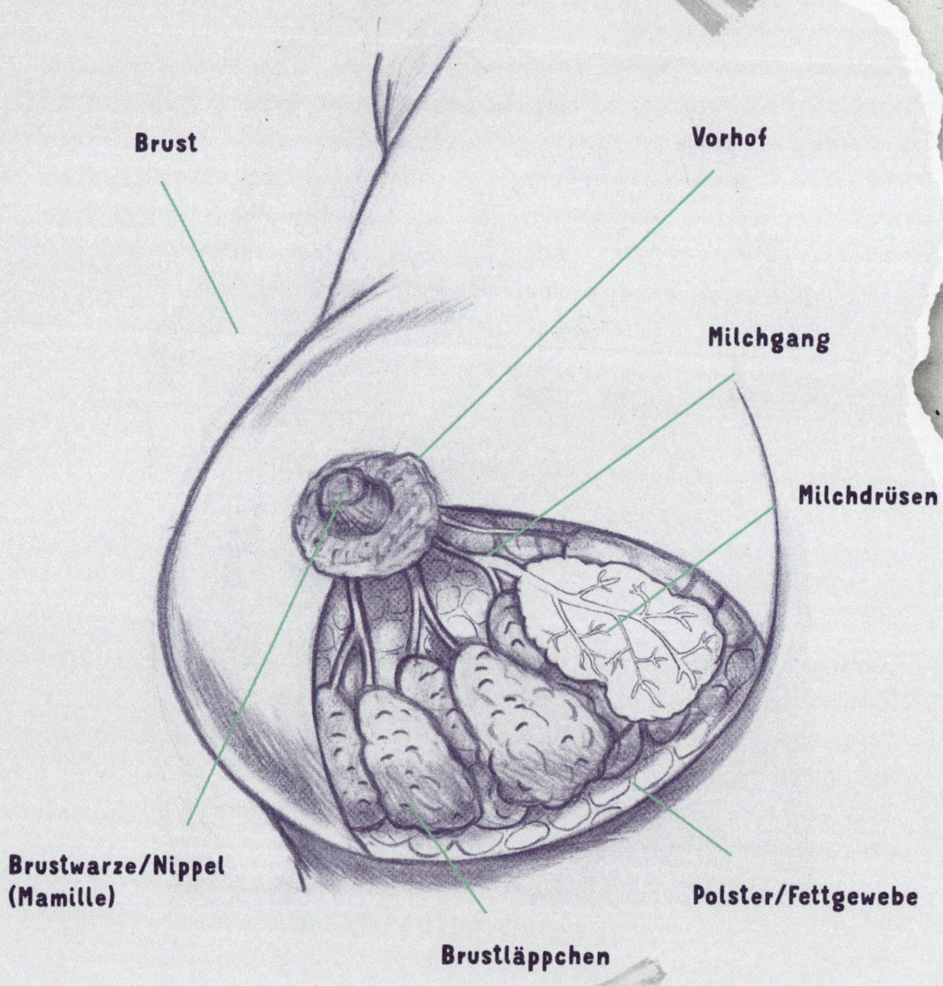

Äußere weibliche Geschlechtsorgane

Zu den äußeren weiblichen Geschlechtsorganen gehören die Brust und die Vulva (äußerer Intimbereich der Frau).

Brust

Eines der offensichtlichsten Zeichen dafür, dass du vom Mädchen zur Frau wirst, ist das Wachsen der Brüste. Brustwarzen haben alle Menschen bereits als Babys. Lange Zeit sehen Mädchen und Jungen hier gleich aus. Doch zu Beginn der Pubertät hebt sich die weibliche Brustwarze an. Dann folgt der Rest der Brustdrüse, bis deine Brust ihre endgültige Form annimmt. Im Verlauf kann eine Seite mehr oder schneller wachsen als die andere.

»Mein erster BH war ein alter BH meiner Schwester. Den trug ich auch noch, als er hinten mit Tesafilm zusammengelebt war. Ein Jahr lang war das mein einziger BH, weil ich mich nicht getraut habe, mir einen neuen zu kaufen. Vor meinem Arzt war mir der BH total peinlich!«

Klartext

Wie groß die Brust einer Frau genau wird, ist nicht vorherzusehen. Sie steht auch nicht in direktem Zusammenhang zur Brustgröße ihrer Mutter oder Schwestern. Das ist individuell total unterschiedlich, so wie auch nicht alle Jungs die gleiche Penisform oder -größe haben. Nicht die Größe einer Brust entscheidet über ihre Schönheit, sondern die Freude, mit der ihre Besitzerin sie trägt. Es gibt schöne Brüste in allen Größen und Formen!

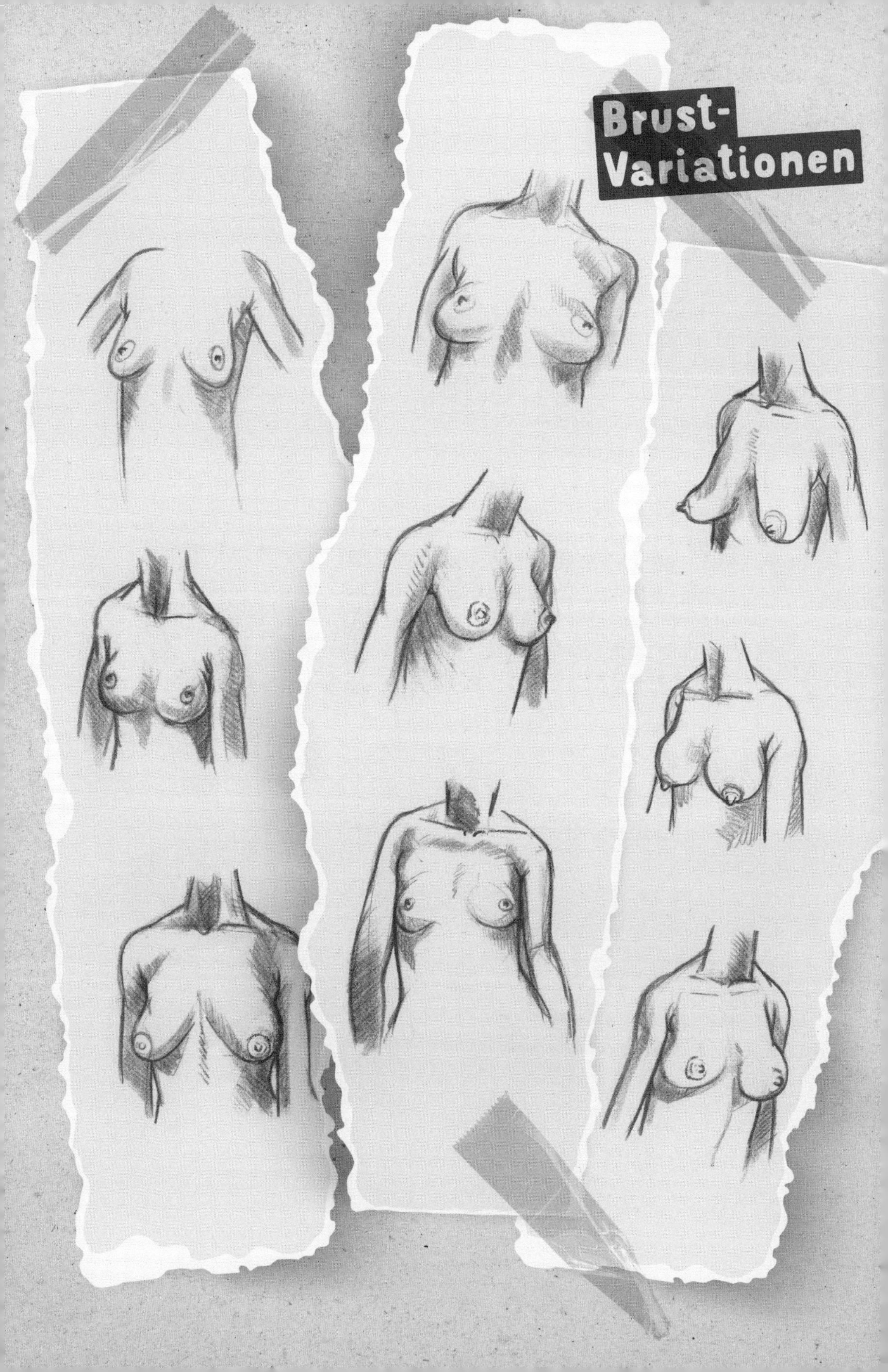
Brust-
Variationen

Normvarianten!

Bei manchen Frauen sind die Brustwarzen dauerhaft oder vorübergehend nach innen eingezogen. Sogenannte Flach- oder Hohlwarzen haben kürzere Milchgänge. Bei Kälte oder sexueller Erregung richten sich diese Brustwarzen oft trotzdem auf und werden fest, allerdings nicht bei allen Frauen. ▶ Stillen können diese Frauen trotzdem.

Auch bei erwachsenen Frauen sehen beide Brüste normalerweise nicht exakt gleich aus. Manche Frauen bemerken einen größeren Unterschied. Besteht dieser schon lange, muss dich das nicht beunruhigen. Allerdings kann ein plötzlich neu(!) auftretender Größenunterschied Hinweis auf eine Erkrankung oder Knoten im Brustgewebe sein. Das sollte ärztlich abgeklärt werden.

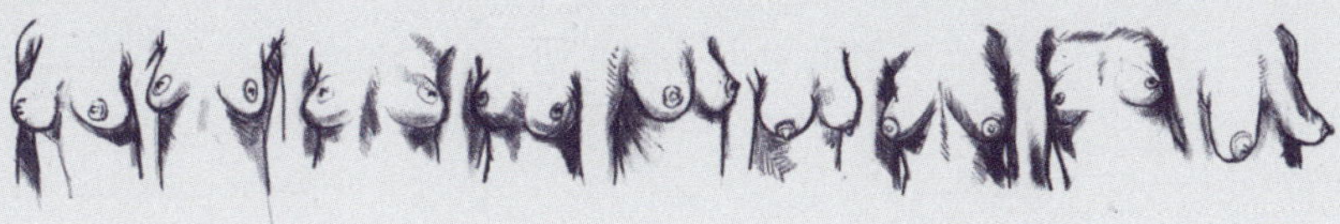

»Bei vielen meiner Freundinnen konnte man den Busen schon sehen, da war bei mir noch alles flach. Als es endlich losging, fing es erst nur an einer Seite an. Ich wusste nicht richtig, ob ich mich jetzt darüber freuen soll, weil es so komisch aussah. Als die andere Seite dann nachkam, war es auch wieder ok.«

Überleg mal: Ist es nicht natürlicher, zu einem kleineren Busen zu stehen und ihn mit einem schicken BH gut zur Geltung zu bringen, als womöglich mehrere BHs übereinander zu ziehen oder einen ausgepolsterten BH zu tragen, der den Busen optisch verdoppelt? Spätestens wenn die Hüllen fallen, wird jeder Fake offenbar.

Tipp: Sei ein Original und keine Attrappe. Und denk dran: Die Schönheit und Fraulichkeit einer Frau ist nicht eindimensional von der Größe ihrer Brust abhängig!

Klartext
Als angehende Männer und Frauen tun wir uns den größten Gefallen, wenn wir unsere Grundausstattung so annehmen wie wir sind! Denn den idealen Busen gibt es nicht. Bei manchen Frauen ist er eher klein, bei anderen groß, bei der einen steht er mehr, bei der anderen hängt er. Was eine Frau als mittel beschreiben würde, empfindet eine andere als klein. Ihre Freundin würde ihn aber im Vergleich zu ihrem Busen als groß einschätzen.

BHs – ab wann, wie und wozu?

Zu Beginn tragen viele Mädchen zunächst ein Bustier. Es ist elastisch und sieht einem zu kurzen Unterhemd ähnlich. Erst wenn die Brust mehr gewachsen ist und sie sich innerlich soweit fühlen, wechseln sie zu einem BH. Dieses Kleidungsstück für Frauen schmückt und stützt die Brust. Das Wachstum und die mögliche Bewegung der Brüste kann für dich anfangs gewöhnungsbedürftig sein, besonders beim Rennen oder beim Sport. Denn diese Körperpartie wird so auch für andere offensichtlicher. Spezielle Sport-BHs sorgen dafür, dass die Brust nah am Körper liegt und sich beim Sport nicht so stark mit bewegt. Besonders bei einer größeren Brust ist ein BH wichtig, denn das Gewicht der Brust führt zu Muskelverspannungen und teils zu Rückenschmerzen. Mit BH schwitzt man weniger unter der Brust, als wenn Haut auf Haut liegt. Ob du aber einen BH tragen möchtest, ist deine persönliche Entscheidung.

Tipp: Wenn es dir beim ersten BH-Kauf hilft, nimm eine vertraute Begleiterin, wie deine beste Freundin, deine Ma oder deine Lieblingstante, mit. Hör in Ruhe in dich hinein, wen du gern dabei hättest oder ob du doch lieber allein losziehst. Fachverkäuferinnen in Wäschegeschäften können dich gut beraten!

Optimale Größe finden & BH-Kauf

Die Größen-Auswahl kann anfangs sehr verwirrend sein. Hier eine kleine Erläuterung zum Aufbau der BH-Größen:

1. Starte mit dem Messen des Unterbrustumfangs = Umfang unterhalb der Brüste waagerecht auf dem Brustkorb. Am besten schon vorab zu Hause mit einem flexiblen Maßband aus dem Nähkorb.
Den Unterbrustumfang zählt man in Schritten zu 5 Zentimetern: 65, 70, 75, 80, 85, 90 usw. Falls du beim Messen zwischen diesen Werten landest: Probiere dann im Geschäft zunächst die Größe an, die am nächsten an deinem Wert liegt. BHs haben meist mehrere Ösen (Metallschlaufen zum Einhängen der Häkchen am Verschluss). Damit kann man die Weite etwas variieren. Fang immer zuerst mit dem Unterbrustumfang an, und suche dir dazu die richtige Körbchengröße!

2. Ermittle nun den Brustumfang: Umfang auf der breitesten Stelle der Brust waagerecht.

3. Finde den passenden BH:
Probiere grundsätzlich nur BHs an, die deinem Unterbrustumfang entsprechen. In Kombination mit dem Unterbrustumfang werden die BH-Körbchen (man sagt auch »Schalen« dazu) relativ gesehen immer etwas größer. Die jeweils kleinste Körbchengröße ist immer A. Danach folgt B, C, D, DD oder E, F, G, H usw. Ist deine Brust eher klein, fang mit den Körbchengrößen A oder B an; ist sie größer nimm C oder D mit in die Kabine. Reichen diese nicht aus, nimmst du nächsthöhere »Buchstaben«. (Körbchengrößen ab E aufwärts führt nicht jede Wäscheabteilung). So bekommst du rasch raus, welches deine in Frage kommende Körbchengröße ist. Achtung – das kann von Hersteller zu Hersteller unterschiedlich ausfallen. Kannst du die Größe deiner Brust gar nicht abschätzen, nimm von einem Modell alle Körbchengrößen mit und probiere sie an.

Tipp: Man kann die Körbchengröße auch ausrechnen: Brustumfang - Unterbrustumfang = Körbchengröße (= die Größe des BH-Körbchens, in dem der Busen liegt. Manche Hersteller haben Tabellen mit Messwerten zum Brustumfang. Praktisch gesehen ist es nicht Jederfraus Ding das auszurechnen, die Verkäuferin nach einer Tabelle oder um Rat zu fragen, obwohl – sei ermutigt! – genau das ihr Job ist. Deshalb:

4. Nimm Unterstützung/Beratung an – wenn du allein nicht weiterkommst.

Tipp: Prüfe bei der Anprobe unbedingt, ob der BH-Verschluss hinten auf Höhe des Unterbrustumfangs sitzt und nicht oben zwischen die Schulterblätter oder in Richtung Nacken rutscht. Dann ist der Umfang zu groß und die Brust wird nur noch von den Trägern gehalten. Das kann bei einer großen Brust erhebliche Rückenprobleme auslösen! Bei größeren und schweren Brüsten sind breite oder teils sogar gepolsterte Träger sehr ratsam, um das Einschneiden der Träger auf Höhe der Schultern und langfristige Haltungsschäden und Furchen zu verhindern.

Kleiner Exkurs BH-Sorten

Da gibt es schlichte T-Shirt BHs, die sich drunter nicht stark abzeichnen, BHs mit breiten oder schmalen Trägern, Sport-BHs oder solche, die mit Spitze oder Mustern mehr auf optische Wirkung zielen. Push-up-BHs heben den Busen an, Minimizer lassen einen großen Busen kleiner aussehen. Manche BHs haben eingearbeitete Formbügel, andere sind ohne Bügel oder trägerlos. Es gibt aufklappbare Still-BHs ... Kurzum – es gibt fast nichts, was es nicht gibt! Jedes Mädchen und jede Frau sollte in Ruhe für sich überlegen, welcher BH zu ihr passt, was für sie angenehm und vor allem praktisch und bequem zu tragen ist. Das kann im Alltag ein ganz anderes Modell sein als für besondere Anlässe.

Ein Wort zu Schönheits-OPs an der Brust

Leider sind durch die vielen digital bearbeiteten Bilder und Filme immer mehr Frauen der Meinung, dass ihr Busen nicht richtig sei (zu klein, zu groß, zu hängend, zu flach ...) und sie einen »idealen« Busen haben müssten..

Klartext

Die voll im Trend liegenden und intensiv beworbenen Schönheitsoperationen drängen sich als Mittel zum Zweck regelrecht auf. Ihre Anzahl steigt. Doch um welchen Preis? Und damit meinen wir weniger die nüchternen Kosten der Operationen in harter Währung. Als Frauenärztin im Krankenhaus habe ich, Ute, bei solchen oft sehr umfangreichen Eingriffen assistiert und Patientinnen danach auf der Station betreut. Dass dabei Narben entstehen, sollte vorher klar sein. Diese können sich unschön verbreitern, Entzündungen des Wundgebiets, Wundheilungsstörungen sowie Taubheitsgefühle können auftreten. Nicht alle Frauen können nach einer solchen OP später ihre Babys stillen. Es ist auch dahingehend ein großer Unterschied, ob solch eine Operation und ihre Folgen aus medizinischen Gründen unvermeidbar sind oder ob der Anlass ein vermeintliches Schönheitsideal ist.

Check Your Breasts – Brust selbst untersuchen

Jede Frau tut gut daran, frühzeitig zu lernen, ihre Brust selbst untersuchen. Je konsequenter und regelmäßiger du das machst, umso besser lernst du deine Brust kennen und bemerkst, falls wirklich mal etwas anders ist. Lass dich nicht stressen, Übung macht die Meisterin, und am Anfang muss jede Frau auch das erst einmal lernen. So eine gute Gewohnheit verschafft dir einen echten Zeitvorteil, falls sich wirklich mal etwas krankhaft verändert! Die Krankenkassen unterstützen die Krebsvorsorge der Brust ab dem 30. Lebensjahr jährlich.

Fakt: Eine von acht Frauen erkrankt im Laufe ihres Lebens an Brustkrebs, der häufigsten Krebsart der Frau. Ist eine nahe Verwandte (Mutter, Tante, Schwester) im frühen Lebensalter daran erkrankt, kann eine familiäre Häufung vorliegen.

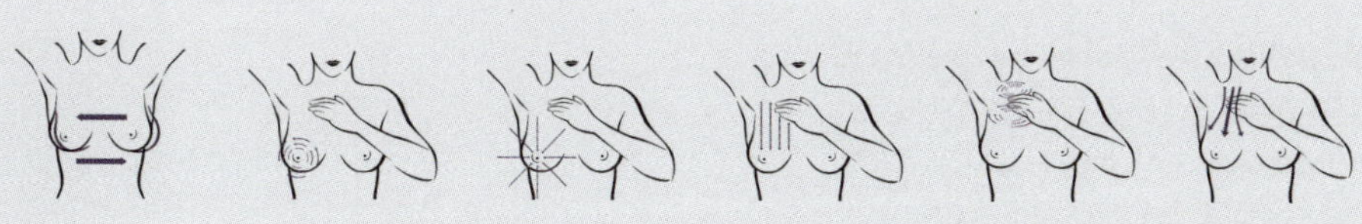

Check Your Breasts – so machst du es richtig!

1. Regelmäßigkeit aufbauen: Idealerweise tastest du deine Brust einmal im Monat ab, möglichst eine Woche nach dem Beginn deiner Regelblutung. Dann ist die Brust weicher und gut abzutasten. In der zweiten Zyklushälfte lagern viele Frauen ein wenig Wasser in der Brust ein. Sie wird etwas größer und fester und ist nicht mehr so gut abzutasten.

2. Geschützter Raum: Wähle einen Raum mit Spiegel, der abschließbar ist und in dem du unbeobachtet bist, zum Beispiel das Bad.

3. Planvoll vorgehen:
3xA! »Anschauen – Abtasten – Achselhöhle nicht vergessen!«
Anschauen: Stell dich obenrum unbekleidet vor einen Spiegel und betrachte beide Brüste im Vergleich:

→ Sind sie einigermaßen symmetrisch/seitengleich?
→ Fallen dir Größenunterschiede auf, die zuvor nicht da waren?
→ Stehen die Brustwarzen nach vorn, wie zwei Augen, die parallel geradeaus schauen?
→ Sie sollten nicht in irgendeine Richtung abweichen oder »schielen«. ☺
→ Ist die Haut irgendwo eingezogen oder wölbt sie sich komisch vor?

Abtasten: Abtasten kannst du im Stehen vor dem Spiegel oder in Ruhe beim Duschen und nachher nochmals im Liegen auf dem Bett.

→ Lege evtl. beim Stehen eine Hand flach unter die abzutastende Brust, am besten die linke Hand unter die linke Brust, so dass sie darauf zu liegen kommt.
→ Taste nun mit der rechten flachen Hand wie beim Klavierspielen im Uhrzeigersinn die Brust ab, ob du Knoten oder harte Stellen fühlen kannst. Wechsel dann die Seite und untersuche die rechte Brust mit der linken Hand.
→ Taste auch die Brustwarzen ab und achte darauf, ob bei leichtem Druck eine Flüssigkeit heraus kommt und wenn ja, welche Farbe diese hat. Normalerweise kommt keine Flüssigkeit, es sei denn, die Frau stillt. Weiße Flüssigkeit oder sogar rote, wie Blut, solltest du deiner Frauenärztin berichten.

Achselhöhle nicht vergessen:

→ Fühle auch in beide Achselhöhlen, ob dir dort Knoten auffallen.

So kannst du die Brust nach und nach abtasten …

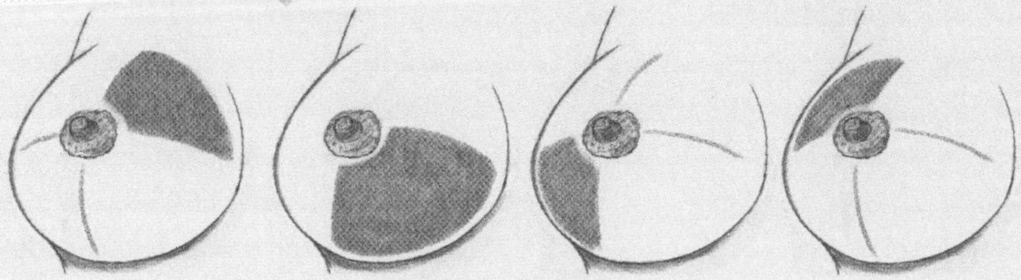

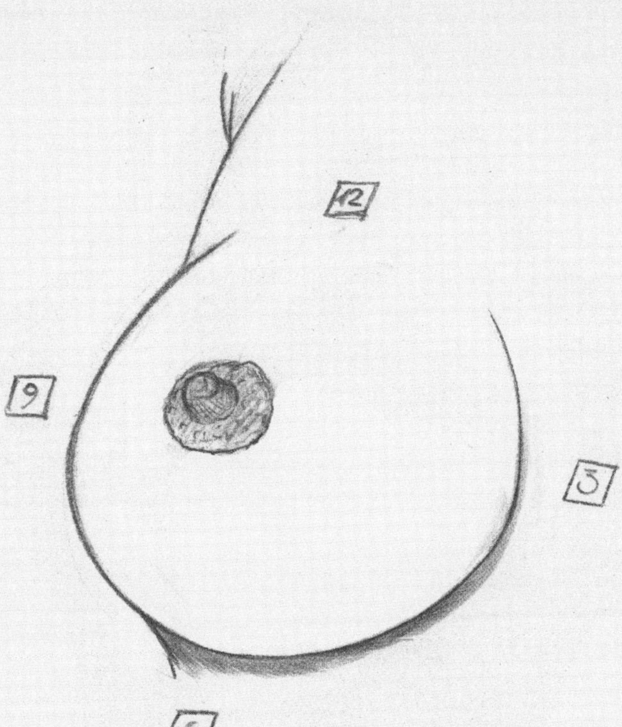

Klartext

Wichtig: Bei jungen Frauen ist die Brust vom Gewebe oft fester, und es kann sein, dass sie sich etwas knotig anfühlt. Das an sich muss dich nicht beunruhigen. Bei Einzelknoten über einen Zentimeter Größe solltest du auf jeden Fall zur Sicherheit die Ärztin nachschauen lassen. Bei weitem nicht alles ist Brustkrebs! Es gibt auch gutartige Knoten und flüssigkeitsgefüllte Zysten an der Brust.

Wann immer du Fragen in Sachen Brust hast oder Unsicherheiten verspürst, auch während deine Brust sich noch entwickelt und wächst, oder wenn du etwas Komisches tastest, was dir Sorgen macht, hol dir statt schlafloser Nächte in Zweifelsfällen auf jeden Fall den Rat (d)einer Frauenärztin!

Wenn du an der Brust etwas bemerkst und dir die Stelle merken möchtest, stell dir die Brust als Uhr vor. Oben ist 12:00 Uhr, unten 6:00 Uhr, von vorn gesehen rechts ist 3:00 Uhr, links 9:00 Uhr. Das machen wir Frauenärztinnen bei Befunden auch so und sagen: »Ich taste in der rechten Brust bei 10:00 Uhr, zwei Zentimeter vom Brustwarzenrand einen festen Knoten von etwa zwei Zentimeter Größe.«

Vulva

Als Vulva bezeichnet man den äußeren Intimbereich der Frau. Dazu gehören:

- Genitalhügel (Scham*hügel)
- Innere und äußere Genitallippen (Scham*lippen)
- Klitoris
- Scheideneingang
- Bartholini-Drüsen
- Ausgang der Harnröhre
- Einmündung der die Harnröhre umgebenden Skene-Drüsen
- Damm = Gewebe zwischen Scheideneingang und Darmausgang

Klartext

*Auch wenn manche der genutzten Bezeichnungen im Intimbereich von Mann und Frau mit »**Scham**« beginnen, ist dieser Bereich nichts, wofür sie oder irgendjemand sich schämen müsste! Daher verwenden wir hier die alternativen Begriffe.

Gut zu wissen:
Frauen haben drei »Ausgänge«:
die **Harnröhre** (1),
zum Ausscheiden von Urin,
die **Scheide** (2)
als Ausgang für das
Menstruationsblut und als
Geburtskanal fürs Baby sowie
den **Darmausgang** (3)
für die Verdauung.

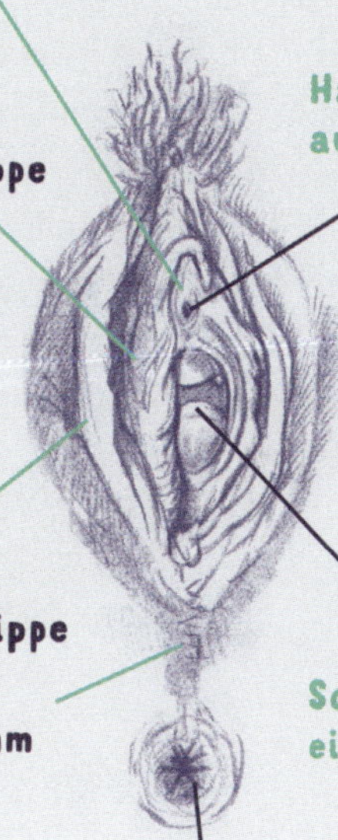

Genitalhügel

- Auch Venushügel genanntes individuell unterschiedlich ausgeprägtes Haut- und Gewebe-Polster
- Vorn am unteren Bauch mittig (wo die Genitalhaare wachsen)
- Darunter liegen die Beckenknochen.
  Sie schließen vorn am Körper den Beckenring.

Klartext

Manche Mädchen stören sich besonders zu Beginn der Pubertät an ihrem Venushügel, finden ihn recht groß, mögen keine Leggings tragen, haben das Gefühl, jeder könne diesen Bereich dann direkt sehen. Doch dieser Bereich ist, wie auch sonst unser Körper, individuell unterschiedlich ausgeprägt und wird am besten so angenommen wie er ist.

Genitallippen

- Es gibt innere und äußere Genitallippen. Die äußeren Genitallippen sind an ihrer Außenseite mit Genitalhaaren bedeckt.
- Aussehen: Ab dem Teenie-Alter individuell sehr unterschiedlich. Vor der Pubertät bei den meisten Mädchen sehr ähnlich: Die äußeren Genitallippen liegen parallel, wie die Lippen am Mund. Weiter mittig in der Tiefe verborgen liegen die inneren Genitallippen, ganz mittig der Scheideneingang und oben drüber der Ausgang der Harnröhre.

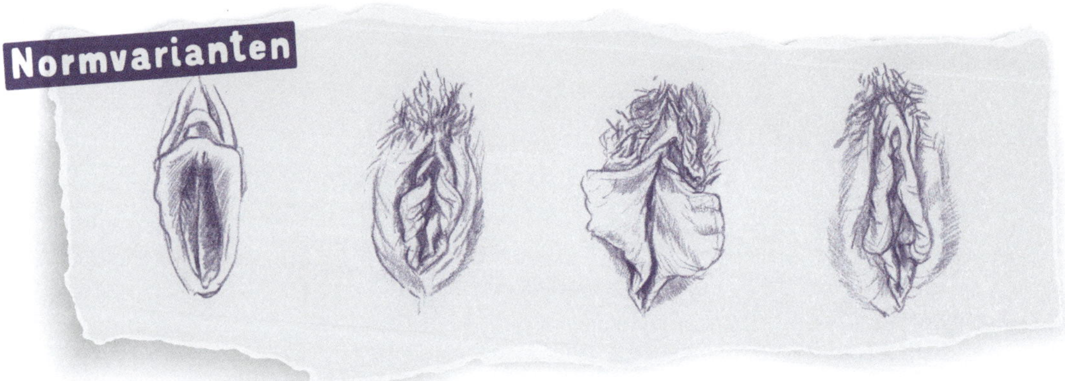

Früher nannte man die äußeren auch die »großen« und die inneren die »kleinen« Genitallippen. Die Genitallippen von Frauen sind jedoch individuell sehr unterschiedlich geformt. Bei einigen Frauen sind die inneren Genitallippen größer als die äußeren Genitallippen und das ist auch ganz normal. Wenn sie dieser vermeintlichen Vorgabe von »groß« und »klein« nicht entsprechen, entsteht fälschlicherweise der Eindruck, die Genitallippen seien krankhaft verändert. Deshalb ist die Bezeichnung »innere« und »äußere« Genitallippen klarer und korrekter.

Klartext

In der Pubertät wachsen bei allen Menschen die Geschlechtsorgane – auch die Genitallippen der Frau verändern sich und werden viel unterschiedlicher als vorher: kurz oder lang, breiter, gelappter oder schmaler – genauso individuell wie wir Menschen halt sind! Die meisten Mädchen und Jungs wissen nicht, dass sich die Genitalorgane so verändern. So denken nicht wenige, etwas sei mit den Organen nicht in Ordnung, wenn sie anders aussehen als die vermeintliche »Norm«, die es in Wirklichkeit gar nicht gibt!

Mythos: Es gibt ein bestimmtes Ideal, wie Frauen »untenrum« auszusehen haben.

Fakt: Dieses »Ideal« existiert allenfalls in Pornofilmen. Alle Frauen (und Männer!) sehen im Intimbereich spätestens ab der Pubertät höchst unterschiedlich aus!

Vulva-Variationen

Wie unterschiedlich Frauen in diesem Bereich sein können, lässt dich die folgende Tabelle aus Untersuchungen an Frauen erahnen. **Beachte:** Kleine Stichprobe, bereits sehr unterschiedliche Ergebnisse. Je mehr Frauen umso größer die Streubreite.

Schwankungsbreite der weiblichen Geschlechtsorgane

	in mm	Mittel (Standardabweichung,SD)
Länge der äußeren Genitallippe	70 bis 120	93 (13)
Länge der inneren Genitallippe	20 bis 100	60,6 (17,2)
Breite der inneren Genitallippe	7 bis 50	21,8 (9,4)
Länge der Scheide	65 bis 125	96 (15)
Entfernung Klitoris – Harnröhre	16 bis 45	28,5 (7,1)
Länge der Klitoris	5 bis 35	19,1 (8,7)
Länge des Damms	15 bis 55	31,3 (8,5)
Breite der Klitoris	3 bis 10	5,5 (1,7)

Quelle: Geburtshaus Frauenheilkunde 69, 2009, 19.

Klitoris

- Wird umgangssprachlich auch Kitzler genannt, obwohl ihre Funktion nichts mit kitzeln zu tun hat. Daher sprechen wir hier auch nur von der Klitoris.
- Form: Wie der umgekehrte Buchstabe »V«, mit verdoppelten Seiten des Buchstabens, ähnelt einer Orchidee.
- Sichtbarer Anteil: Kleine murmelartige »Klitoris-Eichel«, liegt am oberen Rand der inneren Genitallippen, wie die »Spitze des Eisbergs«. Trägt eine kleine Hautfalte, wie eine Kapuze.
- Unsichtbarer Anteil: Die beiden seitlichen Ausläufer des »V« verlaufen von der Murmel gefächert nach unten außen, unter der Oberfläche parallel zu den inneren Genitallippen. Ausläufer bis zu 9 cm in die Tiefe, umfassen dabei den Scheideneingang.
- Funktion: Besonders lustempfindlicher Bereich. Die Klitoris hat mehr als 15.000 Nervenfasern im Beckenbereich.[74] (▶ Orgasmus der Frau); Unterstützende Funktion bei der Fortpflanzung (▶ Alles rund um Fruchtbarkeit & Fortpflanzung)

Erst im Jahr 1998 veröffentlichte die australische Urologin und Professorin für Chirurgie Helen O'Connell[75] ihre Untersuchungsergebnisse über die genaue Form der Klitoris. Durch ihre Forschungsarbeit wurde klar, dass Schwellkörper im Bereich des Scheidenvorhofs auch zur Klitoris gehören und in welch dichter Nachbarschaft das Klitoris-Gewebe mit der Scheide wie auch der Harnröhre liegt. Diese Gewebeeinheit ist der Ort, an dem zentral die weibliche Sexualfunktion und der Höhepunkt der Frau stattfinden!

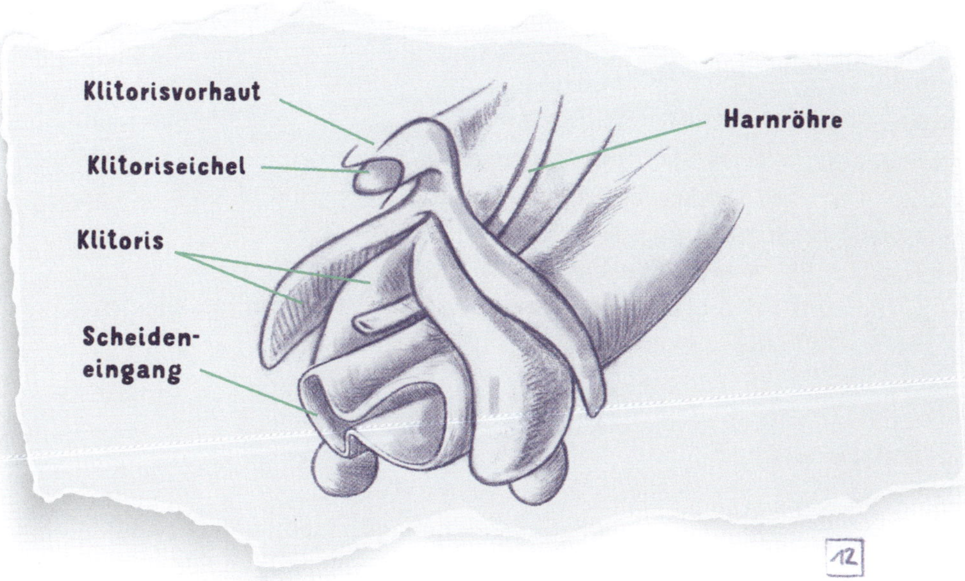

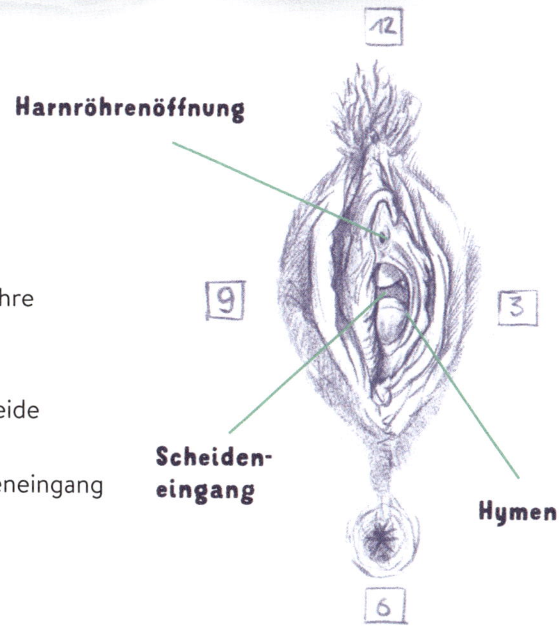

Scheideneingang

- Der Scheideneingang ist größer als der Ausgang der Harnröhre
- Lage: mittig zwischen den inneren Genitallippen
- Direkt hinter dem Eingang zur Scheide liegt das ▶ Hymen.
- Strukturen in Relation zum Scheideneingang kann man mit dem Ziffernblatt einer Uhr beschreiben.

Klartext

Bei einem Mädchen ist der Scheideneingang noch sehr klein, so dass nur ein Gegenstand (wie ein Mini-Tampon) von 0,5 – 1cm Durchmesser eingeführt werden kann. Beim Sex ist die Scheide der Frau deshalb zunächst immer kleiner als der Penisdurchmesser des Mannes. Nur weil die Scheide so elastisch und dehnbar ist, ist es in den meisten Fällen überhaupt möglich, den Penis in die Scheide einzuführen (▶ Geschlechtsverkehr). Spezielle Drüsen im Bereich des Scheideneingangs sorgen für körpereigenes Gleitgel, so dass der Penis besser eingeführt werden kann.

Bartholini-Drüsen

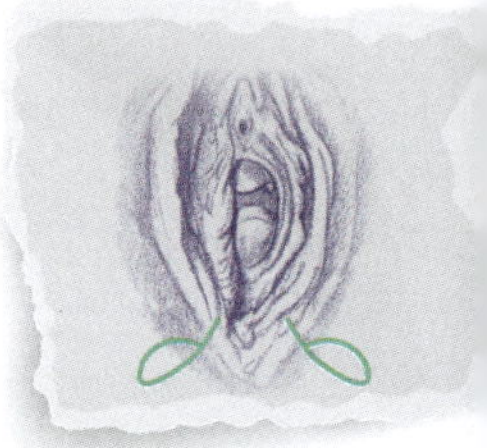

- Pflaumengroße, paarige Drüse, rechts/links im Gewebe neben dem Scheideneingang, ihre Ausführungsgänge münden am Scheideneingang (bei 5:00 und 7:00 Uhr).
- Funktion: Bei sexueller Erregung der Frau Flüssigkeit als Gleitmittel für den Geschlechtsverkehr bilden. Manche sagen dann: »Die Frau ist feucht«. Das Gleitmittel ähnelt Gel/Salbe.

Gut zu wissen

Beim Sex bewegt sich der Penis des Mannes in der Scheide der Frau. Diese Bewegung erzeugt Reibung. Dann kann sich die empfindliche Haut im Intimbereich schnell wund anfühlen. Um dem vorzubeugen, gibt es dieses Gleitmittel. Am besten lädt die Frau den Mann ein, wenn sie bereit dafür ist, dass er den Penis einführen kann. Denn sonst kann das Einführen des Penis wehtun.

Weibliche Harnröhre

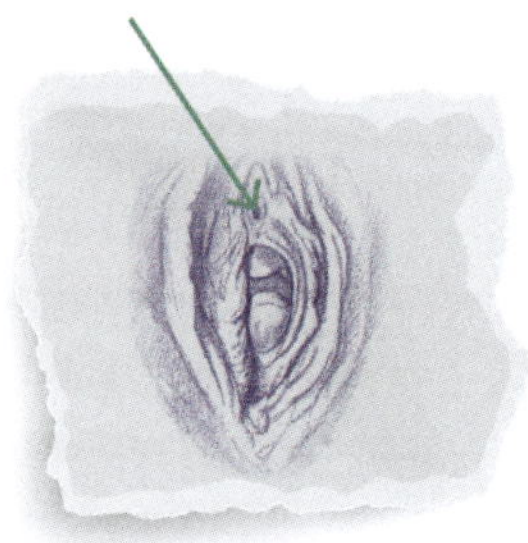

- Fachbegriff: Urethra
- Leitet Urin aus dem Depot hinter dem Venushügel (med. Harnblase) nach außen (bei 12:00 Uhr).
- Bei Mädchen ist die Harnröhre kurz und mündet im Scheidenvorhof oberhalb des Scheideneingangs. (Bei Jungs ist sie länger, verläuft im Penis als ▶ Harn-Samen-Röhre.)
- Die weibliche Harnröhre ist nur wenige Millimeter weit und von den Geschlechtswegen getrennt. Darum kann eine Frau problemlos Wasser lassen, wenn sie ihre Tage hat oder schwanger ist. Und darum musst weder du Sorge haben, den Tampon in die falsche Öffnung, noch ein Mann beim Sex, den Penis in die falsche Öffnung einzuführen.

Skene-Drüsen/Paraurethrale Drüsen

- Übersetzt = paarig neben der Harnröhre liegende Drüsen. Auch »weibliche Prostata« genannt, da ihre Flüssigkeit in der Zusammensetzung der Prostataflüssigkeit des Mannes ähnelt (Abbildung siehe Übersicht „Innere weibliche Geschlechtsorgane“ S.110).
- Funktion: Sie spielen bei manchen Frauen eine Rolle beim weiblichen ▶ Orgasmus und können Flüssigkeit freisetzen (ähnlich wie beim Samenerguss des Mannes). Das wird auch manchmal »squirten« genannt (Engl. to squirt = herausspritzen).

Nicht alle Frauen haben diese Drüse. Viele Frauen bemerken beim Orgasmus nichts von einem Flüssigkeitsabgang. Aktuell geht man am ehesten davon aus, dass die Flüssigkeit der Skene-Drüsen antimikrobiell ist und Infekten der Harnwege vorbeugt.[76]

Damm & Darmausgang

- Fachbegriff: Perineum
- Mehrere Zentimeter lange Hautbrücke zwischen Scheideneingang und Po/Darmausgang (medizinisch: Anus, auch After genannt).
- Lage: unterhalb des Scheideneingang, bei 6:00 Uhr.
- Funktion: Erstaunliche Dehnfähigkeit, kann je nach Elastizität des Gewebes bei der Geburt einen Babykopf von ca. 10 cm durchlassen!
  Um Geburtsverletzungen zu vermeiden, können Frauen vor der Geburt das Dammgewebe mit einer Massage und Öl auf die Geburt vorbereiten.

Durch den Damm ist der After = Darmausgang mehrere Zentimeter vom Scheideneingang entfernt. Das ist wichtig, weil im Kot (Stuhlgang) im Normalfall unzählige Bakterien sind. Sie helfen bei der Verdauung und Bildung von Vitaminen. Gelangen sie aber in den Scheideneingang, können sie dort zu einer Entzündung führen oder sogar die inneren Geschlechtsorgane erreichen und dort Schäden anrichten.

Tipp: Wenn du dich auf der Toilette immer von vorn nach hinten abputzt und den Waschlappen in der gleichen Richtung benutzt, verminderst du das Risiko, dass Bakterien einfach in den Scheideneingang gelangen können. Das ist neben der Tatsache, dass es anfängt zu müffeln, der Hauptgrund, weshalb tägliche Hygiene, Waschen und frische Unterwäsche so wichtig sind. Bakterien, die durch die Scheide zur Gebärmutter hochwandern, können unter Umständen die Eileiter erreichen und dort die feinen Flimmerhärchen verkleben (dazu mehr unten).

Intim-OPs & Genitalbeschneidung

Noch nie gab es so viele korrigierende Schönheitsoperationen im weiblichen Intimbereich wie heutzutage. Diese haben zum Teil erhebliche Folgen, denn die inneren Genitallippen und der Scheideneingang sind zentral am weiblichen Lustempfinden beteiligt. Operationen und Narben in diesem Bereich können sich erheblich auf die Sexualität und das sexuelle Lustempfinden auswirken.

Manchen Jungs wird aus medizinischen, kulturellen oder religiösen Gründen am Penis die Vorhaut (▶ »Alles über Jungs«, ▶ »Penis«) entfernt. Beschnitten werden zum Beispiel Juden und Muslime.

Die männliche Beschneidung unterscheidet sich erheblich von der weiblichen Genitalbeschneidung im Intimbereich (▶ »weibliche Genitalbeschneidung«).

Weibliche Genitalbeschneidung

Diese findet in manchen Ländern aus sogenannten »traditionellen« Gründen statt, vor allem in Afrika und Asien, aber bei weitem nicht nur dort.[77]

Dabei werden Mädchen an den Genitallippen, zum Teil auch an der Klitoris aus fadenscheinigen Gründen (Genitalien der Frau seien schmutzig/vor ihrer eigenen Lust »beschützen«) beschnitten. Tatsächlich wird dadurch Frauen die Entfaltung ihrer Sexualität nicht zugestanden. Sex ist durch den Eingriff und Narben im Intimbereich oft lebenslang schmerzhaft und gestört, teilweise unmöglich gemacht worden! Da die Harnröhre in der Nähe liegt, kann die Beschneidungswunde später auch zu Problemen beim Wasserlassen führen. Es ist ein Trauerspiel, oft ohne hygienische Standards und Narkose, und endet immer wieder auch tödlich. Zwar ist die Beschneidung von Mädchen in manchen Ländern inzwischen offiziell verboten, praktisch gesehen müssen jedoch erst einmal jahrhundertealte »Traditionen« überwunden werden, nicht zuletzt deshalb, weil eine nicht beschnittene Frau als »unanständig« gilt und auf dem Heiratsmarkt kaum Chancen hat.

All das erscheint den meisten uns in Mitteleuropa unendlich weit weg. Dabei vergessen wir schnell, dass auch in Deutschland Frauen leben, die diese Vergangenheit aus ihrem Heimatland mitbringen oder denen diese Praxis bei Reisen in ihre/die Herkunftsländer ihrer Verwandten ebenso drohen kann wie eine Zwangsverheiratung! Man sieht es ihnen auf den ersten Blick nicht an, aber es ist viel Leid damit verbunden.

Zum Wording: Die weibliche Genitalbeschneidung wird teils auch »Genitalverstümmelung« genannt, um auf das Leid und den Schaden hinzuweisen, der dadurch entsteht. So wichtig Klartext ist, geht man inzwischen, aus Respekt vor Betroffenen dazu über, von Genitalbeschneidung zu sprechen und sie nicht als Verstümmelte zu bezeichnen.

Klartext

Doch gerade auf den Hintergrund dieses grausamen Geschehens ist es umso befremdlicher, dass sich hierzulande zigtausend junge Frauen freiwillig (!)in einem so hochsensiblen Bereich operieren lassen, um einem vermeintlichen Schönheitsideal zu genügen. Dafür geben sie nicht nur enorm viel Geld aus (allein die OP kann mehrere hundert bis einige tausend Euro kosten), sondern nehmen auch Komplikationen, langfristige Schmerzen, Taubheitsgefühle und ganz allgemein Auswirkungen auf ihre Sexualität und sexuelle Erregungsfähigkeit billigend in Kauf.

In vielen Fällen sind es Mädchen oder Frauen, die fürchten, ein Mann fände ihren Intimbereich nicht schön (»weil er ja aus Filmen weiß, wie eine Frau in dem Bereich auszusehen habe«). Teils lassen sie sich aus Angst vor Ablehnung gar nicht auf eine Beziehung ein und ihren Intimbereich zunächst mit dem Skalpell auf Maß schneiden. Falsche Schönheitsideale und fehlerhafte Versprechen können die operierten Geschlechtsorgane von Mann und Frau zum Teil so schädigen, dass schöner, entspannter Sex kaum mehr möglich ist. Es ist darum viel lohnenswerter die eigene Grundausstattung bei beiden anzunehmen und zu entdecken, dass und wie damit voller Hochgenuss möglich ist!

Zum Weiterdenken:

Manchmal werden auch andere Gründe für den Wunsch nach einer Intim-Operation angegeben. Etwa im Alltag störende vergrößerte innere Genitallippen. So unangenehm das im Einzelfall durchaus empfunden werden mag, sollte man dennoch vor einer OP gut überlegen, ob man andere Lösungen finden kann. Eine Intim-OP sollte medizinische Gründe haben und damit einen Ausweg in begründeten Einzelfällen darstellen. Und einmal anders gedacht: Würde ein Mann wohl seinen Penis verkleinern lassen, damit er es im Alltag bequemer hat ...?

Innere weibliche Geschlechtsorgane

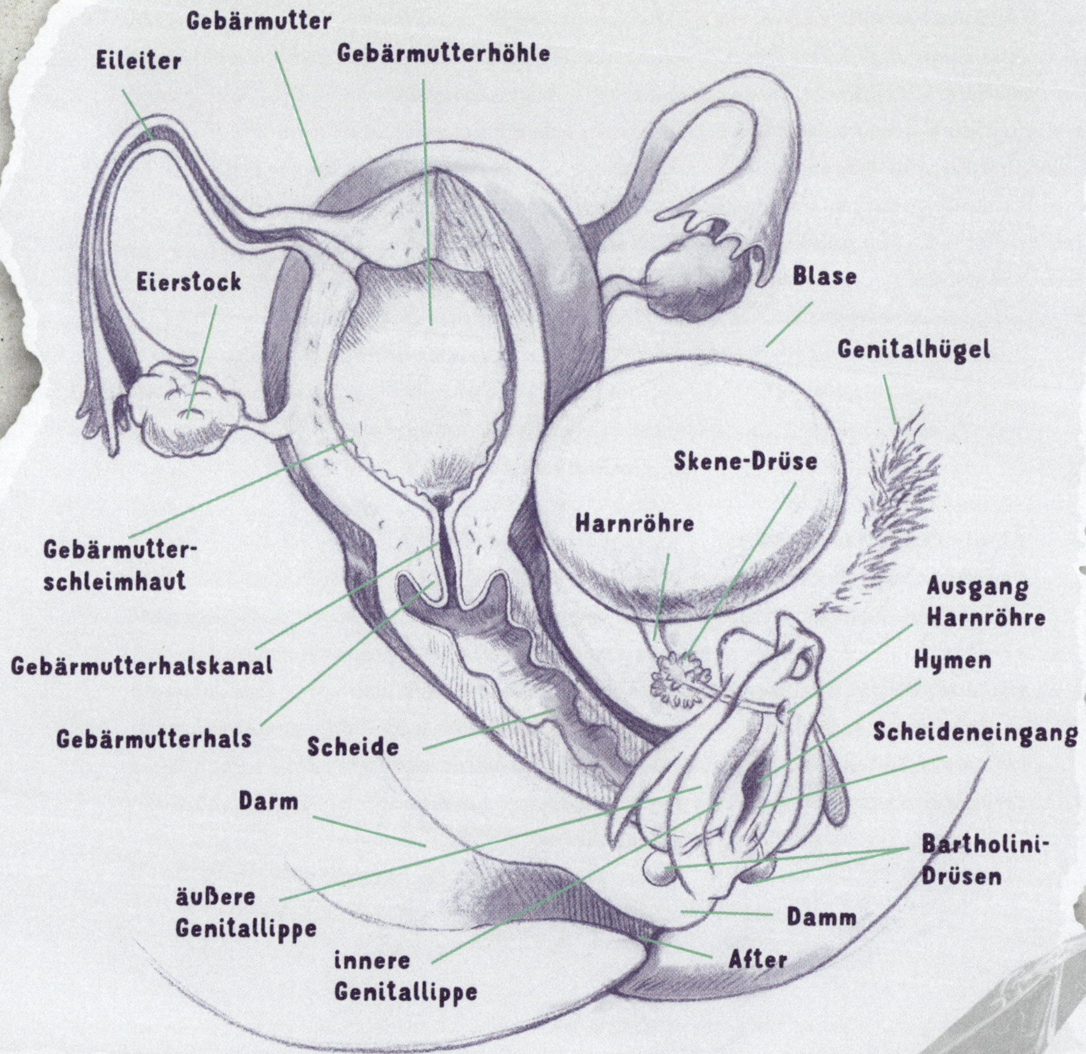

Innere weibliche Geschlechtsorgane

Zu den inneren Geschlechtsorganen der Frau gehören:
- **Scheide**
- **Hymen**
- **Gebärmutter**
- **Eileiter**
- **Eierstock**

Scheide

- Fachbegriff: Vagina

  3 Funktionen:
  - Gang zur ▶ Gebärmutter, Abfluss des Menstruationsblutes
  - Geschlechtsverkehr (▶ Was genau ist Sex?)
  - Geburtskanal

- Einzige Außen-Verbindung zu weiteren inneren Geschlechtsorganen wie ▶ Eileiter und ▶ Eierstock.
- Etwa 10 cm langer Muskelschlauch, der innen mit einer dünnen Hautschicht ausgekleidet ist.

Gut zu wissen

Saures Milieu! Die gesunde Scheide enthält eine beträchtliche Zahl (2 Milliarden/mm^2!) sogenannter »Milchsäurebakterien«.[78] Sie sind eine Art »Sicherheitsdienst«, blockieren diese Gegend für krankmachende Keime und schützen so vor Entzündungen. Diese natürliche Besiedlung, auch Scheidenflora genannt, sorgt bei geschlechtsreifen Frauen für einen sauren pH-Wert der Scheide von 3,8 – 4,4. Darum sollte die Scheide nur mit klarem Wasser im Eingangsbereich gewaschen werden und innen gar nicht! Sie reinigt sich durch den Ausfluss von etwas Schleim selbst. Seife ist basisch (pH-Wert ca. 8) und würde die natürliche Schutzschicht der Scheide beschädigen und so Entzündungen begünstigen.

Hymen

- Hautfalte am Scheideneingang, wird im Volksmund auch Jungfernhäutchen genannt.
- Lage: Direkt hinter dem Eingang zur Scheide liegende dünne Haut
- Form: meist die Form des Buchstabens »O«, kann auch andere Formen annehmen:

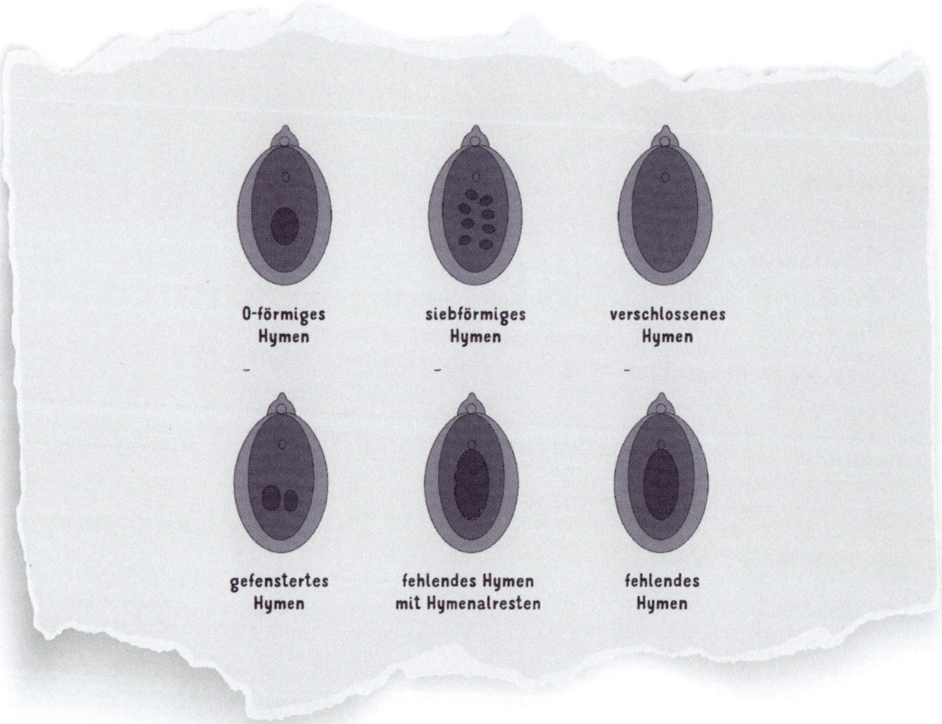

- Funktion: Schützt beim Baby die Scheide vor der Verschmutzung mit Stuhlgang und damit vor der Infektion mit Keimen, die die spätere Fruchtbarkeit gefährden können.
- Kann bei manchen Mädchen von Geburt an fehlen!

Das Hymen hat zwar innen eine Öffnung, doch das Häutchen liegt so dicht gefaltet, dass auch bei einer vollen Windel normalerweise kein Stuhlgang in die Scheide gelangen kann. Die Öffnung in der Mitte des Häutchens ist sehr wichtig, damit bei der ▶Monatsblutung das Blut abfließen kann – und natürlich später auch für den Geschlechtsverkehr. In seltenen Ausnahmefällen ist die Form des Hymens anders oder es verschließt die Scheide ganz. Dann kann ein Tampon oder der Penis nicht gut oder gar nicht eingeführt werden.

Klartext

Mythos: Jungfernhäutchen wie Jungfrau … Sagt das sogenannte Jungfernhäutchen sicher etwas darüber aus, ob eine Frau schon Sex hatte?

Fakt: Nein! Ein »spezielles« Jungfernhäutchen, das garantiert und zu 100 Prozent verlässlich anzeigt, ob eine Frau schon Sex hatte oder noch »Jungfrau« ist, gibt es nicht! Sehr wohl aber gibt es das Hymen, eine Schleimhautfalte am Scheideneingang. Diese kann bei manchen Frauen vom Babyalter an fehlen, ist bei anderen sehr dehnbar und elastisch und reißt dann auch bei häufigem Sex nicht zwangsläufig ein.

In Schweden hat man daher den Begriff Jungfernhäutchen abgeschafft und auf den anatomisch richtigen Namen »**vaginale Korona**« = **Scheidenkranz** geändert.[79]

Ob eine Blutung beim ersten Sex auftritt, hängt im Wesentlichen davon ab, wie dehnbar das Hymen ist.

Obwohl man durch das Hymen nicht nachweisen kann, ob eine Frau schon Sex hatte oder Jungfrau ist – und Frauen beim ersten Sex nicht bluten müssen – wird ein intaktes »Jungfern«-häutchen und eine Blutung beim ersten Sex in manchen Kulturen von der Frau eingefordert. Unfairerweise bleibt die Frage, ob der Mann »jungfräulich« in die Ehe geht, also ob er schon Sex hatte, außen vor. Fehlt die Blutung oder gar das Hymen in der Hochzeitsnacht, kann das für eine Frau in ihrer Heimatkultur im schlimmsten Fall tödlich enden. Doch auch hierzulande gibt es darauf mitunter krasse Reaktionen und ähnliche Tendenzen. Daher entschließen sich manche Frauen zu operativen Eingriffen, die ein Hymen (wieder-)herstellen, obwohl bis zu 50 Prozent der Frauen beim »Ersten Mal« nicht bluten.[80] Leider können sie bei diesen Intim-Operationen auch an unqualifizierte Anbieter geraten, die hohe Geldsummen dafür verlangen. Doch selbst mit Operation ist nicht sicher gewährleistet, dass die Frau dann wirklich beim ersten Mal blutet. Langfristig kann nur helfen, dass Frauen wie Männer über die wirkliche Funktion des Hymens, gut aufgeklärt sind und dieses Wissen auch im alltäglichen Leben umsetzen!

Fehlbildungen der weiblichen Geschlechtsorgane

Während der Entstehung der Geschlechtsorgane beim ungeborenen Mädchen werden sie zunächst doppelt angelegt, um dann zu einer Scheide, einer Gebärmutter, einem Gebärmutterhals zu verschmelzen. Normalerweise geschieht dies vollständig. In seltenen Fällen können jedoch Reste dieser Doppelanlage auch noch bei erwachsenen Frauen vorhanden sein: zum Beispiel als Häutchen oder sogenanntes Septum in der Scheide oder der Gebärmutterhöhle. Endet das Verschmelzen vorzeitig oder findet gar nicht statt, sind die betroffenen Organe doppelt angelegt. Äußerst selten fehlen Geschlechtsorgane auch ganz. Woran merkt »Frau« das? Ein »Scheidenseptum« fällt etwa auf, weil ein Tampon oder der Penis eines Mannes nicht eingeführt werden kann. Dies kann relativ leicht operativ behoben werden. Doppelanlagen der inneren Organe sieht man vor allem im Ultraschall.

Gebärmutter

- Fachbegriff: Uterus
- Lage: Eingang zur Gebärmutter befindet sich am oberen Ende der Scheide.
- Form: Umgekehrte Form einer Birne.
- Schmaler »Birnen«hals = Gebärmutterhalskanal; wenige Millimeter dünner, 5 cm langer Verbindungskanal zur Scheide. Runder »Birnen«körper = Gebärmutterhöhle. Kann sich in der Schwangerschaft bis zum Rippenbogen der Frau ausdehnen, um dem Baby Platz zu bieten. (▶ Schwangerschaft) Die Wand besteht aus Muskeln. Bei der Geburt eines Kindes helfen Wehen (Zusammenziehen der Muskeln in der Wand!), das Kind nach unten zu schieben. (▶ Geburt) Außerdem zieht sich die Muskelschicht beim Höhepunkt (▶ Was genau ist Sex? ▶ Orgasmus) der Frau zusammen. Dies löst Lustgefühle aus.

- Die Innenauskleidung der Gebärmutterhöhle, fachlich »Endometrium« genannt, bereitet sich bei geschlechtsreifen Frauen monatlich darauf vor, dass sich ein im Eileiter entstandenes neues Leben dort einnisten kann. ▶ Regelzyklus und Monatsblutung)
- In der oberen rechten und linken Ecke der Gebärmutterhöhle geht jeweils ein kleiner Gang ab: Hier beginnen die ▶ Eileiter.
- Funktion des Gebärmutterhalses: Bildet eine super Schutzschicht aus Schleim, um die Gebärmutterhöhle vor Infektionen zu schützen, erschwert es aber auch den Samenzellen des Mannes, in die Gebärmutterhöhle zu gelangen. Veränderung um den Eisprung herum in der Zyklusmitte der Frau, Samenzellen gelangen leichter zum Ei.

Gut zu wissen

Stell dir die Scheide wie eine Sackgasse für Autos vor. An ihrem Ende führt der Gebärmutterhalskanal wie ein schmaler Fußgängerweg weiter. Für einen Penis oder einen Tampon ist er viel zu klein !

Eileiter

- Fachbegriff: Tuba uterina
- Feine, Millimeter dünne Gänge, die von der Gebärmutterhöhle zum ▶ Eierstock führen. Nicht mit dem Eierstock verbunden, enden in seiner Nähe.
- Zum Eierstock hin wie eine Art »Baseballhandschuh« geweiteter Trichter. Funktion: Den Eierstock nach dem Eibläschen abtasten und das Ei beim ▶ Eisprung der Frau direkt auffangen. Hier passiert die Befruchtung (▶ Empfängnis).
- Mit beweglichen Flimmerhärchen ausgekleideter dünner Schlauch (wie Fransen in einer Autowaschanlage). Funktion: Das neu entstandene Leben zur Gebärmutter transportieren. Bewegung der Flimmerhärchen immer Richtung Gebärmutter.

Achtung – Familienplanung in Gefahr!

Verkleben die feinen Flimmerhärchen des Eileiters durch Entzündungen der inneren Geschlechtsorgane oberhalb des Gebärmutterhalses (▶ Gebärmutter), kann der Eileiter undurchlässig werden. Sind beide Eileiter verschlossen, bekommt die Frau auf normalem Weg keine Babys. Ihr bleibt dann die künstliche Befruchtung oder eine aufwendige Operation zur Wiederherstellung der Durchgängigkeit ohne Erfolgsgarantie.

Verkleben die Flimmerhärchen nur teilweise, können »Taschen«, entstehen, in denen ein befruchtetes Ei stecken bleiben kann = Eileiterschwangerschaft. Entweder kommt es dann zur Fehlgeburt im Eileiter oder der Eileiter platzt unter dem Wachstum der Schwangerschaft. Das ist wegen massiver Blutungen in den Bauchraum lebensgefährlich! Ohne schnellstmögliche Hilfe kann die Frau verbluten.

Deshalb müssen Unterleibsentzündungen mit Beteiligung der Eileiter immer fachkundig behandelt werden und sehr gut ausheilen! Vorbeugend sollte bei Verdacht auf (sexuell übertragbare) Infektionskrankheiten im Genitalbereich kein Sex stattfinden.

Action Step

Übernimm Verantwortung! Wenn du schon andere Sexualkontakte hattest, ist es ratsam bei der Frauenärztin oder Urologin abklären zu lassen, ob du Trägerin ▶ sexuell übertragbarer Krankheiten bist, bevor du in eine neue Beziehung startest und diese da womöglich »weitergibst«.

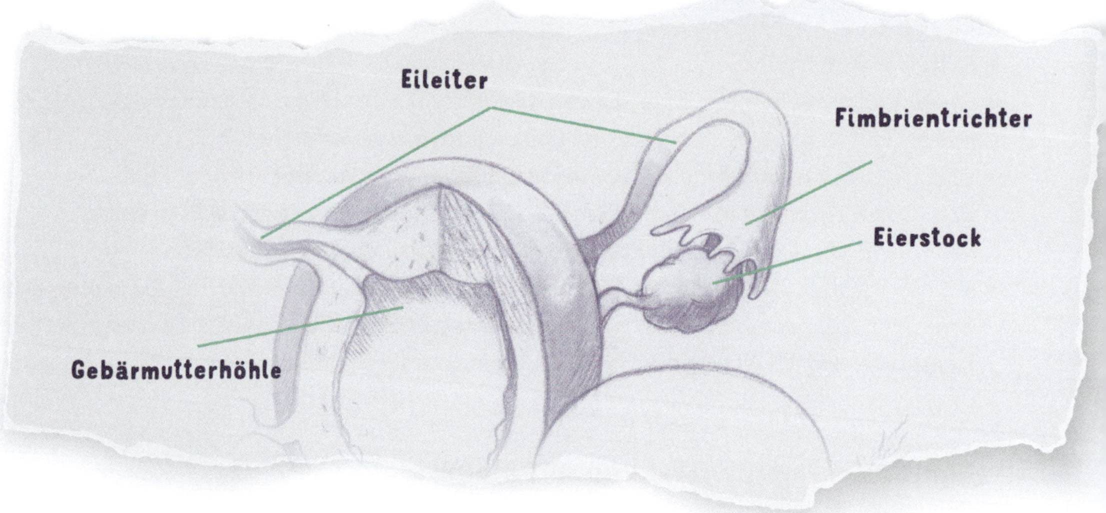

Eierstöcke

- Fachbegriff: Ovar
- Paarige, etwa pflaumengroße Organe rechts und links im Unterbauch
- Funktion: Bilden die weiblichen Geschlechtshormone Östrogen und Gestagen; Aufbewahrung der weiblichen Keimzellen = Eizellen; freisetzen einer Eizelle pro Monat wechselseitig aus dem rechten oder linken Eierstock, um eine Schwangerschaft zu ermöglichen.

Bilden Mädchen ständig neue Eizellen so wie Jungs Samenzellen?
Weibliche Keimzellen entstehen bereits beim ungeborenen Mädchen. Ein großer Teil der bis zu 2 Millionen Eizellen bildet sich zwischen der Geburt des Mädchens und dem Einsetzen der Pubertät wieder zurück. Ein Teenie-Mädchen hat etwa 40 000 Eizellen[81] verteilt auf beide Eierstöcke, von denen etwa 500 im Lauf des Lebens ab der Pubertät zum Eisprung kommen. Mit der Geschlechtsreife werden in jedem Monat einige Eizellen »aufgeweckt« (aktiviert), vorher liegen sie in einer Art Ruheschlaf. Normalerweise reift nur eine Eizelle pro Zyklus bis zum Eisprung heran. Vgl. (▶ Zweieiige Zwillinge)

Beckenboden

Wie eine Hängematte verschließt der Beckenboden das nach unten offene, knöcherne Becken. So bleiben unsere Bauchorgane, da wo sie hingehören, und wir verrichten unser kleines oder großes Geschäft auch nur dann, wenn es dran ist, und nicht zwischendurch in unpassenden Momenten. Bei Frauen ist die Besonderheit, dass neben der Harnröhre und dem Darm auch die Scheide durch diese Muskel- und Bindegewebsschicht nach außen führen. Ein gut trainierter Beckenboden hilft bei weitem nicht nur gegen Inkontinenz (Blasenschwäche, Stuhlverlust), sondern fördert vor allem auch den aktiven Part der Frau beim Sex. Denn die Scheide ist kein passives Organ und kann auch aktiv angespannt werden. Das verbessert auch die Fähigkeit der Frau, zum Orgasmus zu kommen. Es gibt spezielle Kurse für Beckenbodentraining, aber bei manchen Fitnessangeboten, wie etwa Pilates, wird der Beckenboden auch mittrainiert.

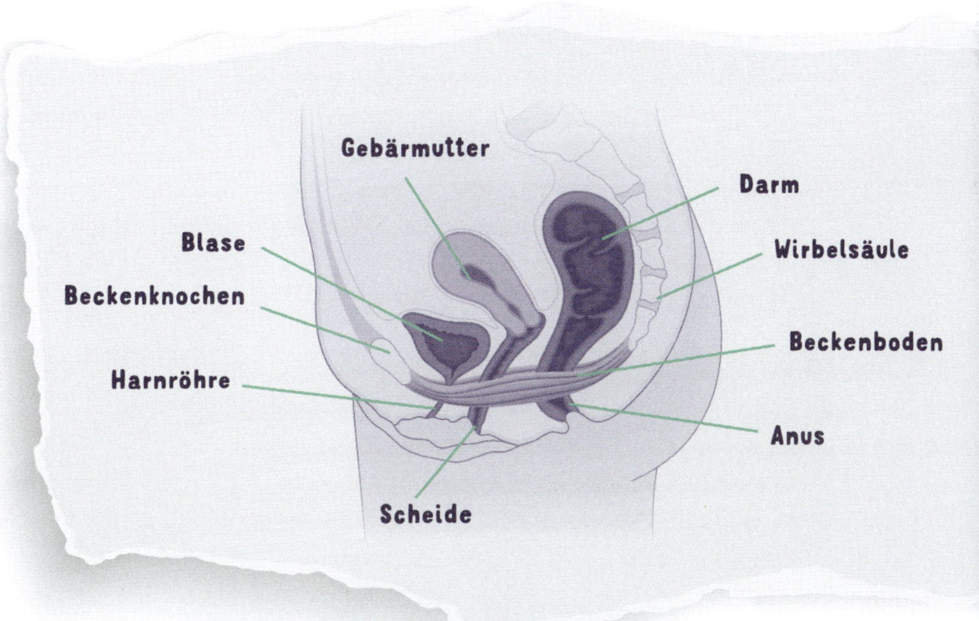

Regelzyklus und Monatsblutung

- Zeichen, dass Mädchen später Mutter werden können.
- 1. Blutung = Menarche (= erste Regel), findet bei den meisten Mädchen im Alter von ca. 10 bis 16 Jahren statt.
- Häufigkeit, wenn sich ein Rhythmus erst einmal eingependelt hat: ca. alle 28 Tage (plus/minus 3), zeitliche Schwankungen sind normal.

- Symptome: unterschiedlich starke Blutung aus der Scheide für 4 – 7 Tage; insgesamt meist nur eine halbe Tasse Blut (ca. 50-100 ml); teils Unterbauchschmerzen vor oder während der Blutung, eventuelle Stimmungsschwankungen während der 2. Zyklushälfte. Die Zeit, während die Blutung vorkommt, bezeichnet man als »die Tage«.
- Funktion der Blutung: Zusatzschicht in der Gebärmutter entfernen, falls es nicht zu einer Schwangerschaft kam; dieser Prozess dauert einige Tage. Die Frau verliert in dieser Zeit Blut, Gebärmutterschleimhaut, das winzige unbefruchtete Ei und Vaginalflüssigkeit. Durch das Blut ist alles rot eingefärbt. Da eine Gewebeschicht abgelöst wird, stoppt die Blutung nicht wie sonst bei einer Verletzung nach kurzer Zeit!
- Funktion des Regelzyklus: Jeden Monat optimale Voraussetzung für die Einnistung eines befruchteten Eis schaffen.

Gut zu wissen

Man zählt die Dauer eines Zyklus vom ersten Tag der Blutung bis einen Tag vor der nächsten Blutung. Für dieses auf den ersten Blick fremde und mysteriöse Geschehen gibt es viele verschiedene Bezeichnungen: Monatsblutung, Periode, Regel, Regelblutung, Mens, Menstruation, Tage, Zyklus, Blutung – um mal die medizinischen und sachlicheren Begriffe zu nennen. Mädchen und Frauen haben darüber hinaus diverse andere unverfänglichere Umschreibungen wie »Erdbeerwoche« oder »Happy Days«.

Klartext

Irgendwie hat jede Frau dazu ihre eigene Sprache, je nachdem, wie sie es kennengelernt hat. Dass auch schräge Begriffe wie »verknackster Knöchel« dazu gehören können, zeigt dir, mit wie viel Einfallsreichtum manche Frauen versuchen, das eigentliche Geschehen vor anderen zu verbergen. Andere finden es völlig unproblematisch, ihre Periode zu haben und sprechen auch ganz offen darüber.

Fakt: Die Monatsblutung ist eine völlig normale Körperfunktion! Jeden Monat bereitet der Körper einer geschlechtsreifen Frau sich darauf vor, dass in ihrem Bauch ein Baby wohnen *kann*. (▶ Alles rund um Fruchtbarkeit & Fortpflanzung) Besonders das weibliche Hormon Östrogen (▶ weibliche Botenstoffe) ist ihm dabei behilflich. Es sorgt dafür, dass in der Gebärmutter so etwas wie ein »Bett« für das Kind gebaut wird. Genauer gesagt ist die Gebärmutter eher wie ein Chill-Raum mit vielen weichen Kissen. Der neu entstandene Mensch entscheidet dann, welchen Bereich er am geeignetsten findet, und nistet sich dort in die weiche Schleimhaut (Innenauskleidung) der Gebärmutter ein. Nur besser nicht vor dem Ausgang der Gebärmutter, da er sonst möglicherweise per Kaiserschnitt geholt werden muss.

An der Einnistungsstelle entsteht in der Frühschwangerschaft der Mutterkuchen. (▶ Schwangerschaft.) Wird die Frau nicht schwanger, löst sich die weiche Zusatzschicht auf und kommt als Monatsblutung heraus.

Mythos: Die Periode sei etwas Schmutziges, was Frauen am besten verstecken sollten. **»Period Shaming«** ist der Begriff, wenn sich Mädchen/Frauen ihrer eigenen Monatsblutung schämen. Doch laut Umfragen finden auch 70 Prozent der Jungs das Thema peinlich.[82] Oft aus fehlendem Wissen, denn nur jeder dritte Junge weiß, was genau der Begriff »Menstruation« bedeutet.

Fakt: Jeder Mensch hat bis zu neun Monate seines Lebens in der Gebärmutter einer Frau verbracht! Ohne diese besondere Zusatzschicht in der Gebärmutterhöhle gäbe es uns alle nicht! Von daher ist ein achtsamer, wertschätzender Umgang damit, die sogenannte »**Period Positivity**« unbedingt angesagt!

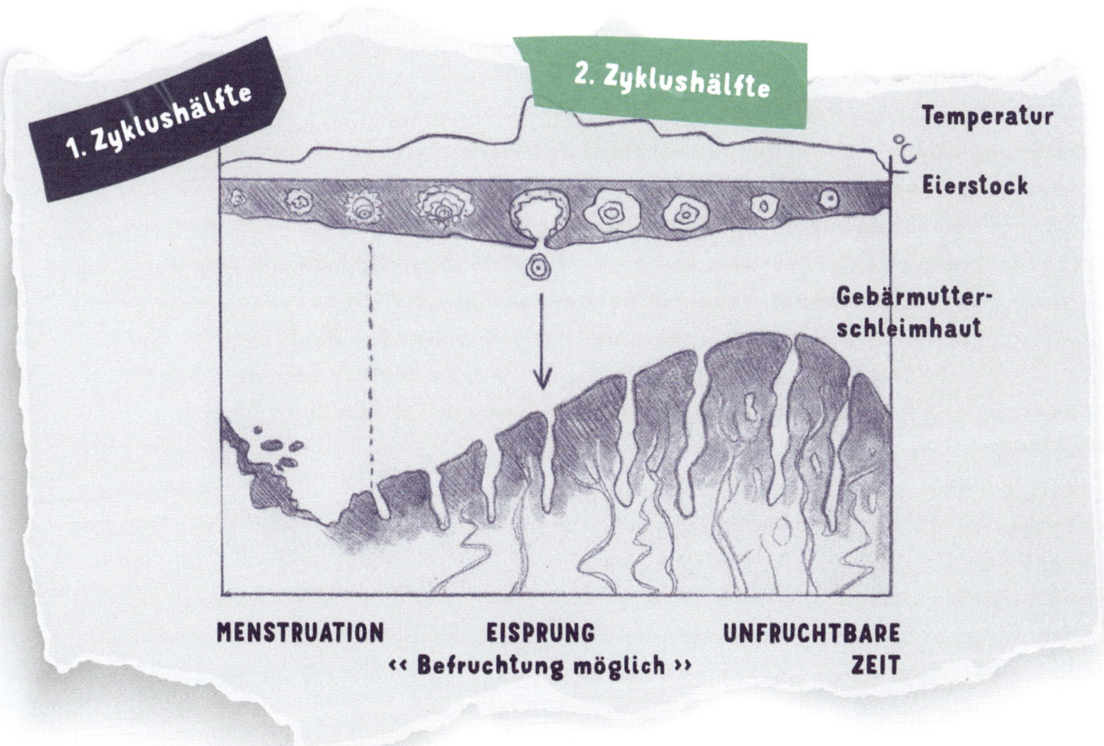

Erste Regel & »Period Positivity«

Die erste Monatsblutung im Leben einer Frau, die *Menarche*, wird in manchen Kulturen als etwas ganz Besonderes angesehen und entsprechend gefeiert – als Zeichen dafür, dass das Mädchen jetzt eine Frau wird.

Tipp: Vielleicht überlegst du dir auch etwas Besonderes, wenn deine Periode zum ersten Mal kommt?

Oder falls du sie schon hast – haben deine Eltern deine erste Periode mit dir gefeiert? Oft ist in unserer Kultur leider das Gegenteil der Fall: Die erste Regel wird verheimlicht und als etwas Lästiges angesehen, mit dem das Mädchen sich ab jetzt abplagen muss.

Einige Monate bis ein Jahr vor der ersten Blutung bemerken viele Mädchen den **Weißfluss,** eine weißliche oder helle Absonderung aus der Scheide. Sie ist ganz normal und gibt dir ein Signal, dass sich dein Körper für die Geschlechtsreife ganz langsam bereitmacht. Die Menge an Weißfluss ist sehr unterschiedlich. Manche Mädchen bemerken kaum etwas davon, andere empfinden, dass der Slip dadurch etwas feucht wird. Deine Unterwäsche kannst du mit einer dünnen Binde oder Slipeinlage schützen.

Weißfluss ist nie eitrig, gelb oder grünlich, juckt nicht oder tut weh. All das wären Entzündungszeichen. Wenn du so etwas bemerkst, lass dies (d)eine Frauenärztin abklären.

**»Meine erste Regel war ein ziemliches Erlebnis. Denn es passierte morgens vor der Schule und ich hatte natürlich nicht viel Zeit.
Als ich den Tropfen (damals kam es mir sehr viel mehr vor) Blut in meiner Unterhose sah, erschrak ich erst total, weil ich dachte es wäre etwas Schlimmes. Weder ich noch meine Mama hatten das schon erwartet. Sie musste erst nach einer einigermaßen passenden Binde suchen.
Ich fand es total unangenehm, die Binde zwischen den Beinen zu haben und freute mich, als ich später Tampons benutzen konnte.«**

Achtung: Wenn sich das Blut mit dem Toilettenwasser mischt, sieht es in der Toilettenschüssel spontan nach sehr viel Blut aus. (Pinselauswascheffekt aus dem Kunstunterricht ☺!)

Ein Zyklus dauert immer vom ersten Tag der Regel bis zum Tag vor der nächsten Blutung. Vom Eisprung selbst merken die meisten Frauen nichts. Nur einige wenige verspüren dabei den sogenannten **Mittelschmerz** auf der Seite, wo der Eisprung erfolgt. Wann der nächste Zyklus beginnt, weißt du erst durch die neue Blutung.

Nach der ersten Regel kann sie direkt regelmäßig kommen, bei manchen Mädchen passiert danach aber auch monatelang erst einmal nichts, bis wieder mal eine Monatsblutung auftritt.

Nach wissenschaftlichen Untersuchungen scheint das Einsetzen der ersten Monatsblutung auch etwas mit der Kombination aus unserer Körpergröße und dem Körperfettanteil zu tun zu haben. Alles in allem eine komplexe Angelegenheit. Heutzutage bekommt die Mehrzahl der Mädchen hierzulande ihre erste Regel zwischen zehn und sechzehn Jahren. Das liegt an veränderten Umwelt- und Ernährungsfaktoren. Früher begann sie durchschnittlich zwei Jahre später. In weniger industrialisierten Ländern bekommen die Mädchen ihre Tage deutlich später. Nur sehr selten bekommt ein Mädchen aufgrund von bestimmten Körperveränderungen oder meist genetischen Grunderkrankungen seine Tage gar nicht.

Tipp: Falls du dir unsicher bist, weil du schon älter bist und deine Tage immer noch nicht gekommen sind, wende dich an (d)eine Frauenärztin. Sie kann dir oft deine Bedenken nehmen oder dir sagen, woran es liegt. Sehr selten ist das Hymen ganz verschlossen. Dann kommen zwar die Tage, das Blut kann aber nicht abfließen. Es staut sich zunächst in der sehr dehnbaren Scheide, später sogar bis hinauf zur Gebärmutter. Bei einem kleinen Eingriff wird nur die fehlende Öffnung angelegt, das Hymen bleibt aber intakt. Nun kann die Blutung normal abfließen.

Viele Mädchen haben während der ersten Monatszyklen noch keinen Eisprung. Dafür gibt es aber keine Garantie! Eine Schwangerschaft ist ab jetzt zumindest theoretisch denkbar – genau genommen sogar schon kurz vor der ersten Regelblutung (natürlich nur dann, wenn sie auch Sex hat).

Hygieneprodukte

Um das Blut aufzufangen gibt es Einmalprodukte wie die gängigen Binden und Tampons, aber auch mehrfach verwendbare wie die Menstruationstasse, Menstruationsunterwäsche und Stoffbinden. Die meisten Mädchen starten mit Binden und suchen dann im Laufe der Zeit das für sie am besten passende Hygieneprodukt.

Menstruationsunterwäsche und Stoffbinden sind das Blut außen auffangende Alternativen zum Einmalprodukt Binde. Sie werden unmittelbar nach dem Gebrauch mit klarem Wasser ausgespült und später in der Waschmaschine mitgewaschen. Periodenslips sind an sich ein Klasse Ansatz zur Nachhaltigkeit, haben in Hygienekonzept und Material teils aber noch deutlich Entwicklungspotenzial – manche enthalten Biozide, Substanzen, die Keime abtöten sollen oder sind nicht so heiß waschbar.[83] Stoffbinden kann man auch selbst nähen, Anleitungen dazu gibt es im Internet.

Menstruationstassen oder -kelche sind Silikonbecher in verschiedenen Größen, die bis zu acht Stunden in der Scheide getragen werden und ein wenig Übung beim Einsetzen und Wechseln erfordern.[84] Sie sind umweltfreundlich, kostengünstig und wiederverwendbar, müssen nur zwischenzeitlich gut gereinigt werden.

Binden sind mit saugfähiger Watte gepolsterte Slip-Einlagen. Diese Einmalprodukte werden mit einem Klebestreifen im Slip befestigt. Sogenannte »Flügelbinden« mit Seitenteilen wie die Tragflächen eines Flugzeugs, werden zum Schutz seitlich um den Stoffrand des Slips herum geklebt. Binden für die Nacht müssen während des Schlafs mehr Blut auffangen. Sie sind meist etwas länger und auch etwas dicker, damit nachts nichts ausläuft.

Es ist eine ganz private Entscheidung, ob du irgendwann zu Tampons oder Menstruationstassen wechselst. Vieles hängt davon ab, was du kennengelernt hast, was du dir selbst zutraust oder womit du dich wohlfühlst. Auch wenn Produkte praktischer sein mögen, die das Blut in der Scheide auffangen, kann es sich nicht jede vorstellen, ein Hygieneprodukt in die Scheide einzuführen. Manche Mädchen vermeiden dies auch, weil sie Angst haben, das ▶ Hymen zu verletzen.

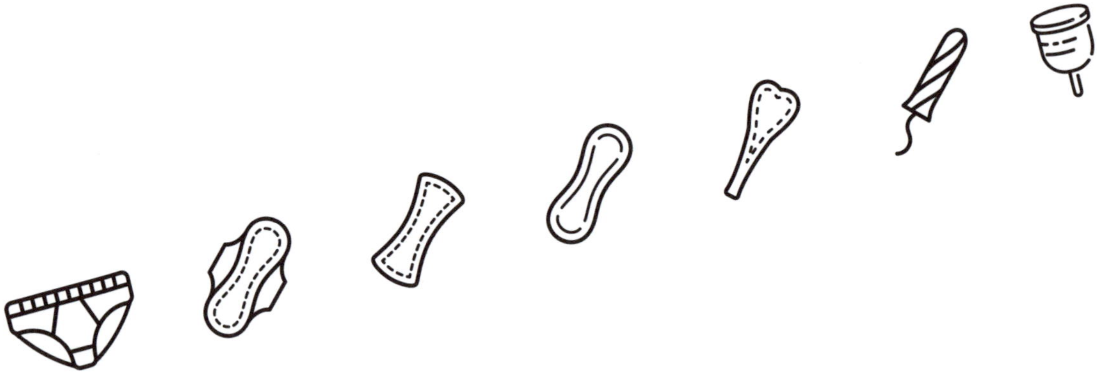

»Einmal habe ich morgens vor Müdigkeit meine Binde nicht gewechselt. Da sie über Nacht schon etwas gefüllt war, bin ich in der Schule ausgelaufen. Ich bin so froh, dass eine gute Freundin mir Bescheid sagte. Sie war total nett – sorgte dafür, dass die anderen nichts mitbekommen und bot mir sogar ihre Sporthose zum Wechseln an. Ich habe mir aber nur eine Jacke um die Hüften gebunden, damit man den Fleck nicht sieht. Seitdem achte ich besonders auf das Wechseln meiner Binde oder ich benutze an langen Tagen einen Tampon.«

Ein **»Tampon«** fängt das Blut auf, bevor es den Körper der Frau verlässt. Die mit einem Rückholfaden versehenen eng gerollten Watteträger (Einmalprodukte) werden in die Scheide eingeführt. Anfangs kann ein Mädchen wegen der schmalen Scheide meist nur Mini-Tampons benutzen.

Vor dem Einführen des Tampons entfernt man die Plastikverpackung und hält den Rückholfaden zwischen den Fingern vom Körper weg, damit er nicht mit dem Tampon in die Scheide geschoben wird.

»Mir war es anfangs total peinlich, meine Mama nach Tampons zu fragen oder im Geschäft welche zu kaufen. Als die erste Packung fast leer war, hob ich mir den letzten für Heiligabend auf. Heute schmunzle ich drüber und weiß, dass es das Normalste von der Welt ist, Tampons zu kaufen oder darüber zu reden.«

Tipp: Falls wirklich mal etwas schiefgehen sollte – der Faden mit drin gelandet ist oder abreißt (was mir, Ute, ehrlich gesagt in Jahrzehnten noch nicht passiert oder beruflich begegnet ist, die Produkte sind wirklich gut konstruiert) – bitte Ruhe bewahren! Wenn der Tampon gut gefüllt ist, kannst du ihn meist entfernen, indem du dich mit geöffneten Beinen auf dem Boden hockst und wie auf der Toilette zum Stuhlgang nach unten presst. Wenn ein Teil des Tampons schon wieder rausgekommen ist, kannst du den Rest vorsichtig hinterher ziehen. Falls das nicht funktioniert, wende dich vertrauensvoll an eine Frauenärztin. Sie hilft dir, den Tampon wieder zu entfernen.

»Am Anfang hatte ich Angst, dass ich meinen Tampon nicht wieder raus bekomme und habe deshalb Binden benutzt, obwohl ich Tampons eigentlich hygienischer fand. Die Wende kam im Urlaub, als ich während meiner Mens unbedingt schwimmen gehen wollte. Tampons zu benutzen, war überhaupt kein Problem.«

Wissenswertes zur Monatshygiene

- Wechsle die Hygieneprodukte alle paar Stunden, maximal nach einer Nacht bzw. **8 Stunden!**[85]
- Verwende Binden und vor allem Tampons nie über mehrere Tage! Unterschiedliche Größen und Dicken können verschieden viel Blut auffangen. Verwende nach Möglichkeit immer **die kleinere Größe**, besonders an den letzten Tagen deiner Regel, wenn nicht mehr so viel Blut kommt.
- Bewahre Hygieneprodukte sauber und trocken auf. Besonders Tampons und Menstruationstassen werden ja ins Innere des Körpers eingeführt, daher sollten sie keinen Schmutz an sich haben, wenn zum Beispiel die Verpackung beschädigt wurde. **Händewaschen vor dem Einführen des Tampons oder einer Menstruationstasse! So verminderst du das Risiko, Keime mit einzuführen.**
- Wenn die Scheide trocken ist, lässt sich ein Tampon schlecht einführen. Je voller ein Tampon ist, umso leichter kann er wieder entfernt werden.
- Wenn der Tampon richtig in der Scheide liegt, ca. ein bis zwei Zentimeter oberhalb des Eingangs, nimmst du ihn in der Scheide nicht mehr wahr. Fühlst du ihn stattdessen als Druckgefühl am Scheideneingang, sitzt er zu tief. Menstruationstassen werden von der Trägerin ebenfalls nicht mehr gespürt, wenn sie richtig in der Scheide sitzen.
- Die erste Tampon-Firma nannte sich O.B.® – daher nennen manche Frauen Tampons immer noch »OBs« – oft ohne zu wissen, dass die Abkürzung für »ohne Binde« steht.
- Drogeriemärkte bieten Binden mit und ohne Parfum an. Der Geruch parfümierter Binden wird leicht von anderen wahrgenommen; älteres Blut aber auch! Sich gründlich zu waschen, ist in dieser Phase besonders wichtig. Wenn du die Binde regelmäßig wechselst, riecht das Menstruationsblut nicht. Manche Frauen vertragen das Parfum im Intimbereich nicht und reagieren mit allergischen Beschwerden.
- Zum Schwimmen kannst du während deiner Tage keine Binde verwenden. Sie saugt sich voll Wasser. Dazu eignet sich am ehesten eine Menstruationstasse oder ein Tampon.

Immer wieder mal hört man im Zusammenhang mit der Periode vom »TSS«.[86] Das *Toxic Shock Sydrom*, eine extrem seltene Erkrankung, ausgelöst durch Giftstoffe von Bakterien. Diese Krankheit betrifft Männer und Frauen und tritt nur etwa zur Hälfte in Verbindung mit der Monatsblutung auf. Zwar gab es Fälle, bei denen Frauen vorher Tampons benutzt hatten, das TSS kann aber auch ohne Tampongebrauch auftreten.

Hinweiszeichen können sein:

- Während der Periode aus heiterem Himmel plötzlich auftretendes starkes Krankheitsgefühl
- Hohes Fieber
- Übelkeit, Erbrechen, Durchfall
- Grippegefühl (Hals-, Kopf-, Gliederschmerzen)
- Schwindel, Bewusstlosigkeit
- Hautauschlag, vor allem an Hand- und Fußsohlen (ähnl. Sonnenbrand)

(Nicht alle Hinweiszeichen müssen gleichzeitig auftreten!)

Denk dran: Das TSS ist zwar sehr selten, kann aber durchaus vorkommen! Wenn du solche Symptome bei dir feststellst, muss es nicht zwangsläufig das TSS sein. Entferne aber zur Sicherheit einen gegebenenfalls verwendeten Tampon und suche rasch einen Arzt auf, um die Ursache abklären zu lassen! Dort solltest du dann auch sagen, dass du deine Tage hast. Ein TSS kann lebensbedrohlich werden. Daher sollte es frühzeitig und fachlich kompetent behandelt werden!

Tipp Mens & Schule

Ein Wort vorab: **Grundsätzlich muss sich niemand für die Menstruation schämen. Das ist ein ganz normaler Körpervorgang! Du kannst also deine Hygieneprodukte problemlos nehmen und damit zur Toilette gehen.** Gleichzeitig ist es manchen Girls vor allem anfangs noch unangenehm und ungewohnt, wenn sie ihre Tage in der Schule bekommen, besonders wenn noch nicht alle Freundinnen ebenfalls so weit sind. Daher hier ein paar erprobte **Tipps von Mädchen für Mädchen:**

- »Such dir nach Möglichkeit eine Toilettenkabine, in der du entspannt aufs Klo gehen kannst, über die man nicht drübergucken kann.«
- »Binden sind ja oft noch mal einzeln verpackt und schmal. Ich hatte immer eine im Portemonnaie. Wenn ich meine Tage hatte, fiel es nicht auf, wenn ich mein Geld mit in die Pause nahm. Vergiss nicht, zu Hause gleich wieder eine neue Binde reinzupacken, wenn du eine verbraucht hast. Und überleg dir gut, wem du im Notfall dein Portemonnaie ausleihst!«
- »Bewahre Tampons nicht lose in den Hosentaschen auf. Die Verpackung geht leicht auf, und wenn du was aus der Tasche ziehst, fällt womöglich der Tampon mit raus. Ups ... ☺«
- »Ich habe mir für die Schule Binden gekauft, die nicht zu dick sind. Sie fallen nicht auf und fangen trotzdem viel Blut auf. Darum muss ich sie nicht so oft wechseln.«
- »Ich hatte anfangs immer Angst, dass die anderen eine dickere Binde bemerken, oder dass ich mal auslaufe. Daher verwende ich in der Schule Tampons. So sieht man am wenigsten. Und an kurzen Schultagen komme ich meist auch mit einem Tampon hin und muss nichts wechseln. Wenn die Blutung stärker ist, nehme ich zur Sicherheit zusätzlich eine dünne Slipeinlage, falls der Tampon schon am Limit ist.«
- »Überleg dir vorher, welche Möglichkeiten du hast, deinen Hygiene-Müll unauffällig zu entsorgen. Nichts ist blöder, als wenn du mit der alten Binde im Waschraum stehst und nicht weißt, wo du sie wegwerfen kannst. Einzeln verpackte Binden haben eine Folie drum rum, um die gebrauchte vorherige Binde gut einzupacken. Im Drogeriemarkt gibt es dafür auch extra kleine Hygienetütchen. Dann kannst du den Müll blickdicht einpacken und später anderweitig entsorgen.«
- »Ich hatte in einer Seitentasche meines Sportbeutels ein Notfallset: frische Unterhose, dünne Leggings, Binde, Einmalfeuchttuch und Plastiktüte, falls ich wirklich mal auslaufe, damit ich mich unauffällig frisch machen kann. Für die anderen sah es wie Sportzeug zum Wechseln aus. Überleg gut, ob es sicher ist, dies alles im Sportbeutel zu lassen, ob andere dran gehen oder ob du einen Teil davon in deine Schultasche packst.«

**»Wenn ich beim Schwimmunterricht meine Tage hatte
und auf der Bank saß, haben immer alle gefragt, ob ich krank bin.
Mir ist erst später aufgefallen, dass es total normal ist
und man einfach die Wahrheit sagen kann, ohne sich zu schämen.«**

Wieso bekommen Frauen ihre Tage viel häufiger, als sie schwanger werden wollen?

Ihr Körper versucht so für jedes eventuelle Baby, optimale Start- und Wachstumsbedingungen zu schaffen! Der Körper einer Frau weiß nie, wann ein Baby in ihre Gebärmutter einziehen könnte. Daher zieht er vorsichtshalber in jedem Monat auf die Innenauskleidung (Schleimhaut) der Gebärmutter eine zusätzliche weiche Schicht auf, in die sich ein Baby einnisten könnte. Ist am Ende des Monatszyklus kein Baby dort angekommen, zieht der Körper diese Oberflächenschicht wie einen Bettbezug wieder ab. Diese Schicht kommt als Monatsblutung wieder heraus. Darum bekommen Frauen ihre Tage so regelmäßig.

Doch selbst wenn der Monatszyklus mal unregelmäßiger erfolgen sollte, ist die Gebärmutterhöhle gut geschützt und »staubt« nicht zu, so dass sich ein Baby meist doch noch dort einnisten könnte. Und sobald das Baby an den Blutkreislauf von Mama angeschlossen ist, hat es die 24/7 Rundumversorgung mit All-inclusive-Service.

Was passiert während der Mens? Was tun bei Monatsbeschwerden?

Während der Monatsblutung wechselt der Körper einen Teil der Gebärmutterinnenauskleidung aus. Praktisch wird die oberflächliche Zellschicht abgestoßen und später neu gebildet. Dabei kommt etwas Zellgewebe, das du mit bloßem Auge kaum sehen kannst, und vor allem Blut aus der Gebärmutter durch die Scheide nach draußen. Dieser Vorgang an sich ist nicht schmerzhaft. Damit der Körper nicht zu viel Blut verliert, zieht sich die Gebärmutter ein wenig zusammen. Das nimmst du unterschiedlich intensiv als Ziehen im Unterbauch oder im unteren Rücken wahr. Es ist kein Dauerschmerz, sondern kommt und geht in unterschiedlichen Abständen. Manche merken es eher nebenbei, andere spüren das Ziehen deutlich, können aber gut damit umgehen. Wieder anderen tut es richtig weh und sie fühlen sich unwohl. Meist beschränken sich diese Beschwerden auf den ersten oder zweiten Zyklustag. Anders als bei der Blase und dem Urin, den wir einhalten können, hat die Gebärmutter keinen muskulären Verschluss, der Flüssigkeiten in ihr »festhalten« könnte. Löst sich das Blut und die Schleimhaut von der Wand, sammelt es sich in der Gebärmutterhöhle. Wenn diese sich unwillkürlich zusammenzieht, entleert sich die Blutung durch die Scheide nach außen.

Wasser lassen kannst du natürlich weiter problemlos, auch wenn du einen Tampon oder eine Menstruationstasse trägst, da der Ausgang der Blase ganz unabhängig von der Scheide ist.

»Früher hatte ich während meiner Tage diese ziehenden Unterbauchschmerzen und warf schon fast reflexartig direkt Schmerzmittel ein, stets einmal am ersten Tag der Regel die volle Dröhnung. Das half. Jahre später wurde ich während der Arbeit von meinen Tagen überrascht und hatte keine Schmerzmittel dabei. Ich war ziemlich gestresst und beschloss, es irgendwie Zähne zusammenbeißend zu überstehen. Dann kam der Schmerz – und ging kurz drauf wieder. Bis auf wenige Minuten zwischendrin kam ich total gut klar. Ich war verblüfft. Da fragte ich mich zum ersten Mal, was ich da eigentlich all die Jahre gemacht habe. Seitdem nehme ich bei der Mens keine Schmerzmittel mehr, und es geht mir gut damit.«

Mens-Beschwerden? Verschiedene Linderungsmöglichkeiten

Manche eigenen sich mehr für zu Hause, andere auch für unterwegs:

→ Oft hilft Wärme. Ein Körnerkissen (Achtung, Gebrauchsanweisung beachten, nicht zu lang erhitzen, sonst kann es zum Mikrowellenbrand kommen!) oder eine warme nicht zu heiße Wärmflasche helfen, den Unterbauch zu entspannen. Es gibt auch spezielle Menstruations-Wärmepflaster, die am Unterbauch auf die Haut geklebt werden.

→ Manchen Frauen tut Bewegung gut.

→ Krampflösende und/oder schmerzstillende Medikamente (was du nimmst, sprichst du am besten mit deiner Frauenärztin oder einer Apothekerin ab)

→ Hormonell in den Zyklus mit Hilfe einer Pille einzugreifen, die eigentlich zur Empfängnisregelung (▶ Wissenswertes zum Thema Empfängnisregelung) entwickelt wurde, sollte die allerletzte Möglichkeit sein. Überleg mal: Du hast innerhalb von ca. 28 Tagen ein bis zwei Tage Schmerzen und nimmst nur dafür jeden Tag Hormone ein, die deinen Zyklus fremdsteuern und Nebenwirkungen entfalten können?! Am ehesten ist das bei medizinischen Gründen für eine Pillenbehandlung ratsam, zum Beispiel wenn die Blutung viel zu stark ist und dadurch eine Blutarmut entsteht.

Endometriose nennt man eine eher häufige Erkrankung geschlechtsreifer Frauen: Die Innenauskleidung der Gebärmutterhöhle kommt dabei an anderen Orten im Körper vor, wieso ist noch nicht geklärt. Hormonell reagieren Endometriosestellen wie auch die Gebärmutterschleimhaut (= Endometrium) mit Aufbau der Schleimhaut im Zyklus und Abbruchblutung am Zyklusende. Symptome dieser Erkrankung können u. a. Unterbauch-/Rückenschmerzen, Regelschmerzen und Unfruchtbarkeit sein. Etwa die Hälfte der Betroffenen haben kaum oder gar keine Symptome.

Myome sind gutartige Muskelknoten der Gebärmutter und der häufigste gutartige Tumor bei geschlechtsreifen Frau. Sie bilden sich unter dem Einfluss von Hormonen. Meist werden die Myome nicht bemerkt, teils fallen sie durch verlängerte und verstärkte Monatsblutungen auf; besteht diese länger auch manchmal durch eine Blutarmut (Anämie).

Tipp: Wenn du mit Mens-Beschwerden allein nicht weiterkommst, kann manchmal eine Erkrankung der Genitalorgane wie zum Beispiel Endometriose oder Myome dahinter stecken, aber auch Störungen im Hormonhaushalt. Wende dich bei allen Fragen vertrauensvoll an deine Frauenärztin. (▶ Besuch bei der Frauenärztin)

Zyklusschwankungen

Um es vorwegzunehmen: Die Tage kannst du weder planen, auf Kommando starten noch beschleunigen oder verlängern – allenfalls bei einem regelmäßigen Zyklus zeitlich eingrenzen. Es ist jedes Mal eine gewisse Ungewissheit, wann genau sie kommen. Um einen Überblick zu Regelmäßigkeit und Zeitpunkt zu bekommen, führen manche Frauen einen Periodenkalender, notieren den ersten Tag und die Dauer der Blutung oder sie benutzen Zyklus-Apps. Nur in ausgesprochen wichtigen Fällen kann die Frauenärztin weibliche Botenstoffe verordnen, um den Zyklus zu verschieben.

Klartext

Infektionskrankheiten, Stress und Diäten, aber auch Reisen, Klimawechsel und Zeitumstellungen oder Leistungssport können den Monatszyklus verschieben, aus dem Rhythmus bringen oder sogar dazu führen, dass die Blutung manchmal monatelang ausbleibt. Der häufigste Grund für ein Ausbleiben einer regelmäßigen Periodenblutung bei geschlechtsreifen Frauen ist aber immer noch die Schwangerschaft.

Selbstbeobachtungen vieler gesunder Frauen zeigen: Schwankungen im Monatszyklus sind **normal,** nicht die Ausnahme. Der Zyklus kann auch manchmal um mehr als eine oder sogar zwei Wochen innerhalb eines Jahres schwanken, also mal kürzer

– etwa nur 3 Wochen – oder länger – 5 bis 6 Wochen lang – sein. Der Eisprung findet nicht genau in der Zyklusmitte statt, sondern »um Tag 14 herum«, meist zwischen dem 13. – 16. Zyklustag. *Wichtig:* Auch das kann bei ein und derselben Frau von Monat zu Monat ganz unterschiedlich sein!

Die Tage vor den Tagen

Einige Frauen empfinden während des Monatszyklus besonders starke Stimmungsschwankungen. Sie fühlen sich in der ersten Zyklushälfte gut, unternehmungslustig als wenn sie Bäume ausreißen könnten. In der zweiten Zyklushälfte hingegen sind sie schneller müde, schlecht gelaunt und antriebsarm. Eine unterschiedliche Wirkung der Botenstoffe im Zyklus ist normal. Manche Frauen wissen so schon, dass sie bald ihre Tage bekommen. Sind die Beschwerden vor Einsetzen der Monatsblutung sehr stark, spricht man vom PMS, dem *prämenstruellen Syndrom*. Das ist Lateinisch und bedeutet prä = vor, menstruell = Regel – also Symptome vor der Regelblutung.
Film-Tipp: Dieser Clip gibt – etwas überspitzt – wieder, wie sehr sich die Stimmung und das Eigenempfinden im Zyklus wandeln kann. Doch das ist von Frau zu Frau sehr unterschiedlich!
https://www.youtube.com/watch?v=W0i2Bwvp6hw

»Wenn ich meine Tage habe, muss ich immer über alles weinen. Das Lustigste, worüber ich bis jetzt geweint habe, war, als ich unbedingt eine Pizza von Papa John's wollte, aber mich nicht entscheiden konnte, ob ich sie mir leisten kann. Außerdem wusste ich auch nicht, welche Sorte ich wollte. Jedenfalls hat das zu mehreren Stunden Drama geführt, in denen ich nur geheut habe. Also: Stimmungsschwankungen sind normal! ☺«

Viele Frauen fühlen sich während des Zyklus völlig normal, andere merken Unterschiede, können dies aber nicht unbedingt dem Zyklus zuordnen. Oder können es zuordnen und finden es trotzdem nicht wesentlich problematisch. Die genauen Ursachen des ausgeprägten PMS kennt man immer noch nicht, allerdings sieht man es als komplexes Krankheitsbild an, das von mehr als einem Faktor ausgelöst wird. »Als gesichert gilt heute, dass zu viel Zucker, Koffein, Alkohol sowie Nikotin und zu wenig Bewegung, fehlender Sport das prämenstruelle Syndrom begünstigen.«[87]

Du hast vielleicht nie mit dem PMS zu tun. Vermeide die typischen PMS-Auslöser und lerne deinen Zyklus erst einmal kennen und damit leben.

Tipp: Notiere dir jedes Mal den ersten Tag der Regelblutung. Das gibt dir eine ungefähre Idee, wann es wieder so weit sein könnte und wie regelmäßig deine Tage schon sind. Achte bei Zyklus-APPs unbedingt auch auf den Schutz deiner persönlichen Daten![88]
In einen ausführlichen Monatskalender trägst du den Zeitraum der Blutung ein und zusätzlich die unterschiedliche Stärke, eine Temperaturkurve und deine jeweiligen Gefühle und Stimmungen. Das alles kann dir helfen, dich und deinen Zyklus viel besser kennenzulernen. Später nutzen mache Frauen diese Aufzeichnungen auch als eine Form der Empfängnisregelung (▶ Wissenswertes zum Thema Empfängnisregelung).

Einen Menstruationskalender findest du zum Beispiel hier: https://trainyabrain-blog.com/2012/01/menstruationskalender-fuer-profis/

Besuch bei der Frauenärztin

Wenn du vom Mädchen zur Frau wirst, steht irgendwann auch der erste Besuch bei der Frauenärztin an. Sie ist zuständig für die Geschlechtsorgane der Frau und hilft dir, in Bereichen deines Körpers, in denen du selbst nicht (gut) schauen kannst, zu klären, ob alles in Ordnung ist. Zur Frauenärztin geht man nicht nur, wenn man krank ist. Eine ihrer wichtigen Aufgaben ist auch die Vorsorge. Ab dem 20. Lebensjahr zahlen die Krankenkassen diese Vorsorgeuntersuchung.

Zu wem?

Ob Ärztin oder Arzt – letztlich ist das ganz allein deine persönliche Entscheidung! Achte gut auf deine innere Antenne. Zahlreiche junge Mädchen in meinen Schulprojekten empfinden es als natürlich, diesen intimen Bereich – wenn überhaupt–

einer Frau zu zeigen. Der **Mythos**, Frauenärzte untersuchten immer feinfühlig und Frauenärztinnen seien grob, ist purer Unsinn. Ebenso falsch ist das Gegenteil – **Fakt:** Es gibt bei beiden Geschlechtern solche und solche.

Klartext

Wenn deine Ma dir einen Termin bei ihrem Frauenarzt nahelegt, mag das für dich okay sein oder auch nicht. Denk dran: Wohlfühlen musst du dich damit, nicht deine Ma. Gib ihr notfalls freundlich aber bestimmt Feedback, wenn du lieber zu einer Frau oder in eine andere Praxis gehen möchtest.

(Ab) Wann?

Wenn du keine körperlichen Beschwerden hast, deine Monatsblutung in der Pubertät begonnen hat und damit alles soweit normal verläuft, es nicht um Empfängnisregelung geht, brennt in aller Regel nichts an. Dann genügt es völlig, wenn du zwischen 18 und 20 Jahren zum ersten Mal zur Frauenärztin gehst – und ab dann regelmäßig einmal pro Jahr. Die Vorsorgeuntersuchung hilft, Veränderungen im Intimbereich früh zu finden, damit man rechtzeitig mit einer Behandlung beginnen kann. Die inneren weiblichen Geschlechtsorgane machen sich sonst bei krankhaften Veränderungen eher spät bemerkbar – und sind dann entsprechend schwieriger zu behandeln.

18+

Tipp: Immer wieder vergessen Frauen den Vorsorgetermin, obwohl sie regelmäßig gehen wollen. Such dir am besten eine Erinnerungshilfe. Die meisten Praxen vergeben längerfristig Termine. Ruf mit genügend Vorlauf an, zum Beispiel immer gleich Anfang Januar für März. Mit Beginn jedes neuen Jahres weißt du dann schon: Frauenärztin-Termin nicht vergessen!

Warum?

Mögliche Gründe für einen Besuch bei der Frauenärztin

- Zum Kennenlernen der Ärztin, der Praxisräume und des Untersuchungszimmers
- (Krebs-)Vorsorgeuntersuchung
- Erste Regel kam bisher nicht, Mädchen ≥ 16. Ist alles ok?
- Alles rund um die Mens: Häufig starke Blutungen, teils auch Blutklumpen, die Blutung dauert ziemlich lange/kommt unregelmäßig/bleibt plötzlich ganz weg
- Schmerzen bei den Tagen/vor Einsetzen der Monatsblutung
- Harte oder schmerzhafte Stelle an der Brust, Ausfluss aus der Brustwarze
- Fragen rund um die Themen Empfängnisregelung/Familienplanung/Kinderwunsch/unerfüllter Kinderwunsch
- Vermutung schwanger zu sein/positiver Schwangerschaftstest/ungeschützter Sex, geplatztes Kondom ...
- Vaginal-Ausfluss, riecht und/oder ist verfärbt (zum Beispiel gräulich oder gelblich, eitrig). Geschlechtsorgane jucken oder brennen
- Schnitt bei Rasur? Schmerzhafte, größer werdende Schwellung an den Genitallippen, Schmerzen im Intimbereich beim Laufen?
- Schmerzen beim Geschlechtsverkehr, andere Schmerzen, z.B. im Unterbauch

Tipp: Und falls das, was dich beschäftigt, hier gar nicht aufgelistet ist und du unsicher bist, ob alles okay ist? Nimm dir die Freiheit und geh lieber einmal mehr zu deiner Frauenärztin. Was kann passieren?
A: Es ist alles okay – und du gehst beruhigt nach Hause.
B: Es ist tatsächlich etwas nicht in Ordnung – und kann fachgerecht behandelt werden.
Wenn du nicht gehst:
A: Es ist alles okay – aber du weißt es nicht und machst dir weiter unnötig Sorgen.
B: Es ist tatsächlich etwas nicht in Ordnung – und wird nicht fachgerecht behandelt, weil du es niemandem zeigst. Möglicherweise ist später die Behandlung viel aufwendiger oder ein Befund hat sich verschlechtert.
Es spricht daher sehr viel dafür, frühzeitig eine fachlich kompetente Person nachsehen zu lassen.
Wichtig: Beschwerden oder andere Fragen haben keine Altersgrenze!

Was geschieht?

Am besten machst du bei der Terminvereinbarung dein Anliegen deutlich und gegebenenfalls dass du zum ersten Mal zur Frauenärztin gehst. Meist plant die Ärztin diesen Termin dann mit etwas mehr Zeit ein, und ihr lernt euch erst einmal bei einem Gespräch kennen. Am Tag selbst kannst du das der Arzthelferin in einem günstigen Moment an der Anmeldung oder spätestens im Sprechzimmer auch nochmal sagen. Oft fragt die Ärztin von sich aus, ob du aus einem bestimmten Grund kommst, oder ob du die Praxis und die Untersuchung kennenlernen möchtest. Falls nicht, benenne es selbst! Im Gespräch geht es dann auch um deine Krankengeschichte, ob etwas für die Ärztin wichtig zu wissen ist.

Weil es bei der frauenärztlichen Untersuchung um den Intimbereich zwischen den Beinen und die inneren Geschlechtsorganen geht, ist diese Untersuchung nicht auf einer normalen Untersuchungsliege möglich, wie du sie vielleicht vom Kinderarzt kennst. Logisch: Wenn die Beine aneinander liegen, kann man nicht ins Körperinnere schauen.

Daher zieht sich die Frau zuerst in einer Umkleidekabine unten herum aus und setzt sich dann auf einen frauenärztlichen Untersuchungsstuhl. Dieser gleicht einem Sessel, bei dem die Beine seitlich auf Haltern abgelegt werden. Die Patientin sitzt mit gespreizten Beinen leicht nach hinten gelehnt. Dies ermöglicht der Ärztin eine gute Sicht auf den äußeren Intimbereich.

Um in der Scheide selbst gut schauen zu können, werden die Scheidenwände vorsichtig zur Seite geschoben. Die Scheide ist nämlich kein rundes »Rohr«, das etwa zehn Zentimeter tief in den Körper der Frau führt. Die obere Decke der Scheide hängt herunter, die untere Wand wölbt sich nach oben. In der Aufsicht sieht das fast aus, wie der Buchstabe »H«.

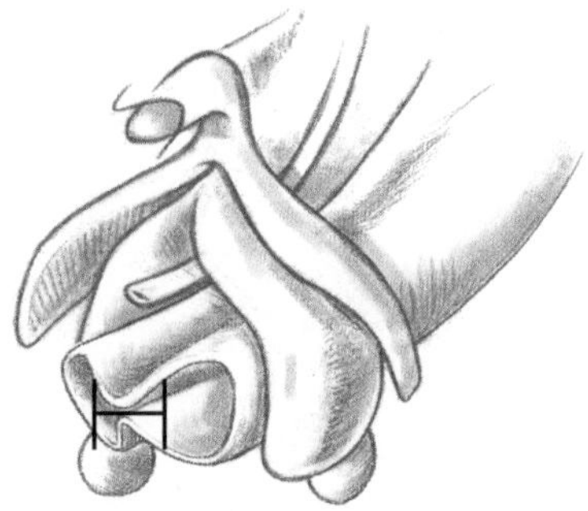

Damit die Ärztin bei einer Untersuchung die Scheide ganz anschauen kann, hebt sie mit speziellen schmalen Metallspiegeln die obere Wand vorsichtig an und schiebt die untere Wand Richtung Po. Spiegelt sich das Licht der Untersuchungslampe hinter ihr auf dem Metallspiegel kann sie in der Tiefe sogar den schmalen Eingang zur Gebärmutter erkennen.

so sieht ein gynäkologischer Untersuchungsspiegel aus

Frauenärztliche Untersuchung

Mit einem langen Wattetupfer kann die Frauenärztin nun etwas Schleim vom Gebärmutterhals entfernen, um ihn auf Krankheitserreger zu untersuchen.

Im Anschluss an diese sogenannte Spiegel(Speculum)einstellung tastet sie mit dünnen Handschuhen, ob im Unterleib alles okay ist. Dazu führt sie je nach Weite der Scheide einen oder zwei Finger der einen Hand in die Scheide bis zum Gebärmutterhals ein. Mit der anderen Hand tastet sie von der Bauchdecke aus. So liegen die inneren Geschlechtsorgane zwischen beiden Händen und können gut abgetastet werden.

Manchmal wird danach noch ein Ultraschall in der Scheide gemacht. Dieser ermöglicht eine gute Übersicht über den Unterbauch der Frau. Die Frauenärztin versieht eine schmale Ultraschallsonde mit Gleitgel und überzieht sie mit einer Gummihülle (fast wie ein Kondom). Auf diese gibt sie nochmals Gleitgel und führt diese dann in die Scheide der Frau ein. Ultraschall verträgt sich nicht gut mit Luft. Ohne Gleitgel könnte man im Bild nichts sehen.

Betrachtet werden Gebärmutter und Eierstöcke, zum Beispiel wird nachgeschaut, ob Flüssigkeitsansammlungen am Eierstock sind, sogenannte Zysten, oder auch, ob eine Frau schwanger ist. Etwa ab der fünften/sechsten Schwangerschaftswoche sieht man die Fruchthöhle und teils auch bereits das winzige Baby in der Gebärmutterhöhle.

Wenn ein Mädchen noch keinen Sex hatte und das ▶ Hymen noch da ist, benutzt die Frauenärztin zur Untersuchung sehr schmale Instrumente oder sie verzichtet bei Beschwerdefreiheit ganz auf die Untersuchung durch die Scheide. So vermeidet sie Verletzungen des Hymens. Wenn du diesbezüglich Bedenken hast, teile diese bitte unbedingt vor der Untersuchung der Frauenärztin mit.

Klartext

Auch wenn dies auf den ersten Blick befremdlich und sehr schräg klingt: In besonderen Fällen kann der Ultraschall anstatt durch die Scheide auch durch den Po gemacht werden. Zum Beispiel, wenn ein Mädchen große Sorge vor Verletzungen des ▶ Hymens hat. Der Enddarm verläuft über eine ganze Strecke in direkter Nachbarschaft zur Scheide.

Bei sehr schlanken Frauen kann auch ein Ultraschall über die Bauchdecke einen Blick auf die inneren Organe ermöglichen. Da im Darm bei der Verdauung Luft entsteht, ist die Bildqualität jedoch meist eingeschränkt und nicht so aussagekräftig wie der Ultraschall von unten.

Bei Frauen ab 30 Jahren untersucht die Frauenärztin zur Vorsorge auch die Brust. Bei jüngeren Frauen nur dann, wenn sie Beschwerden haben.

Klartext

Entkleidet wird immer nur der Bereich des Körpers, der untersucht werden soll. Auch wenn Unterkörper und Brust beide an einem Termin untersucht werden, ist die Frau nie ganz nackt! Du ziehst dich zur Untersuchung des Unterleibs nur untenrum inklusive Slip aus und behältst die Bekleidung des Oberkörpers an. Danach gehst du zurück in die Kabine oder hinter einen Vorhang, ziehst dich zunächst unten wieder an und entkleidest erst dann den Oberkörper! Bei der Untersuchung sind normalerweise die Ärztin und eine Arzthelferin anwesend. Wenn die Ärztin noch weitere Personen mit dazu nimmt, zum Beispiel einen Arzt, der ein Praktikum bei ihr macht, eine Medizinstudentin oder eine Arzthelferin, die ausgebildet wird, kannst du sagen, dass dir das zu viele Personen sind, und bitten, dass nicht alle bei der Untersuchung dabei sind. Eine gute Frauenärztin erkennst du daran, dass sie deine Grenzen achtet.

Tipps & Tricks zur Untersuchung:

Zieh für diesen Besuch ein langes T-Shirt an, das bis über den Po geht, oder einen langen Rock, und zieh nur den Slip drunter in der Kabine aus. So musst du nicht »unten ohne« zum Untersuchungsstuhl laufen und bist die meiste Zeit unten rum vor Blicken geschützt. Zur Untersuchung ziehst du dann nur den Rock oder das Shirt hoch. Achte drauf, dass der Rock im Bund weit genug ist, dass die Ärztin auch die Bauchdecke abtasten kann, zum Beispiel ein Gummizug am Bauch.

Soll auch die Brust untersucht werden, ist ein Kleid nicht ratsam. Denn wenn du das dann oben rum ausziehen sollst, stehst du nur noch im Slip da. Wähle besser ein Ober- und ein Unterteil!

Am unkompliziertesten ist es, wenn du mit dem Po bis direkt an die Kante des Untersuchungsstuhls rutschst und die Beine in die Beinschalen legst. Sobald du nämlich den Po anspannst oder das Becken hebst, spannen sich die Muskeln im Unterbauch an – und die Scheide wird enger. Das macht die Untersuchung für die Frauenärztin schwieriger und leider auch für dich unangenehmer. Also lass besser den Po ganz entspannt fallen – auch wenn dies zugegebenermaßen keine sehr angenehme Position ist.

Mir hilft es, mir klar zu machen, dass dies zwar keine besonders angenehme Untersuchung ist, aber eine sehr wertvolle! Eben, weil in sehr vielen Ländern dieser Erde Frauen aus Geld- oder Ärztemangel nie im Leben die Gelegenheit dazu bekommen. Entsprechend spät fallen ihre Erkrankungen auf und die Hilfsmöglichkeiten sind gering. Daher habe ich mir angewöhnt, die Möglichkeit dieser Untersuchung positiv zu bewerten.

Wichtig für die Zukunft sind folgende Angebote zur Krebsvorsorge: Die Vorsorgeuntersuchung bei Frauen an den Geschlechtsorganen wird ab dem 20. Lebensjahr von der Krankenkasse bezahlt, an der Brust ab dem 30. Lebensjahr. Ab dem 35. Lebensjahr wird die Hautkrebsvorsorge im Abstand von 2 Jahren und ab dem 50. Lebensjahr die Vorsorge hinsichtlich Darmkrebs bezahlt.

Und dennoch nutzen leider viele Frauen diese Möglichkeiten nicht. Auch wenn es bis zum Erwachsenenalter noch ein ganzes Stück hin ist, sei schlau und verliere das später nicht aus dem Blick. So vermeidest du unangenehme Überraschungen!

Medizinische Ansprechpartnerinnen für Mädchen & Frauen

Besonders zu Beginn der Pubertät haben viele Mädchen noch gar keine andere Ärztin als die **Kinderärztin**, die sie schon seit Babytagen begleitet hat. Diese sind auch bei Jugendlichen noch Ansprechpartnerinnen. Sie bieten zum Beispiel die Jugend-Vorsorgeuntersuchung J1 zwischen 12 und 14 Jahren an. Dabei werden auch die Geschlechtsorgane untersucht, auch um zu schauen, dass sich in der Pubertät alles richtig entwickelt. Das ist medizinisch sinnvoll und doch herausfordernd, wenn man sich gerade vom Kind zum Erwachsenen verändert. Immerhin geht es darum, den unbekleideten Intimbereich einer anderen Person zu zeigen. Wenn du ein gutes Vertrauensverhältnis zu deiner Kinderärztin hast, macht das manches leichter. Doch Vertrauen hin oder her, vielen Mädchen ist es trotzdem unangenehm besonders, wenn sie zu einem Kinderarzt gehen. Du kannst sagen, dass du diesen Teil der Untersuchung gern auslassen möchtest bzw. dass du die Teile der Untersuchung – oder die ganze Vorsorge bei einer Hausärztin machen lässt. Es ist dabei übrigens völlig egal, ob der Kinderarzt damit kein Problem hätte! Hier geht es um deine Grenze und darum, dass du gut auf dich aufpasst! Es spricht für den Kinderarzt, wenn er deine Entscheidung diesbezüglich respektiert!

Die **Hausärztin** ist für viele Menschen die erste persönliche Ansprechpartnerin in Krankheitsfragen und Ärztin des Vertrauens. Manche Hausärzte sind auch *Internisten* – also Fachärzt:innen für Innere Medizin. Bei speziellen Fragestellungen können sie an die entsprechenden Fachpraxen verweisen.

Die **Gynäkologin**, auch Frauenärztin genannt, ist für die weiblichen Geschlechtsorgane, also die Brust und den Intimbereich zuständig. Sie betreut Frauen auch während der Schwangerschaft.

Die **Hautärztin**, auch Dermatologin genannt, ist für Hautveränderungen zuständig, etwa, wenn du unter Pickeln oder Akne leidest. Viele Menschen wissen nicht, dass in das Fachgebiet der Dermatologie auch die sexuell übertragbaren Krankheiten fallen.

Urologinnen sind für Menschen aller Geschlechter die Ansprechpartner bezüglich der beim Wasserlassen beteiligten Organe. Dazu gehören die Nieren, die Harnblase, die ableitenden Harnwege (Harnleiter) und die ausscheidenden Harnwege (Harnröhre).

Manche Kids kennen eventuell auch die **Endokrinologin**, vielleicht wegen einer Stoffwechselerkrankung wie die Zuckerkrankheit (Diabetes) oder wegen Wachstumsstörungen. Endokrinologen sind vor allem für die Botenstoffe im Körper, die Hormone, zuständig.

Good to know – alles über Jungs

#Neuland?! Fremdes Terrain. Jungen sind anders. Manchmal vertraut, dann wieder voller Geheimnisse und Rätsel?! Und gleichzeitig Mensch, wie du und ich! Wie entwickeln sich Jungen auf dem Weg zum Mann? Sich in die Jungs-Welt reinzudenken kann anfangs herausfordernd sein. »Alles über Jungs« gibt dir einen guten Überblick!

Ähnlichkeiten

Jungs erleben viele geschlechtsunabhängige Veränderungen, die du selbst von ▶ »Alles über Mädchen« schon kennst:

- → Ihr Körper wächst, sie werden größer und schwerer
- → Ihr Gehirn wird umgebaut
- → Sie schwitzen mehr und bleiben auch vom Pubertätsmief nicht verschont
- → Ihre Haare werden schneller fettig
- → Sie leiden unter nervigen Pickeln
- → Sie bekommen Haare an Stellen, wo vorher keine waren

Sichtbare Unterschiede

- → Das **Größenwachstum** der Jungs beginnt in der Pubertät etwa ein bis zwei Jahre später als bei Mädchen. In der fünften bis siebten Klasse sind deshalb Mädchen häufig größer als ihre männlichen Klassenkameraden. Viele Mädchen erreichen ihre endgültige Körpergröße eher früh – in den ersten Jahren nach Einsetzen ihrer Monatsblutung. Doch das heißt noch lange nicht, dass sie langfristig größer sind. Mit etwa 13 bis 14 Jahren überholen dann viele Jungs größentechnisch bereits die Mädchen. Die meisten Jungs sind statistisch gesehen nach Abschluss des Wachstums zehn bis zwölf Zentimeter größer als Mädchen.
- → Die sichtbaren **Geschlechtsorgane** Penis und Hoden wachsen.
- → Ihre **Haarverteilung** verändert sich, ist anders und die Körperbehaarung oft stärker als bei Mädchen. Der zusätzliche bzw. oft mehr sichtbare Haarwuchs betrifft neben Achselhöhlen und Genitalhaaren auch Bauch-, Brust- sowie teils eine Rückenbehaarung – und sie bekommen einen Bart
- → Der erste **Samenerguss** setzt ein, als Zeichen dafür, dass Jungs ab jetzt Kinder zeugen können.

Unsichtbare Veränderungen

Auch die männliche Pubertät beginnt zumindest für Außenstehende eher im Verborgenen. Die ersten Genitalhaare wachsen.
Manches geschieht unsichtbar im Inneren ihres Körpers:

→ Ihre ▶ Männlichen Botenstoffe werden in Betrieb genommen.
→ Die Hoden beginnen Samenzellen zu bilden. (▶ Spermarche)

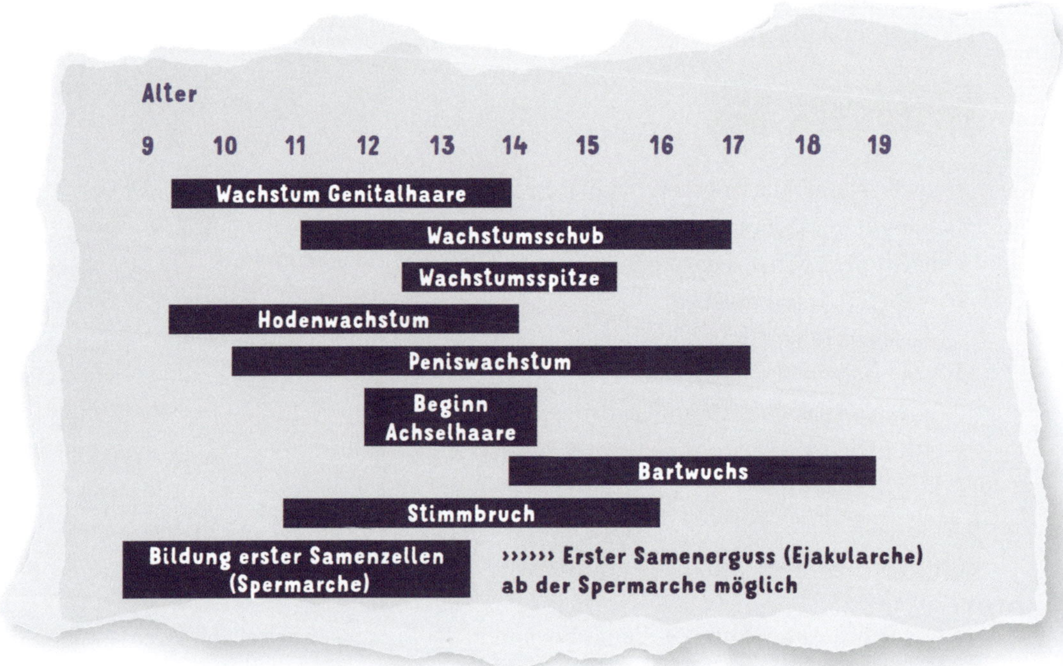

Männliche Botenstoffe

→ Der Hauptakteur bei Jungen ist das Testosteron. Testosteron gehört zur Gruppe der Androgene. Die übergeordneten zentralen Steuerungshormone werden im Gehirn gebildet. Das Gehirn funkt mit diesen Steuerungshormonen Nachrichten an die Hirnanhangsdrüse – und diese sendet weiter an die Hoden und die Nebenniere.
→ Die Botenstoffe der Geschlechtsorgane melden ihre Aktivitäten wieder ins Gehirn zurück. Das steuert die männliche Hormonproduktion.
→ Testosteron wird bei Männern ganz überwiegend in den Hoden gebildet. Die Nebennierenrinden bilden in geringem Umfang Testosteron und andere Androgene (männliche Sexualhormone). Die Hoden bilden auch geringe Mengen an Östrogen.

- Androgene beeinflussen bei Jungs das Knochenwachstum und die geschlechtstypische Form des Kehlkopfs mit den Stimmbändern. Weiterhin bewirken sie, dass Jungs typischerweise mehr Muskelmasse und weniger Fettzellen aufweisen als Mädchen.

Klartext

All dies signalisiert die einsetzende Geschlechtsreife des Jungen. Ab jetzt kann er Kinder zeugen und damit Vater werden! Natürlich nur, wenn er Sex mit einem geschlechtsreifen Mädchen oder einer Frau hat – und eine ihrer Eizellen von seinem Samen befruchtet wird.

Verstimmte Stimme?!

Jungs kann in der Pubertät schon mal die Stimme wegspringen. Sie kieksen oder sprechen plötzlich höher. Man(n) will was Wichtiges sagen, gibt sich die allergrößte Mühe – und mittendrin gehorcht ihm seine Stimme nicht mehr.

Grund für diese vorübergehend normale (!) Entwicklung ist der »Stimmwechsel« auch »Stimmbruch« genannt! Unter dem Einfluss der männlichen Botenstoffe verändert sich in der Pubertät etwa zwischen dem 11. und 16. Lebensjahr[89], bei vielen zwischen dem 12. und 13. Lebensjahr[90] die Form des Kehlkopfs zum sogenannten Adamsapfel. Damit wird ihre Stimme langfristig tiefer. Für interessierte Musiker: bis zu einer Oktave. Woran das genau liegt und wie alles zusammenhängt, kannst du in diesem Video anschauen.

https://www.planet-schule.de/schwerpunkt/du-bist-kein-werwolf/der-stimmbruch-film-100.html

Der »Stimmbruch« bei Mädchen hingegen fällt kaum auf. Sie sprechen später etwa um eine Terz oder Quarte tiefer und klingen damit erwachsener.

Haarfacts & Körpertrends

Gut zu wissen

Volles Haar im Alter hat anlagebedingt nur etwa jeder vierte Mann! Viele Jungs hadern mit der Menge der Haare auf ihrem Kopf. Sie entwickeln früher oder später Geheimratsecken, dann nach und nach eine Glatze. Gegen den Haarausfall aufgrund einer Störung von Haarwuchs-Zellen, hat die Forschung bisher noch kein Mittel gefunden.
Frauen verlieren im Alter ihre Kopfhaare nicht, haben aber manchmal bereits in jungen Jahren Haarausfall. Die unterschiedlichen Ursachen kennt deine Hautärztin. Sie kann dir diesbezüglich weiterhelfen.

Eine individuell unterschiedlich starke Körperbehaarung an Armen und Beinen, Brust oft auch Bauch und Rücken ist bei Männern ab der Pubertät normal. Doch auch Jungs entkommen immer weniger den Auswirkungen des Rasur-Trends durch immer mehr am Körper enthaarte Männer (Sportler beim Trikottausch oder im Fitnessstudio ...) Manche fühlen sich von ihrer Partnerin gedrängt, so viele Haare seien »störend« und »nicht normal« ...

Bartwuchs

Zwischen 12 und 15 Jahren beginnt bei den meisten Jungen der Bartwuchs. Natürlich wachen sie nicht plötzlich mit Vollbart auf. Der Bart entsteht langsam, beginnt mit dem »Flaum«, einzelnen eher dünnen Haaren, zuerst an der Oberlippe. Erst mit der Zeit werden die Barthaare dichter und fester.

Klartext

Wieso kam dann Tims Bruder nach den Sommerferien mit einem gut sichtbaren Drei-Tage-Bart zur Schule, Fotos von vor den Ferien zeigen noch gar nichts!? Bei vielen Jungs bekommst du von den Anfängen des Bartwachstums nichts mit. Sie entfernen die wenigen Haare, weil sie den Flaum uncool finden!

Tipp: Bartstoppeln können sich beim Kuscheln oder Küssen lustig oder pieksig anfühlen. Manchen ist das unangenehm. Es kann ratsam sein, dies deinem Partner gegenüber feinfühlig anzusprechen.

Nun hast du schon mal ein paar Eckpunkte, was die Entwicklung vom Jungen zum Mann angeht. Jetzt geht es um die männlichen Geschlechtsorgane:

Äußere und innere männliche Geschlechtsorgane

Zu den äußeren männlichen Geschlechtsorganen zählen der unterhalb des Genitalhügels gelegene Hodensack und der Penis.

Innen im Körper verborgen liegen noch weitere innere Geschlechtsorgane: Hoden und Nebenhoden, Samenleiter, Bläschendrüsen, Prostata, Harn-Samen-Röhre, Cowperdrüsen. Außerdem liegen auch Anteile des Penis innen im Körper, obwohl er fachlich zu den äußeren Geschlechtsorganen des Mannes gehört.

Genitalhügel

- Auch Scham*hügel genannt. (Vergl. Hinweise zu Scham*-Bezeichnungen im Intimbereich von Mann und Frau bei ▶ Vulva)
- Individuell unterschiedlich ausgeprägtes Haut- und Gewebe-Polster.
- Vorn am unteren Bauch mittig (wo die Genitalhaare wachsen).
- Darunter liegen die Beckenknochen. Sie schließen vorn am Körper den Beckenring.

Hodensack

- Fachbegriff: Skrotum, umgangssprachlich »Sack«.
- Hauttasche zwischen den Oberschenkeln mit enthaltenen Muskelfasern.
- Enthält Hoden, Nebenhoden und Teile des Samenleiters.
- Andere »Klimazone« als der Kernkörper. Bewusst dem Körper vorgelagert, kann seine Nähe zum Körper temperaturabhängig regulieren – bei Kälte näher am Körper, bei warmen Außentemperaturen weiter weg vom Körper – das unterstützt die ▶ Spermienproduktion in den Hoden.
- Darf zum Schutz der hitzeempfindlichen Samenzellen max. 34 bis 35 °C warm sein.

Äußere und innere männliche Geschlechtsorgane

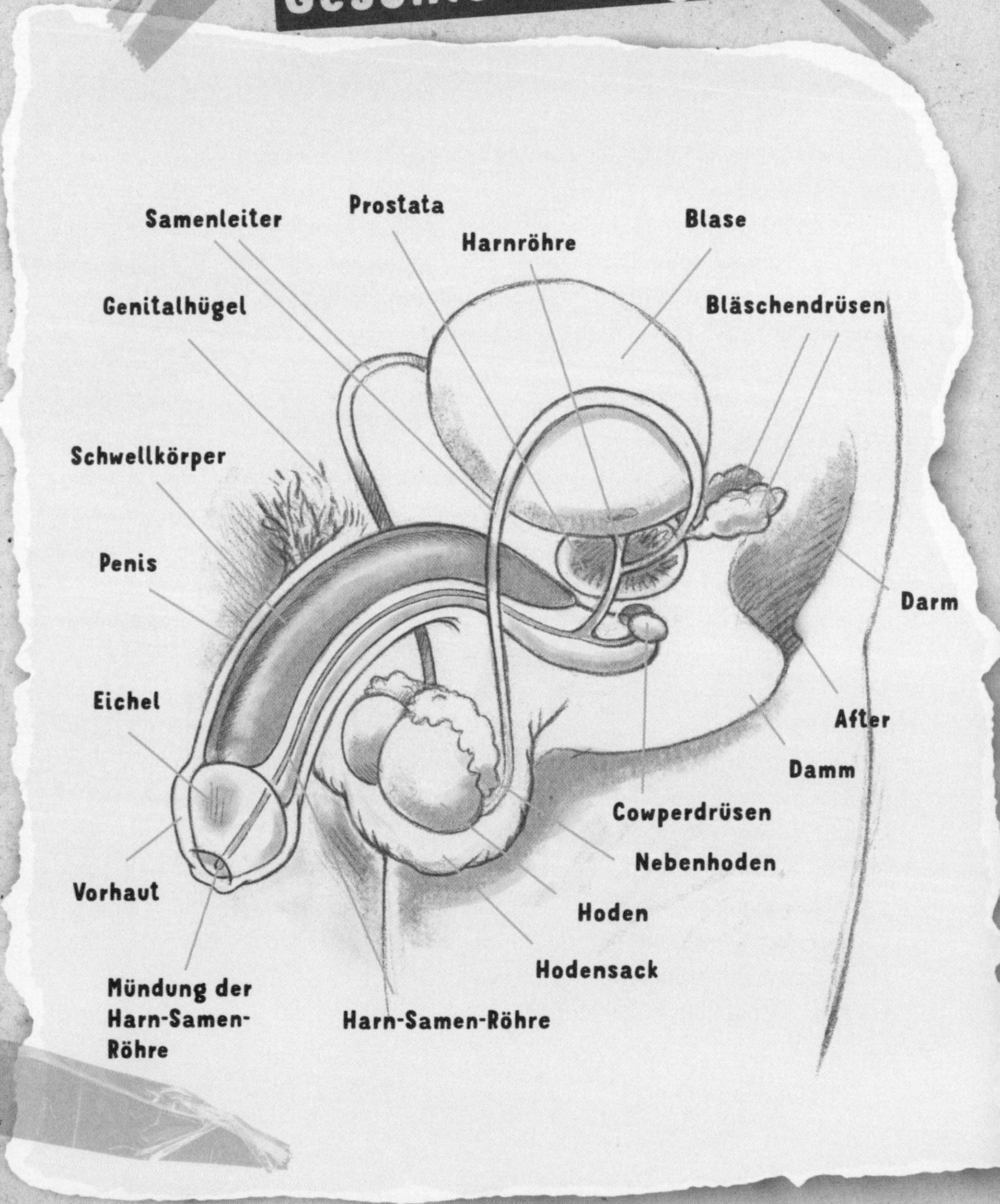

Hoden

- Fachbegriff: Testis/Testes (Mehrzahl) umgangssprachlich auch »die Eier« oder »Kronjuwelen«
- Enthalten eine gigantische und sehr wertvolle Megafactory, die rund um die Uhr Samenzellen und männliche Botenstoffe produziert
- In winzigen Hodenkanälchen reifen die Samenzellen heran und werden dann zur weiteren Ausreifung und Lagerung an den ▶ Nebenhoden weitergeleitet (siehe auch unten ▶ Geschlechtsreife bei Jungs und Spermatogenese)
- Wachsen in der Pubertät, erreichen die Größe einer Pflaume
- Fühlen sich wegen ihrer kostbaren Ware eher kühl an
- Sichern die Fortpflanzungsfähigkeit ihres Besitzers
- Sehr schmerzempfindlich!

Klartext

Wie gefährlich ist ein – meist sehr unangenehmer – Tritt oder der Schuss eines Balls in die Hoden?

Der starke Schmerz ist ein Warnsignal. Anschließend beruhigen sich die Hoden in der Regel bald wieder und es gibt keine bleibenden Schäden, auch nicht in Bezug auf die Fruchtbarkeit. Bei einer seltenen Einblutung in den Hoden ist ein Arztbesuch dran.

Bei einem Übergriff eines männlichen Täters wehren sich Betroffene teils mit einem Tritt dorthin, da dieser sehr schmerzhaft ist.

Nebenhoden

- Fachbegriff: Epididymis
- Phänomenale Lagerkapazität und parallele Ausreifung von zig Millionen Samenzellen
- Stattliche Ausmaße von fünf Metern (!) Länge (kein Witz!), echt raumsparend ziehharmonikaartig zusammengeschoben auf etwa fünf Zentimeter

Wie's funktioniert

Geschlechtsreife bei Jungs: Zunächst beginnen vorbereitend Hoden und Penis zu wachsen. Wenn in den Hoden die Produktion der Samenzellen beginnt, spricht man von der Sperm*arche*. (Bei Mädchen lautet das Stichwort Men*arche*, das ist die erste ▶ Monatsblutung). Wenn Samenzellen gebildet werden, kann der Junge die Ejaku*larche* haben, den ersten Samenerguss (Samenerguss = Ejakulation).

Spermatogenese

Während der Geschlechtsreife bildet ein Mann durchschnittlich etwa 50 bis 200 Millionen Samenzellen in seinen beiden Hoden. Diese brauchen dann noch etwa 64 Tage, bis sie ganz ausgereift sind. Während dieser abschließenden Reifezeit werden die noch unreifen Samenzellen im benachbarten **Nebenhoden** gelagert. Die darin enthaltenen Samenzellen liegen bewusst »auf dem Trockenen«, um erst loszuschwimmen, wenn sie zum Einsatz kommen. Die pH-saure Umgebung macht sie durch eine »Säurestarre« bewegungsunfähig.

Samenleiter

- Fachbegriff: Ductus deferens
- Schließen auf beiden Seiten direkt an die Nebenhoden an.
- Schmale, paarige Röhren
- Transportieren die Samenzellen beim Samenerguss Richtung Penis.
- Vereinigen sich kurz vor dem Penis mit der von der Blase kommenden Harnröhre zur ▶ Harn-Samen-Röhre.

Bläschendrüsen & Prostata

- Fachbegriffe: Glandula vesiculosa & Prostata
- Diese Drüsen bilden die Samenflüssigkeit! Ohne diese unmittelbar vor ihrem Einsatz den Samenzellen zugefügte Flüssigkeit, gäbe es keinen **Samenerguss**. Diese Drüsen sind wie Verpflegungsstände bei einem Marathonlauf, an denen Teilnehmer im Vorbeilaufen Getränke und Bananen bekommen:

Die paarigen Bläschendrüsen.

- rechts und links am Samenleiter
- Versorgen die Samenzellen mit Flüssigkeit zum Schwimmen und ausreichend Energie für ihren bevorstehenden Einsatz.

Die mittig gelegene Vorsteherdrüse/Prostata

- Das Prostatasekret hebt die Säurestarre auf. Die Samenzellen befinden sich jetzt in einer basischen Umgebung. Optimal zum Schwimmen.
- Das Prostatasekret wirkt bewegungsauslösend auf die Spermien und verflüssigt den Samenerguss.

Gut zu wissen

Manchmal haben ältere Männer durch eine (meist gutartige) Prostata-Vergrößerung Probleme beim Entleeren ihrer Harnblase: Der Urin kommt nicht mehr im Strahl, sondern in vielen kleinen Portionen. Einige, meist ältere Männer erkranken an Prostatakrebs, einer bösartigen Veränderung dieser Drüse. Jüngere Männer sind seltener davon betroffen. Sie erkranken häufiger an Hodentumoren und tun gut daran, diese regelmäßig auf Veränderungen abzutasten: »Check your balls«!

Penis

- Fachbegriff: Penis/männliches Glied; umgangssprachlich unter Jungs auch »Schwanz« oder »Pimmel«.
- Vorn mittig vorgelagert, Mann kann ihn zum Wasserlassen gut festhalten.
- Seine Spitze ist bedeckt von der **Vorhaut**, es sei denn diese wurde durch eine ▶ Beschneidung entfernt.
- Unter der Vorhaut liegt geschützt die **Eichel**. Ihre Oberfläche ist empfindlich, dünn und sehr wahrnehmungsintensiv – ähnlich, wie du es von der Mundschleimhaut oder den Fingerspitzen kennst.
- Auf der Eichel mündet mittig die **Harn-Samen-Röhre**, sie liegt unten mittig im Penis von einem schwammartigen Schwellkörper umgeben (Corpus spongiosum).
- Die **Peniswurzel** ist im männlichen Becken mit Muskeln und Bändern befestigt.
- Der nach außen sichtbare Anteil heißt **Penisschaft**.
- Oben seitlich im Penisschaft gibt es für die Erektion (▶ Ständer) zwei Schwellkörper (corpora cavernosa).

Gut zu wissen

Wenn die Farbe des Penis sich vom Rest des Körpers unterscheidet, liegt das teils an den dünneren Hautschichten, Farbänderungen bei stärkerer Durchblutung (▶ Erektion) und an vermehrten Einlagerungen des Hautfarbstoffs Melanin.[91] Ein bis zwei von zehn Männern haben an der Eichel kleine kranzförmige helle Hautverhornungen, sogenannte Hirsuties papillaris glandis.[92] Diese winzigen Hornausläufer sind eine Normvariante und nicht ansteckend. Da sie aber mit Genitalwarzen verwechselt werden können, hilft zur Abgrenzung einer ▶ Sexuell übertragbaren Krankheit der Hautarzt weiter.

Unter der Vorhaut entsteht Smegma, eine Art zäher weißlicher bis gelber Schleim, bestehend aus Talg von Hautdrüsen, Bakterien und einzelnen abgestorbenen Hautzellen, Resten von Urin und teils auch Sperma. **Es wichtig, dass der Mann die Eichel und den Bereich unter der Vorhaut sauber hält.** Dies ist nicht nur für die akute Körperhygiene von Bedeutung. Man vermutet, dass mangelnde Hygiene und Infektionen etwa mit Papillomviren die Entstehung eines bösartigen Tumors am Penis oder bei der Partnerin langfristig begünstigen können.

Beschneidung

Bei beschnittenen Jungen/Männern, fehlt die *Vorhaut*, die Reservehautfalte an der Spitze des Penis. So ist die Eichel unmittelbar vorn am Penis zu sehen. Für eine Beschneidung gibt es verschiedene Gründe, einerseits medizinische (Vorhautverengung, hier entfernt ein Arzt die Vorhaut teilweise oder vollständig) oder kulturelle beziehungsweise religiöse (etwa im Judentum oder im Islam). Die männliche Beschneidung unterscheidet sich von der Genitalbeschneidung von Frauen (▶ Weibliche Genitalbeschneidung).

Morgenlatte

Morgens wachen viele Jungs und Männer mit einem steifen Penis, umgangssprachlich auch *Morgenlatte* genannt, auf. Das liegt an einem nächtlichen Funktionscheck ihres Penis. In bestimmten Schlafphasen vor allem früh morgens hat der Mann unbewusst und unabhängig vom Inhalt der Träume (also auch, wenn er *nicht* von Sex träumt!), mehrere Erektionen, d. h. sein Penis wird nachts immer mal wieder fest und richtet sich auf. Deshalb wacht der Mann mit einem »Ständer« auf. Das bedeutet also nicht zwangsläufig und meist eher nicht (!), dass der Mann sexuell erregt wäre. Meist verschwindet die Morgenlatte relativ schnell nach dem ersten Gang zur Toilette oder spätestens unter der (kalten ☺) Dusche. Früher verdächtigte man zu Unrecht die sich über Nacht füllende Harnblase als Grund für den morgendlichen Ständer. Doch wenn die Blase sich tagsüber stärker füllt, löst dies im Wachzustand normalerweise keine Erektion aus. Bei einer sehr starken Erektion (zum Beispiel beim Sex), kann der Mann die Blase auch vorübergehend gar nicht entleeren.

Übrigens, bei Frauen kann es während solcher Schlafphasen unabhängig von Trauminhalten auch zur Erregung des Genitales kommen, meist nehmen sie es aber nicht wahr. Und beim Aufwachen gibt es ja auch kein ähnlich sichtbares Zeichen dafür wie den steifen Penis beim Mann.

Harn-Samen-Röhre

Beide Samenleiter treffen auf Höhe der Prostata auf die mittig von der Blase kommende männliche Harnröhre und vereinigen sich mit ihr zur Harn-Samen-Röhre. Sie führt durch die Prostata und den daran anschließenden Penis hindurch nach draußen.

Gut zu Wissen – Vorfahrtsfragen

Bei Männern verlaufen – anders als bei Frauen – die Harnwege und die Geschlechtswege, auf ihrem Weg aus dem Körper heraus, gemeinsam. Durch den Penis können ab der Pubertät Urin und bei Bedarf Samenflüssigkeit fließen. Damit es nicht zu Transportproblemen kommt, hat der Urin im Normalfall stets Vorfahrt. Ist der Mann sexuell erregt, so verschließt sein Körper automatisch kurz vor dem Samenerguss eine ansonsten offene »Tür« zur Harnblase, dem Aufbewahrungsort des Urins. So muss der Mann keine Weiche oder einen Hebel umstellen, um festzulegen, ob er Wasser lassen möchte oder ob Samenflüssigkeit kommen soll.

Feuchter Traum

Der Körper des Mannes bildet ständig neue Samenzellen – doch nicht immer hat oder will der Mann Sex. Was passiert mit dem Überschuss an Samenzellen, die aktuell nicht gebraucht werden? Zunächst mal – keine Panik! Kein Junge oder Mann braucht befürchten, dass er körperlichen Schaden nehmen könnte, weil sich die Samen aufstauen und womöglich etwas im Hodensack »platzen« könnte. Der Spruch: »Du musst mit mir schlafen, sonst geht da unten was kaputt, ich habe so einen Druck, dass die Hoden platzen könnten« entbehrt jeder Grundlage. ☺

Der männliche Körper kann damit entspannt und gut umgehen. Das bestätigen übrigens auch Mönche oder Priester, die sexuell abstinent leben. Wenn ein Mann mal länger nicht »fliegt«, treten drei Mechanismen in Kraft:

1. Drosselung seiner Samen-Produktion und Anpassung an den aktuellen Bedarf.
2. Abbau des vorübergehenden Zuviel an Samen.
3. Ausscheidung des überflüssigen Samens nachts im Schlaf.

Während der Mann schläft, kann sein Penis sich aufrichten, fest werden und einen Samenerguss bekommen. Der Mann selbst verschläft dies. Weder kann er das kontrollieren, noch muss sein Traum dafür einen sexuellen Inhalt haben. Der Samenerguss beim sogenannten »feuchten Traum« enthält nur rund drei bis fünf Milliliter Flüssigkeit.

Ständer

Abgesehen von der Morgenlatte kann der Penis auch über Tag steif werden und sich aufrichten. Typischerweise geschieht dies durch Botenstoffe bei sexueller Erregung. Es kommen immer wieder auch Erektionen in anderen, nicht sexuellen Situationen vor, scheinbar wie aus dem Nichts, bei Berührungen oder durch hormonelle Einflüsse.

Gut zu wissen

Wenn sich schon Jungs an die Erektion gewöhnen müssen und lernen damit umzugehen, kann es für dich als Mädchen anfangs umso irritierender sein, wenn du eine Erektion siehst, durch die Hose erahnst oder sie sogar spürst. Etwa, wenn du deinen Freund umarmst oder auf seinem Schoß sitzt. Einige denken, eine Erektion beim Mann signalisiere automatisch, dass er Sex wolle. Das stimmt so nicht.

Wenn ihr länger zusammen seid und vielleicht sogar überlegt zu heiraten, kommt ihr wahrscheinlich mal ins Gespräch darüber, wie Mann so »funktioniert«. Die Hauptsache ist, dass du dich in seiner Gegenwart sicher fühlst und eure Treffen entspannt genießen kannst.

Gut zu wissen

Eine Erektion entsteht nicht durch Muskelkraft oder auf »Knopfdruck«, sondern weil sich sogenannte Schwellkörper im Penis füllen.

Normalerweise zeigt die Spitze des Penis nach unten, zwei paarige Schwellkörper im Penis werden im entspannten Zustand von sehr wenig Blut durchflossen. Sie funktionieren ähnlich wie eine Art »Luftmatratze« mit einem Eingang und einem Ausgang, aber mit Blut statt Luft. Blut fließt immer durch den Penis, auch wenn er schlaff ist. Bei sexueller Erregung aber wird der hintere Ausgang des Schwellkörpers immer mehr verschlossen. Dies bewirkt, dass sich das Blut staut, der Penis steif wird und sich aufrichtet.

Der aufgerichtete Penis zeigt nicht immer ganz geradeaus. Er kann nach rechts oder links etwas zur Seite abweichen, ohne seine Funktion zu beeinträchtigen. Nur im steifen, aufgerichteten Zustand kann er in die Scheide der Frau eingeführt werden. Bewegt der Mann beim ▶ Sex seinen Penis in der Scheide der Frau, können beide angenehme, lustvolle Gefühle empfinden. Diese können beim Mann im ▶ Höhepunkt (= Orgasmus) und Samenerguss (= Ejakulation) münden. Die Frau kann ebenfalls einen Höhepunkt erleben.

Klartext

Die sexuelle Erregung des Mannes und der Verschluss des Schwellkörper-Ausgangs werden durch Botenstoffe über das Gehirn gesteuert. Vielfach ist nicht bekannt: Auch ein gesunder Penis ist beim Sex nicht immer gleich steif! Denn die »Tür« am Ausgang des Schwellkörpers schließt unterschiedlich dicht. Macht sich ein Mann Sorgen, dass die Erektion nicht fest genug für den Geschlechtsverkehr sei, beginnt sich zu beobachten und versucht die Erregung willentlich zu steuern (»Das muss jetzt klappen!«), öffnet sich meist die hintere Tür komplett, das aufgestaute Blut fließt ab und der Penis erschlafft ganz. Ordnet der Mann stattdessen Schwankungen in der Festigkeit des Penis als normal ein, wird der Penis meist etwas später auch wieder fester und er kann beim Sex normal weitermachen.

Cowperdrüsen & Lusttropfen

Nun kann es sein, dass der Mann an der Spitze des Penis eine kleine Menge Flüssigkeit bemerkt, den sogenannten Lusttropfen. Was genau ist das?

- Sekret der paarigen, erbsengroßen Cowperdrüsen; Fachbegriff: Bulbourethraldrüsen[93]
- Mündet in die Harn-Samen-Röhre, reinig diese vor dem Sex und erhöht dort den pH-Wert
- Natürliches Gleitmittel des Mannes für den Geschlechtsverkehr
- **Kann Samenzellen enthalten!**
- Sogenanntes »Präejakulat« – kann auch ohne Erektion oder mechanische Reizung vorkommen
- Manche Männer sondern kein Präejakulat ab, andere bis fünf Milliliter!

Point of No Return

Unmittelbar vor dem Samenerguss nimmt der Mann ein spezielles Gefühl im Genitalbereich wahr. Es signalisiert ihm: Der Höhepunkt und Samenerguss finden jetzt äußerst bald statt und entspricht zugleich dem Verschluss der Harnblase, damit kein Urin mehr herauskann. Weil der Mann ab diesem Moment den Samenerguss, auch wenn er wollte (oder die Frau ihn darum bittet), nicht mehr aufhalten kann, nennt man diesen Zeitpunkt auch den »Point of No Return«.

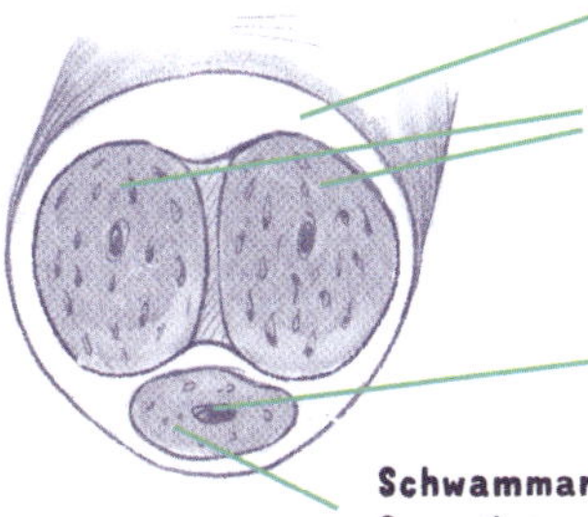

Feuchter oder trockener Orgasmus

Der »Orgasmus« ist gleichbedeutend mit dem Höhepunkt des sexuellen Lusterlebens. Man unterscheidet dabei zwei Formen:

- Den **»trockenen« Orgasmus** erleben vor allem Jungen vor der Pubertät, die normalerweise noch keinen Samenerguss haben, wenn sie durch Reiben am Penis Lustgefühle bekommen.
- Ab der Pubertät führt die **Selbstbefriedigung** beim geschlechtsreifen Jungen oder Mann mit dem Höhepunkt auch zu einem Samenerguss, dem **»feuchten« Orgasmus.**

Samenerguss beim Sex

Angenommen, der Mann hat einen Samenerguss beim Sex und in der Frau hat gerade ein Eisprung stattgefunden, wie geht es dann weiter?

Gigantisches Event mit Siegerehrung!

Voll krass! Bis zu mehrere Millionen[94] Samenzellen – zum Vergleich, Deutschland hat ca. 84 Millionen Einwohner[95] (!) – sind bei der einzigartigen Challenge dabei! Ihr Ziel: die eine Eizelle zu befruchten! Dabei gehen sie äußerst geschickt und sportlich clever vor, etwa wie bei »Ninja Warrior«. Sie müssen alles aufbieten, was sie draufhaben, verschiedene Sportarten kombinieren, Geschicklichkeit, Grips und Teamwork sind gefragt. Sie schwimmen, suchen die biochemische Fährte der Eizelle, wählen dann hoffentlich den richtigen Eileiter (»Schnitzeljagd«) und arbeiten sich in Hochgeschwindigkeit beim Erreichen der Eizelle durch deren Wand hindurch. Einzig und allein die schnellste Samenzelle gewinnt. Sobald sie das Innere der Eizelle erreicht hat (den Buzzer drückt ☺), blockiert die Eizelle sofort ihre Außenwand. Niemand kann mehr hineinkommen, ganz egal wie dicht vor dem Ziel er war! Die übrigen Samenzellen sterben ab. Die Sieger-Samenzelle wirft ihre nun unnötige »Schwimm-Flosse« ab. Ihre kostbare Fracht, die halbe menschliche Erbinformation verschmilzt nun mit dem Zellkern der Eizelle, in dem die andere Hälfte der menschlichen Erbinformation sicher wie in einem Tresor lag: Ladys – wir dürfen Ihnen den Sieger präsentieren – der neue Mensch, der nun innerhalb von 9 Monaten im Bauch seiner Mutter heranwächst! Und vergiss bitte nicht: Genau das ist auch **deine** Siegerstory! Schon vom Beginn deines Lebens an bist du eine echte Gewinnerin! ☺

Klartext
Und wenn keine weiteren Challenges dieser Art mehr gewünscht sind? Nie wieder?! Ist bei einem Mann die Familienplanung definitiv abgeschlossen, kann er sich sterilisieren lassen. Bei der sogenannten Vasektomie werden seine beiden Samenleiter unterbrochen. Die Samenzellen haben dann keine Verbindung mehr nach draußen zum Penis und werden vor Ort abgebaut. Beim Samenerguss erkennt man nicht, dass die winzigen, mit bloßen Augen nicht sichtbaren Samenzellen fehlen, denn die Vorsteherdrüse und die Bläschendrüsen geben weiterhin ihre Flüssigkeiten und Energie zum Schwimmen ab. Und auch sonst bleibt der Penis voll funktionsfähig.

Welche Rolle spielt »seine« Größe?

Es ist eine Frage, die viele Jungen und Männer bewegt: Ist *er* groß genug? Und wie kann Mann das wissen? Eine absolute Soll-Größe gibt es nämlich gar nicht! Trotzdem weisen Befragungen darauf hin, dass mindestens jeder zweite Mann seinen Penis zu klein findet, obwohl dieser im guten Mittel liegt.[96] Dabei sind Penisgrößen sind so verschieden wie Körper-, Schuh- oder auch Busengrößen bei Frauen. Überall da gibt es jede Menge Varianten. Wir alle sind unterschiedlich!

Mythos: Ein großer Penis erscheint vielen Männern als DIE optimale »Ausstattung« für den Sex mit einer Frau.
Fakt: Beim Sex kommt es weniger auf die Penisgröße als auf das Zusammenspiel von Scheide und Penis an.

Beckenboden

Die allgemeine Funktion des Beckenbodens kennst du schon von deinen Organen. (▶ Beckenboden, weiblich)

Ein gut trainierter Beckenboden hilft Männern nicht nur gegen Inkontinenz (Blasenschwäche, Stuhlverlust), sondern fördert vor allem auch die sexuelle Potenz, macht insgesamt die Erektionen fester und hilft deshalb auch oft bei Erektionsstörungen.[97]

Augendeal & Anmache

Hast du schon mal den Spruch gehört: »Männer können besser gucken als denken«? Der kann ganz schön blöd rüberkommen und ist sehr verallgemeinernd. Alle Männer würden den sicher nicht unterschreiben, einige finden daran tatsächlich ein Körn-

Penis-Variationen

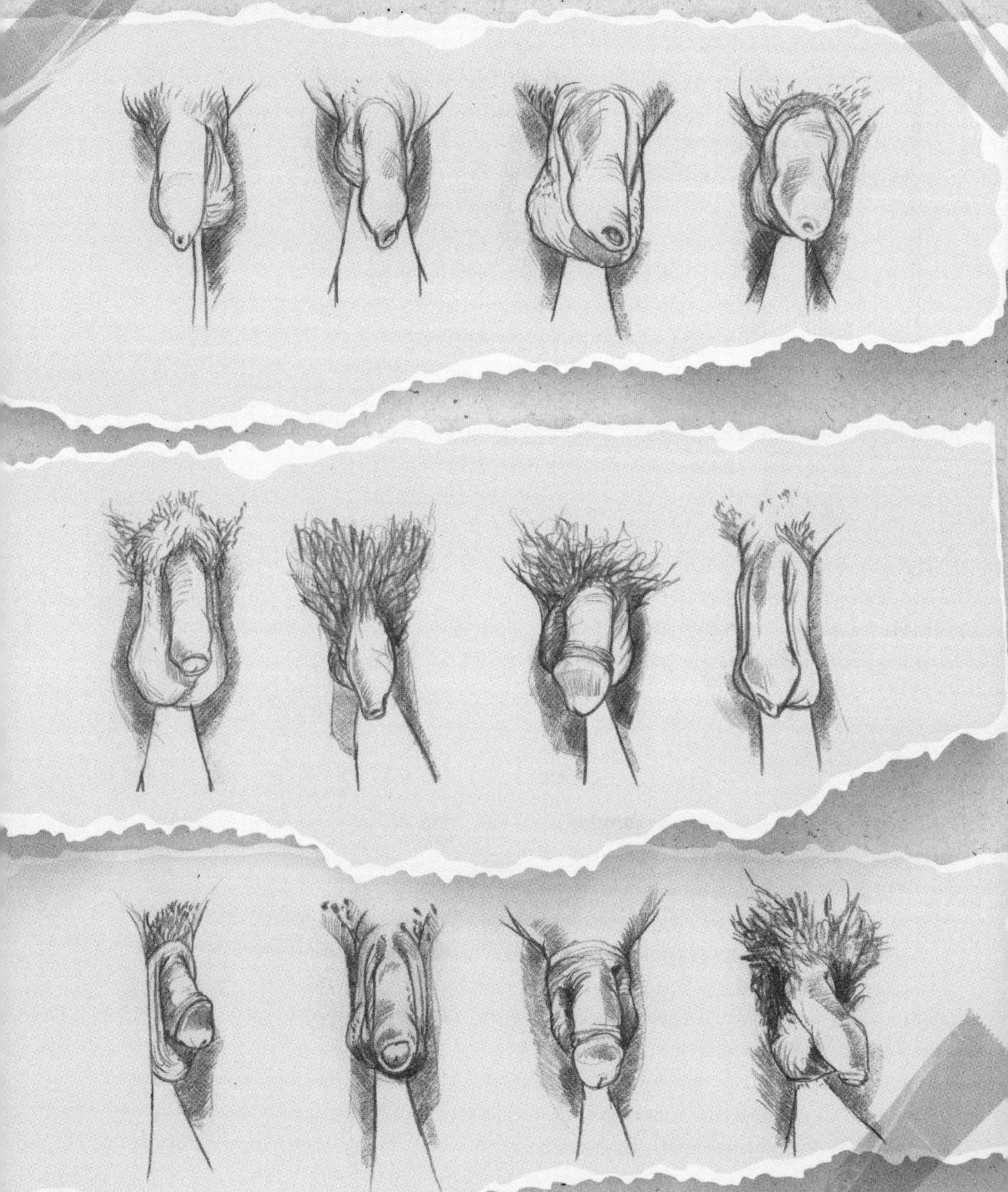

chen Wahrheit. Manche Jungs und Männer (übrigens geht es gelegentlich auch Mädchen/Frauen so) erleben, dass sie besonders über die Augen ansprechbar oder reizbar sind. Eine attraktive Frau, einen tiefen Ausschnitt oder kurzen Rock zu sehen, kann sie ziemlich anmachen. Das spielt sich zunächst mal im Kopf ab und heißt noch nicht, dass Mann zugleich auch mit einer Erektion reagiert und sein Penis steif wird. Manchmal passiert aber auch das. Und gleichzeitig heißt das noch nicht, dass er jetzt automatisch auch mit dieser Frau schlafen wollte.

Ja, es kann auch vorkommen, dass ein Junge, der eine Freundin hat, ein anderes Mädchen als durchaus schön wahrnimmt. Attraktive Menschen gibt es bei beiden Geschlechtern, daran ist erst mal nichts zu ändern. Und dir könnte das genauso mit einem Jungen passieren. Für die Beziehung ist es jedoch nicht hilfreich, solchen Gedanken aktiv nachzugehen oder gar mehrgleisig zu fahren.

Wenn jemand so tickt, ist es für ihn dran, zu lernen, gut mit solchen Impulsen oder dem ersten Blick umzugehen. Menschen sind ihren Augen nicht einfach hilflos ausgeliefert und dann »macht ihr Körper plötzlich, was er will«. Diese Argumentation ist Blödsinn!

Brustdrüse

Nein, du hast dich weder verlesen, noch bist du im Mädchenkapitel gelandet. Ja, Jungs/Männer haben auch eine Brustdrüse, nur viel flacher als beim anderen Geschlecht und daher auch meist nicht sichtbar. Die Brustdrüsenanlage liegt dem großen Brustmuskel auf. Durch ein Hormonungleichgewicht in der Pubertätsentwicklung kann die männliche Brustdrüse vorübergehend zu wachsen beginnen. Dies bildet sich meist im Laufe der Pubertät wieder zurück und ist ungefährlich. Bei Übergewicht kann auch eine Fettansammlung wie eine Brustdrüsenschwellung aussehen.

In der Assoziation vieler Menschen gehören Brüste eindeutig zum weiblichen Geschlecht. Daher ist es für viele Jungen alles andere als begrüßenswert, wenn sie durch selbst nicht kontrollierbare Hormonschwankungen plötzlich einen Brustansatz bekommen. Ähnlich unangenehm wie ein Feststellen von Bartwuchs (▶ Damenbart) bei Mädchen! Unser Körper macht manchmal Dinge, die uns nicht gefallen, zum Beispiel durch aus dem Takt geratende Botenstoffe und ihre Auswirkungen. Nicht alles können wir mal eben oder überhaupt wieder geraderücken – oder so verbergen, dass es andere nicht mitbekommen. Geh damit bitte feinfühlig um.

Alles über Freundschaften & Beziehungen

Einfach gute Freunde?!

Neben deiner Familie sind Freunde wichtige Menschen in deinem Leben, im Idealfall echte Vertrauenspersonen, bei denen du ganz du selbst sein kannst. Wirklich guten Freundinnen oder Freunden musst du nichts vorspielen. In einer tragfähigen Freundschaft ist es viel wert, wenn eine Freundin oder ein guter Freund dir ab und zu den Spiegel vorhält. Denn wir alle sind mal mehr oder weniger betriebsblind.

Wie verlässlich Freunde sind – oder ob es wirklich Freunde sind, zeigt sich meist in Krisen. Gute Freunde greifen einem schon mal unter die Arme, wenn uns der Boden wegbricht, halten schwierige Lebensabschnitte mit aus – und wenden sich nicht ab, weil es einem gerade gar nicht gut geht oder man etwas tut, was sie selbst anders entschieden hätten. Klar kann in einer Freundschaft eine Person mal die stärkere sein und die andere ihre Hilfe brauchen. Langfristig sollten Freundschaften ausgewogen sein und nicht einer nur ständig geben und der andere nimmt.

Wer Freunde fürs Leben gefunden hat, kann sich glücklich schätzen! Doch manchmal sind es auch Freunde für bestimmte Lebensabschnitte, und irgendwann geht der Weg nicht mehr gemeinsam weiter. Das kann richtig wehtun, besonders, wenn die Sicht darauf nicht einstimmig ist.

»Falsche Freunde« sehen ihren Vorteil darin, eine Zeit mit dir nach außen hin befreundet zu sein. Sie sonnen sich gern in deiner Beliebtheit oder nutzen das, was sie ohne dich nicht hätten. Ist jemand interessanter oder vielversprechender, oder ihr Gewinn aus der Freundschaft mit dir fällt nicht mehr groß genug aus, siehst du von ihnen meist nur noch die Rücklichter.

Freundschaften & Idealvorstellungen

Für manche ist es ein großes Ideal, die eine, beste Freundin zu haben. Bleibt diese aus, kann sie das in eine ziemliche Krise bringen, auch wenn sie mehrere gute Freundinnen haben. Doch es ist von Person zu Person unterschiedlich, ob sie eine beste Freundin haben oder mehrere Freundinnen, mit denen sie sich gut verstehen.

Fällt bei mehreren Freundinnen mal jemand weg, haben sie immer noch ein starkes Beziehungsnetz um sich herum.

Action Step

Manchmal wünschst du dir vielleicht klarere Signale von deinen Freundinnen: Mögen sie mich? Gehöre ich dazu? Wie sieht es andersrum aus? Wissen deine Freundinnen eigentlich, dass du sie magst/schätzt? Woran können sie das merken? Wem kannst du bei Gelegenheit etwas Gutes tun? Was könnte das sein? Ein Kompliment, eine Einladung zu dir nach Hause? Das Teilen deines Frühstücks in der Pause oder eine Ermutigung?

Je mehr du in der Pubertät ankommst, umso mehr spielen deine Freunde eine große Rolle in deinem Leben. Das ist völlig normal, solange du in all dem auch die Chance hast, du selbst zu sein. Gruppenzugehörigkeit bis zur Selbstaufgabe ist keine gute Idee. Wer sich selbst unterwegs verliert, kann kein eigenes Profil mehr entwickeln!

Tipp: Du bist eher zurückhaltend und findest es nicht so einfach, mit anderen ins Gespräch zu kommen? Bei komischen Kommentaren weißt du nicht, was du antworten sollst, oder die Antwort fällt dir erst Stunden später ein? Manch einer hilft ein Schlagfertigkeitstraining weiter (ja, so etwas gibt's wirklich. Zum Beispiel hier:
https://kommunikation-lernen.de/schlagfertigkeit-lernen).

Herausforderung: Freundschaften & Social Media

Medien prägen unseren Alltag, ob wir es wollen oder nicht. Schon jeder zehnte Dreijährige nutzt das Internet![98] Freundschaften verlagern sich mehr oder weniger in soziale Netzwerke. Das kann etwa im Lockdown die Rettung sein, wenn man isoliert zu Hause brütet – im Real Life aber auch echte Begegnungen ausbremsen.

Social Media bietet jede Menge Möglichkeiten, Inspirationen zu bekommen, zum Austausch mit anderen, seine Hobbys zu präsentieren, abzutauchen in eine eigene Welt, sich mit anderen zu vernetzen und neue Freunde zu finden. Das finden viele online auch leichter, und gerade bei eher ungewöhnlichen Hobbys findet man hier Gleichgesinnte, die in der direkten Umgebung manchmal Mangelware sind. Doch viele Social-Media-Freundschaften bleiben oberflächlich. Die Kommunikation läuft echt schnell, was beides sein kann – ein Vorteil aber auch Stress pur.

Wer nicht mitmacht, ist nicht up-to-date, hat schnell das Gefühl, nicht dazuzugehören und etwas zu verpassen. Doch die Spielregeln im Internet sind anders als im real life: Man bekommt die direkte Reaktion anderer nicht so mit. Die soziale Kontrolle fällt weg. Ehe man sich's versieht, hat man ein Like oder der Daumen geht runter, ist ein Gerücht in die Welt gesetzt oder jemand wird beleidigt. Manchmal erfährt ein Mensch auch zunächst ganz viel Liebe auf diesem Weg. Dann wird er ohne ersichtlichen Grund allein gelassen oder geghostet. (▶ Ghosting/Trennung & Herzschmerz)

Welche Apps für die Kommunikation verwendet werden, bestimmen meist andere. Viele machen aus Gruppendruck mit, weil sie sonst nicht auf Nachrichten zugreifen können, und opfern dabei übereilt eigene Sicherheitsbedenken dem Gruppenzwang.

Gut zu wissen

Social Media ist vielfach ganz bewusst so konzipiert, dass gezielt Botenstoffe in deinem Gehirn aktiviert werden, allen voran das Dopamin, unser »Glückshormon« zuständig für Lust, Motivation und Sucht!

Beispiel gefällig? »Instagram ist unwiderstehlich. Du musst einfach deinen Newsfeed checken. Das ist normal, denn die App basiert auf dem SOZIALEN VERGLEICH, einem automatischen und unbewussten Prozess, der dafür sorgt, dass du auf Instagram einerseits Verhalten ablehnst, andererseits unbewusst Verhalten imitierst – und das treibt dich in die Fänge von Influencern.« – Und macht damit anfällig für die damit verbundene unterschwellige Werbung. Die Aussage stammt aus einem Clip von ARTE.

Ihn und Analysen weiterer Apps findest du hier:

https://www.arte.tv/de/videos/085801-004-A/dopamin/

Action Step
Steuerst du noch dein Online & Smartphone-Verhalten oder steuert es dich? Macht es Sinn, konkrete Pausen einzuplanen, um deine Zeitplanung wieder mehr selbst in der Hand zu haben, vielleicht sogar die PIN für Verlängerungen deiner Bildschirmzeiten einer anderen Person zu geben? Entgleitet dir dein Online-Leben trotzdem immer mehr und du hast das Gefühl, das real life zu verpassen? Wende dich an »Return to Reality«, die Fachstelle für Mediensucht in Hannover.
https://return-to-reality.de/

Mobbing & Cybermobbing

»Beim Schulwechsel in die 5. Klasse kam ich in eine ganz neue Klasse, kannte kaum jemanden. Gleich zu Anfang wurde ich von einigen Kids da gemobbt. Sie spürten meine Unsicherheit – und sagten, ich sei ›nichts als ein Stück Scheiße‹. So fühlte ich mich tatsächlich lange. Es dauerte, bis ich ganz zu mir stehen konnte und mir klar war, dass ich nicht durch ihre Meinung definiert bin.«

Mobben, oder Engl. bullying, ist ein abwertendes, ausgrenzendes Verhalten gegenüber einzelnen Menschen. Mobbing erleben teilweise schon Kinder, Jugendliche meist in der Schule oder Jugendgruppe, aber auch Erwachsene etwa bei der Arbeit. Meist beginnt es mit dem Verbreiten von Unwahrheiten über die Person, Beleidigungen oder Drohungen. Mobbing ohne Worte geschieht durch abwertende Gesten, Grimassen oder Meiden von jemandem.

Wehrt die betroffene Person sich nicht, fühlen die Täter sich überlegen und machen weiter, bis zum Psychoterror oder körperlicher Gewalt (spucken, schlagen, treten), manchmal sogar verbunden mit Gewaltvideos (»Happy Slapping«).

Geschieht Mobbing im Internet, spricht man von *Cybermobbing*. Dies ist vor allem deshalb feige, weil die Person, die hinter der Aktion steckt, sich meist im Internet tarnen kann. Manchmal werden gefälschte Profile oder Posts in sozialen Netzwerken erstellt. Doch ganz so einfach kommen sie damit auch nicht weg.

Tipp: Fertige bei Cybermobbing einen Screenshot oder einen Videomitschnitt davon an, um später Beweise für die abwertenden Einträge zu haben. Anhand von »Fußspuren« im Internet kann die Polizei nachvollziehen, wer Beiträge hochgeladen hat und auf wen bestimmte Rechner zugelassen sind.
Keine Idee, wie du auf deinen Geräten Screenshots oder Bildschirmvideoaufnahmen anfertigst? Mach dich umgehend schlau. So kannst du im Fall der Fälle direkt reagieren.

Klartext

Egal, wie sehr Täter es auch verharmlosen: Mobben und Bestehlen sind keineswegs harmlose Spielchen zwischen Heranwachsenden, sondern echte und leider häufige Straftaten. Jugendliche sind ab 14 Jahren strafmündig. Viele Jugendliche auf weiterführenden Schulen werden Opfer von Cybermobbing.

Das Mobbing im Internet geschieht bevorzugt in sozialen Netzwerken wie Instagram oder TikTok, in Chaträumen oder Messenger-Gruppen. Wahrscheinlich leiden auch Teens in deiner Klasse darunter oder du bist sogar selbst bereits davon betroffen. Laut Studien wurde etwa jeder dritte Jugendliche schon mal im Internet gemobbt!

Klartext

Der Gewinn der Täter liegt darin, ihr Opfer zu beschämen, Macht und Kontrolle über es auszuüben. Sie fühlen sich dadurch stark und werten sich auf, indem sie andere abwerten. Dies gelingt vor allem dann, wenn das Opfer damit allein und ohne Hilfe von außen bleibt. Hol dir daher kompetente Hilfe und Tipps bei einer Vertrauensperson. Das können Vertrauens- oder Klassenlehrer, Jugendleiter, Beratungsstellen und natürlich die eigene Familie oder enge Freunde sein. Wehr dich, bevor du ernsthaften Schaden nimmst! Weil du es wert bist!!!

Viele Teens in der Pubertät sind eh in ihrem Selbstwert wackelig und können durch hinterhältige Angriffe in eine echte Krise kommen. Es hat schon Suizide aufgrund von Mobbing gegeben. Sei ermutigt, Hilfe in Anspruch zu nehmen. Im Anhang findest du ▶ Hilfsadressen zum Thema Mobbing.

Klartext
Was andere als witzigen Streich empfinden, kann der betroffenen Person besonders nahegehen. Selbst ein Foto, das du als harmlos empfindest, stellt für jemand anderen vielleicht ein Problem dar.
Wenn es schon zig andere geteilt haben, ist es kaum möglich, die Wirkung noch zu korrigieren.

Wird jemand in deiner Gegenwart angegriffen, bedrängt oder beleidigt, steht schnell die Frage im Raum, ob du ihm oder ihr helfen kannst. Sich einzumischen, bedeutet Zivilcourage zu zeigen. Das fängt schon da an, wo man nicht einfach wegschaut, wenn jemand in Not gerät, Hilfe anfordert, andere dazuholt oder die 110 wählt. Und es bedeutet, manchmal auch für jemanden einzustehen, auch wenn man dann nicht zu der coolen »Clique« gehört. **Doch denk bei der Zivilcourage bitte unbedingt an: Eigenschutz vor Fremdschutz!** Denn besonders bei Gewalttätern kann man das Eingreifen in Konflikte anderer mit dem Leben bezahlen.

Mädchen, Freundschaften und mehr

Was macht für dich eine echte Freundschaft aus? Einander gut zu kennen, auch in den Besonderheiten, die jede mitbringt, lässt Vertrauen wachsen und stärkt Freundschaften. Darum ist es hilfreich, erstmal ungezwungen miteinander ins Gespräch zu kommen, um mehr über die andere zu erfahren. Übrigens versuchen manche, ihre Unsicherheit auch mal durch flapsige Sprüche oder gespielte Coolness zu überspielen. Letztlich stehen sie sich in Sachen Freundschaft dann selbst im Weg. Wenn dir jemand wichtig ist, schau besser zweimal hin, ob hinter der harten Schale vielleicht doch ein umgänglicher Kern steckt. Oder wenn es dir selbst so geht, schau, wem gegenüber du dich doch öffnen möchtest. Wie herum auch immer: Irgendwann ist es vielleicht auch dran, ein Stück aufs Eis zu gehen, einfach mal etwas von sich zu erzählen und zu schauen, ob die andere aufs Thema einsteigt. Erzählt sie vielleicht auch etwas von sich? Wenn du gut zuhörst, bekommst du mit, was deiner Freundin wichtig ist und kannst sie vielleicht mal damit überraschen. Das sendet ihr das Signal, dass sie dir wichtig ist. Wenn man erfährt, dass man sich aufeinander verlassen kann, wird die Freundschaft immer tragfähiger.

Freundschaften unter Mädchen wird oft nachgesagt, dass diese besonders »dicke« sind. Manche Freundinnen verstehen sich super, haben viele gemeinsame Interessen, aber gar keinen Körperkontakt. Andere nehmen sich gern in den Arm, sitzen eng beieinander oder küssen sich sogar zur Begrüßung. Für andere ist das total fremd und käme für sie nie in Frage. In manchen Kulturen gehört der Begrüßungskuss zum selbstverständlichen Umgang dazu, und es wäre komisch, das nicht zu tun. Doch leider gibt es im Körperkontakt zwischen Mädchen auch echte Grenzüberschreitungen. (▶ Grenzschutz)

Tipp: Viele orientieren sich in der Frage der Körperberührungen an Erfahrungen aus früheren Freundschaften oder Beobachtungen – und schauen: »Wie machen das andere?« Nutz die Pubertät als gute Gelegenheit, dein eigenes Verhalten in diesem Bereich mal auf den Prüfstand zu stellen, nicht nur in Mädchenfreundschaften, auch bei Jungs. Überleg mal: »Welches Verhalten passt zu dir? Was signalisierst du womöglich anderen mit Berührungen? Was kannst du gut tun, ohne dich zu verbiegen?«
Es ist wichtig, dass du in diesen Fragen dein persönliches stimmiges Profil entwickelst und dich nicht durch andere Erwartungen davon abbringen lässt. Arbeite an deiner eigenen inneren Wohlfühlskala und geh zugleich nicht davon aus, dass andere dasselbe Empfinden haben!

Neben unterschiedlich intensiven Mädchenfreundschaften, die nicht sexueller Natur sind, gibt es auch gleichgeschlechtliche Beziehungen: Als homosexuell bezeichnet man Frauen, die Frauen und Männer, die Männer lieben. Andere umgangssprachliche Begriffe sind Lesben und Schwule.

Sexualwissenschaftler sagen, dass unsere Sexualität lebenslang in Entwicklung ist.[99] Besonders in der Teenagerzeit weiß man, dass es häufiger, aber nicht bei jedem, Phasen gibt, in denen Teens vorübergehend gleichgeschlechtlich empfinden. Bei vielen verändert sich das bevorzugte sexuelle Interesse wieder zu heterosexuell, also auf das andere Geschlecht ausgerichtet. Bei anderen ist diese Orientierung beständig. Wieder andere empfinden bisexuell, sie haben sowohl an gleichgeschlechtlichen als auch an gegengeschlechtlichen Partnern ein sexuelles Interesse. Pansexuell kommt vom Altgriechischen pan = gesamt, umfassend, alles. Pansexuelle Personen wollen bezüglich ihrer sexuellen Orientierung keine Vorauswahl treffen. Es geht ihnen um das individuelle Interesse an der Person an sich, unabhängig von deren Geschlecht. Menschen, die sich als nicht heterosexuell beschreiben, wählen auch teils die Sammelbezeichnung »queer«. Wie genau im Einzelfall »queer« verstanden wird, ist Teil des jeweiligen Selbstverständnisses und kann sich einerseits auf das Selbstverständnis des eigenen sozialen oder biologischen Geschlechts oder aber auf die sexuelle Orientierung beziehen.

Bekennen sich Menschen öffentlich zu ihrer Homosexualität und damit zu ihrer sexuellen Orientierung, so nennt man dies *Outing* oder *sich outen*, vom Englischen *to come out*. Ob es »nur eine Phase« ist, kann die betreffende Person zunächst natürlich nicht wissen, Außenstehende aber erst recht nicht! Aufgrund der häufiger vorübergehenden Empfindungen ist es ratsam, kein vorschnelles Outing zu starten, wenn du dir noch nicht sicher bist, was genau in dir vorgeht. Manche Menschen ordnen andere gern in »Schubladen« ein und nageln sie auf ihre Position fest. Es kann echt schwierig sein, aus so einer »Schublade« in der Wahrnehmung anderer wieder herauszukommen und eine andere Position einzunehmen.

Klartext

Ein Outing sollte für dich persönlich stimmig und authentisch sein und nie stattfinden, weil dich jemand dazu drängt. Sich zu outen ist immer die Entscheidung der betreffenden Person – und eine höchst persönliche Angelegenheit! Jemanden anderen zu outen, ob zutreffend oder als Fake, ist daher total daneben und ein absolutes No-Go!

Warum manche Menschen gleichgeschlechtlich orientiert sind, hängt von vielen Faktoren ab und ist wissenschaftlich noch nicht völlig erforscht. Manche homosexuell empfindenden Menschen leben das von ihnen bevorzugte sexuelle Interesse aus, andere nicht. Dabei spielen auch persönliche Überzeugungen eine Rolle, die respektiert werden sollten.

Klartext

In verschiedenen Ländern weltweit werden Menschen wegen ihrer homosexuellen Orientierung diskriminiert, verfolgt und bestraft. Auch in den Anfangsjahren der DDR und in West-Deutschland wurden schwule Männer kriminalisiert und sogar wegen ihrer sexuellen Orientierung ins Gefängnis gesperrt.[100] Dabei gab es eine Ungleichbehandlung, da weibliche Homosexualität im Strafgesetz der Bundesrepublik Deutschland keine Erwähnung fand. Diese

Gesetzesgrundlage wurde erst 1994(!) endgültig aus dem Strafgesetzbuch gestrichen und hat sehr viel Leid bei Betroffenen verursacht.
Im Kontext von Glaubensausrichtungen gab und gibt es ganz unterschiedliche Meinungen zum Umgang mit Homosexualität. Weil diese gesamte Thematik sehr komplex betrachtet wird, gehen wir bewusst in diesem Buch nicht im Einzelnen darauf ein. Klar sollte jedoch sein: Homosexualität ist keine Krankheit. **Kein Mensch darf wegen seiner sexuellen Orientierung diskriminiert werden.**

Wenn gleichgeschlechtliche Partner einen Kinderwunsch haben, adoptieren sie ein Kind oder benötigen zur Fortpflanzung die Hilfe anderer. So nutzen lesbische Frauen manchmal die Samenzellen eines Samenspenders. Das ist rechtlich nicht unproblematisch, da dieser Spender ja der leibliche Vater des so gezeugten Kindes ist. Das oberste deutsche Gericht schätzt das Recht von Kindern, ihre Eltern zu kennen, höher ein als die Anonymität eines Samenspenders.[101]

Heimliche Faszination oder offizielle Beziehung?

So manch eine hat sich schon heimlich einen Freund gewünscht. Sie möchte einfach dazugehören, wie viele andere, die schon in einer Beziehung sind, und vor allem mitreden können.

Klartext

Falls du in einer Beziehung bist oder überlegst eine einzugehen, achte unbedingt auf dein eigenes Tempo, ob alles für dich stimmig ist. Bist du überhaupt schon für eine Beziehung bereit oder geht dir das alles zu schnell? Lass dir von anderen keinen Stress machen! Ganz egal, ob du schon Erfahrungen damit hast oder noch nie mit jemandem zusammen warst: Alles hat seine Zeit – und es muss **deine** Zeit sein, nicht die von jemand anderem!
Check aber zwischendrin auch dein eigenes Verhalten: Bist du klar in deiner Kommunikation? Weiß die Person, mit der du enger unterwegs bist (oder sein möchtest), wie du empfindest?
Und falls du dich unter Zugzwang vor anderen fühlst – Vorsicht: Manchmal entsteht der Eindruck, dass alle anderen besser Bescheid wissen und viel mehr mitreden können als du. Doch der täuscht oft gewaltig!

»Als ich zwischen 13 und 14 war, hatten viele in meiner Klasse einen Freund. Es war das Thema, und es faszinierte mich. Als auf einer Klassenfahrt ein Junge mit mir zusammen sein wollte, sagte ich ja, auch wenn ich selbst nicht auf die Idee gekommen wäre. Ich wusste weder, ob ich ihn mochte noch ob er zu mir passt. Sein Interesse an mir reichte mir, und das Gefühl mitreden zu können. Die Beziehung hielt nicht lange. Im Nachhinein fühlte es sich blöd an und ich war froh, dass wir uns nicht so nah gekommen sind.«

Wie kommt es zu Beziehungen?

Verschiedene Paare können alle ihre ganz eigene Liebesgeschichte erzählen. Und doch kann man ein paar generelle Richtungen dabei ausmachen:

- **»Liebe auf den ersten Blick«** – muss nicht direkter Blickaustausch sein, ist vielleicht eher der Gesamteindruck, etwas, was er/sie gerade tat oder eine bestimmte Frisur. Meist wusste einer von beiden es sofort. Und musste »nur noch« den anderen gewinnen ...
- **Attraktive Anziehung«** – Attraktivität muss nicht verkehrt sein, gefallen sollte dein Freund dir schon. Doch ist das Äußerliche alles? Oder hat er Tiefgang? Was nutzt dir der prächtigste Knabe, wenn er oberflächlich und eingebildet ist, ihr sonst auf keinen gemeinsamen Nenner kommt, er dich nicht respektiert, dich ausnutzt und sich nur damit schmücken wollte, dich erobert zu haben? Bei beiden Geschlechtern sind leider Leute mit unehrlichen Absichten unterwegs.
- **»Ähnliche Interessen** – können verbinden, klar. Und was vereint euch noch? Was mögt ihr aneinander? Habt ihr nur gemeinsame Interessen oder auch ähnliche Vorstellungen, wie ihr euer Leben gestalten wollt?
- **»Verkupplung durch Freunde«** – kann klappen oder voll in die Hose gehen. Manch eine berichtet, dass sie sogar den Mann fürs Leben so gefunden hat, andere kriegen die Krise und würden ihre Freunde (und den »Auserkorenen« gleich mit) am liebsten auf den Mond schießen! Daher Vorsicht bei dieser Variante.
- Manchmal werden einzelne oder beide Opfer eines **»Überfalls durch Insekten«**. Präziser gesagt: Schmetterlinge! Im Bauch nämlich. Es ist schon verrückt, da hat man eine Person womöglich schon zig Jahre gekannt – oder auch nicht, egal – und plötzlich ändern sich die Gefühle für diesen Menschen von einem Moment auf den anderen schlagartig. Man kann kaum mehr schlafen und die Gedanken sind

blockiert. So ein Zustand ist nur begrenzt auszuhalten. Oft fragt man sich, wie man den Tag überleben soll – wenn der Freund mal etwas anderes vorhat. Wer das nicht kennt, fragt sich allen Ernstes, ob die Betroffenen nicht einen Dachschaden haben? Aber vorsichtig – vielleicht ist als nächstes dein Dach dran ☺!

Tückisch ist, dass gleich nach der Schmetterlingsinvasion die **rosarote Brille** zuschlagen kann. Normal ist in dieser Zeit, dass Verliebte die Welt aufgrund eines speziellen »Hormoncocktails« einfach durch andere Augen sehen. Glasklar: Verliebt zu sein ist eine schöne Zeit! Nur ist man in der Zeit leider nicht sehr objektiv. »Kritik am Herzallerliebsten? Vergiss es! Wage es gar nicht erst!« Manchmal stellt man nach Abflauen der Gefühle dann allerdings erschrocken fest, dass andere mit ihrer Einschätzung doch nicht so falsch lagen. Darum lohnt es sich, bei Rückmeldungen aus den Kreisen der sonst Vertrauten zumindest mal in Ruhe hinzuhören, auch wenn es dich auf Anhieb erst mal nur nervt. Du kannst dann später noch entscheiden, wie du die Sache in der Gesamtsicht einschätzt. Denn dieser Wahrnehmungswandel ist normal und gehört zu einer langfristigen Beziehung dazu. Weder bist du die ideale, fehlerfreie Partnerin noch gibt es den Traumpartner ohne Mangel. Wir sind alle Menschen – und nicht perfekt! Daher ist so manche Ent-Täuschung auch sehr heilsam, im Sinne von – die Täuschung verlieren und wieder klarsehen, realistischer werden.

Wie vermeidet Frau unschöne Zweideutigkeiten? Handelt eine Person anders, als sie redet, kann dadurch ein blödes Gefühlsdurcheinander entstehen.

Ein Beispiel: Du meinst, klar und deutlich gemacht zu haben, dass du nichts von einem Jungen willst. Doch nun kommen dir Zweifel. War das für ihn vielleicht *zu* deutlich? Du wolltest ihn ja nicht persönlich kränken ... Es ging dir nur darum, deine Absichten bzw. Nicht-Absichten klarzumachen. Spontan nimmst du ihn kurz tröstend in den Arm, bevor du gehst, oder streichst ihm über die Schulter. Dann gehst du froh und zufrieden, in dem Glauben die Dinge ein für alle Mal geklärt zu haben. Und er? Er schwebt womöglich voll auf Wolke Sieben – und freut sich schon über eure sich anbahnende Beziehung.

Hä? Moment mal. Stopp! WELCHES DREHBUCH läuft denn hier? Wieso in aller Welt ist er jetzt zu deinem hartnäckigen Verehrer geworden und folgt dir wie ein Schatten? Weil er die Körperberührung anders interpretiert hat als du! Womöglich war gerade das sein lang gehegter Traum? Darum: Versuche nach Möglichkeit in deinem Gesamtverhalten stimmig zu sein, im Reden und Handeln. Denn wenn er begreift, dass es doch nichts wird, ist die Enttäuschung meist umso heftiger. Oder du kriegst plötzlich die Kurve nicht mehr, wenn du merkst, was für Hoffnungen er sich macht.

Wenn du etwas anderes aussendest, als du eigentlich möchtest oder als der andere versteht, sind Missverständnisse vorprogrammiert! Und klar besteht bei einem Flirt immer auch das Risiko, dass der andere kein Interesse hat, einen womöglich sogar abblitzen lässt.

Eine herausfordernde Frage für Verliebte: Stößt das Interesse auf Gegenliebe? Du kannst dem auf die Spur kommen:

→ **Mit Worten = verbal**

Seid ihr themenmäßig auf einer Wellenlänge? Habt ihr auch Deep Talks? Oder sind eure Gespräche vor allem oberflächlich?

Oder

→ **Ohne Worte = nonverbal.**

Sehr, sehr viel läuft über diese letzte Schiene. Meist gibt es zwischen Menschen einen inoffiziellen, aber doch gut verstandenen nonverbalen Austausch:

- Positiv oder interessiert bewerten wir: direkten Blickkontakt, ein Lächeln.
- Negativ oder ablehnend verstehen wir: ein unwilliger oder starrer Gesichtsausdruck, das Wegdrehen des Gegenübers, verschränkte Arme, Vermeiden des Blickkontakts. Sie signalisieren vielen Menschen Abwehr oder Desinteresse.

Klartext

Also alles paletti? Bei weitem nicht! Denn manche Leute zeigen ein ablehnendes Verhalten, weil sie unsicher sind und schüchtern. Einige können ihre coole Rolle nicht ablegen, obwohl sie längst Feuer gefangen haben. Ein Pokerface sendet keine Signale. Wieder andere lächeln dauernd. Sie wollen bei allen Menschen gut rüberkommen und niemanden verletzen, sind jedoch so was von nicht interessiert. Was übel schiefgehen kann, wenn das Lächeln als Interesse fehlinterpretiert wird.

Solange Menschen beteiligt sind, kann es beim Versuch, den nonverbalen »Geheimcode« eines Gegenübers zu enträtseln, grundsätzlich zu Fehlschlüssen kommen. Womöglich sendest du einen merkwürdigen Wirrwarr aus nonverbalem Kraut und Rüben, obwohl du dachtest, dich klar ausgedrückt zu haben ...

Klartext

Mancher findet sich auch in einer »Freundschaft plus« oder Mingle-Situation wieder: Mingle ist ein Kunstwort und steht für die Kombination aus »Single« und »Mixed«.[102] Im Klartext sind das Personen, die zwar offiziell noch Singles sind, zugleich aber immer mal wieder Gemeinsames miteinander erleben, als wären sie ein Paar, auch Sex. Doch ihre Beziehung ist nie klar ausgesprochen, und die Unverbindlichkeit steht als Überschrift über allem. Die Ursache dafür sind oft Bindungsprobleme und Optimierungstendenzen. Auch hier ist es wichtig, gut auf sich zu achten, um nicht in eine Mingle-Falle zu geraten – bzw. wenn man dazu neigt, selbst unverbindlich zu sein, auch das Erleben des betroffenen Anderen in den Blick zu nehmen und fair miteinander umzugehen.

Menschen mit Charakter lassen ihre Freunde nicht einfach wie ein abgetragenes und ausrangiertes Shirt fallen, nutzen sie aus oder halten sie langfristig in einer Warteposition und wenden sich postwendend dem neusten/interessantesten Modell zu, sobald es am Horizont auftaucht! Und das würde im Umkehrschluss auch niemand gern selbst erleben!

Bei einer möglichen Beziehung geht es darum, welche Ziele du verfolgst. Die Antwort sollte dein Handeln prägen. Geht es dir um den Menschen selbst? Schätzt du ihn, ist er dir wichtig? Wenn ja, wieso genau? Was hat er, was dich tief innen anspricht? Kannst du dir, je nachdem wie alt du bist, ein gemeinsames Leben mit ihm vorstellen und eine Entscheidung für ihn treffen?

Tipp: Mal angenommen, du gewinnst deinen Crush als Freund. Möchtest du dir mit ihm nur die Zeit vertreiben und parallel Ausschau nach einer neuen Eroberung halten? Falls du nur »ausprobieren« wolltest, wie du bei Jungs ankommst und ob du landen kannst, mach die Gegenprobe: Wärst du gern so ein »Testobjekt«?

Beziehungsstatus: zusammen

Und nun? Warte, was bedeutet das jetzt genau? Falls es gefunkt hat, ist der »Blitz« erst mal eingeschlagen. Vieles ist plötzlich anders, neu und einfach faszinierend! Wie das Betreten eines neuen Landes. Das alles will entdeckt werden. Nach und nach lernt man sich besser kennen. Wegen der rosaroten Brille sind beide ein wenig betriebsblind: »Er ist sooo süß.«; »Sie ist mega nett und superhübsch!«; »Voll krass, ich könnte ihm stundenlang zuhören …«; »und er ist so ein guter Erzähler, einfach genial.«; »Wir sind füreinander bestimmt. Wieso haben wir uns nicht schon früher kennengelernt?«

Jede Beziehung ist anders! Auch ob die Beteiligten sie genießen oder sie streckenweise anstrengend, nervig und kompliziert finden. Je verbindlicher und länger man miteinander unterwegs ist, umso mehr lernt man die Eigenheiten des anderen kennen. Oft ist es ein Auf und Ab, wie Menschen eben sind. Normal! Klar kann man hinschmeißen und weglaufen. Aber man nimmt sich selbst und seine eigenen Baustellen immer mit, auch in die nächste Beziehung. Wenn man versteht, dass eine verbindliche Beziehung die Persönlichkeitsentwicklung fördert und sich beide dem stellen, ist viel gewonnen. Merke: Verändern kann sich nur jeder selbst. Beziehung ist Anpassung für beide!

Klartext

Achte bei aller Verliebtheit auf Red Flags in der Beziehung. Gibt es sind Dinge, die für dich nicht akzeptabel sind? Kritisch wird es auch, wenn einer anfängt, den anderen von sich abhängig zu machen, ihn mit seiner Liebe zu erdrücken und seine Freiheiten, besonders auch den Kontakt zu anderen einzuschränken. Dann kann sich eine toxische Beziehung entwickeln. Manche sprechen hier auch von Love Bombing, den anderen massiv mit Zuwendung zu überschütten und damit abhängig von sich zu machen, was meist von Menschen mit einer narzisstischen Persönlichkeitsstruktur ausgeübt wird. Narziss war in der griechischen Mythologie ein Jüngling, der in sein eigenes Spiegelbild verliebt war.[103] Eine Red Flag wird zur Red Line, wenn psychische, körperliche oder ▶ Sexualisierte und andere Gewalt in Beziehungen vorkommt!

Was hilft konkret, sich in Beziehungen besser kennenzulernen?

Ruhe, Zeit und Gelassenheit! Hetzt euch nicht. Lernt euch ausreichend/gut kennen, ehe ihr Tatsachen schafft!
Zeit zu zweit: reden, quatschen, feiern und freuen, tiefsinnen und Traumschlösser bauen, spazierengehen, Freizeitaktivitäten und gemeinsame Projekte
Zeit mit anderen: mit Freunden, Verwandten, Klassen- oder Vereinskameraden, Kumpels und anderen Menschen, mit denen du dein Leben teilst. Zeit für Spieleabende und Kinofilme, Sozialprojekte oder Diskussionen, zum Kuchen essen und gemeinsam Kochen, und vieles mehr, was euch noch einfällt.
Intensiver Austausch: über die eigenen Vorstellungen, Träume, Gedanken, Visionen, Gott, Glauben und die Welt, auch zweifeln, diskutieren, argumentieren, hinterfragen
Vertrauen: Es schrittweise aufbauen, erleben, dass es trägt.

Moment mal, fehlt da nicht was? Was ist mit körperlicher Nähe? Immerhin geht es um Beziehungen? Ohne Frage gehört für viele eine körperliche Ebene in eine Beziehung. Doch lass uns die bitte noch für einen kurzen Moment parken. Wieso ist all das Genannte so gut und wichtig – auch ohne körperliche Beziehung? Weil es dir einen umfassenden Blick auf dein Gegenüber ermöglicht, wie Puzzleteile, die mehr und mehr ein Gesamtbild ergeben. Natürlich ist das in einem gewissen Maß auch auf körperlicher Ebene möglich. Doch häufig kommt einem dabei ein gewisser »Nebel« in die Quere. Wenn ihr besser kuscheln und knutschen könnt als miteinander zu reden, nimmt die körperliche Ebene automatisch sehr viel Raum ein. Logo, die Dynamik der geweckten Gefühle und Botenstoffe nimmt gewaltig an Fahrt auf. Wo ist das Problem? Das kann entstehen, wenn eine Ebene so überhandnimmt, dass alles andere daneben verblasst.

Das bedeutet nicht, das wir den Austausch von Zärtlichkeiten in Beziehungen ablehnen. Wir beziehen nur das Wissen ein, dass eine intensive körperliche Nähe die Bindung zwischen zwei Menschen gewaltig verstärken kann. Hast du mal versucht, zwei starke Magnete, die sich gegenseitig anziehen, zu trennen? Viele schätzen gerade am Anfang einer Beziehung diese starke »Anziehungskraft« falsch ein. Sie merken erst später, dass sie nicht wirklich zueinander passen. Dann ist es problematisch, wenn man den Absprung kaum noch schafft.

»Seit sechs Monaten bin ich jetzt mit meinem Freund zusammen, und irgendwie wird immer klarer, wie unterschiedlich wir sind und dass wir langfristig als Paar nicht funktionieren. Doch er macht munter weiter Zukunftspläne, und unsere Beziehung bedeutet ihm viel. Manchmal, wenn er mich im Arm hält, stelle ich mir für einen Moment vor, wir wären glücklich und hätten eine Zukunft. Ich mag das Schmusen und Knutschen, aber mehr leider nicht. Dass wir mal heiraten, kann ich mir gar nicht mehr vorstellen. Das bedrückt mich. Ich habe keine Ahnung, wie ich ihm das beibringen soll. Aber es muss sein. Nur heute schaffe ich das nicht. Mir graut es schon davor, dann wieder Single zu sein.«

Action Step

Überlegt möglichst zu Beginn eurer Beziehung zuerst allein und dann gemeinsam, wie ihr diese gestalten wollt:

- Was bringt jeder für Interessen mit?
- Wovon träumt ihr?
- Was wünscht ihr euch für eure Beziehung und was nicht?
- Habt ihr in der Vergangenheit blöde Erfahrungen (möglicherweise in anderen Beziehungen) gemacht? Was würdet ihr anders machen wollen?
- Wie stellt ihr euch eine gute körperliche Beziehungsebene vor? Was seht ihr gleich? Wo gibt es Unterschiede? Gibt es für euch Grenzen, die ihr nicht überschreiten wollt?

Wenn beide in einer Beziehung erleben, dass der andere sich an diese gemeinsam gesetzten Regeln hält, wachsen Sicherheit und Vertrauen als wichtige Basis für eine spätere verbindliche Beziehung und Intimität.

Die Lust aufs Küssen – die sinnliche Berührung eines anderen Menschen mit dem Mund – entsteht durch das Wechselspiel von Botenstoffen in unserem Körper. Küssen können sich beide auf den Mund – oder auf andere Körperteile, die sie als schön empfinden. Da hat jede(r) seinen ganz eigenen »Geschmack«.

Kuss ist nicht gleich Kuss – und besonders, wenn eine Beziehung noch recht neu ist, ist es wichtig, den anderen nicht damit zu überfordern und mit sanften Berührungen zu beginnen und herauszufinden, was beide schön finden. Denn Küsse sind ein höchst intimer Dialog. »Ohne Worte« und unter Beteiligung aller fünf Sinne begegnen sich die Lippen – und teils auch die Zungen. Beim Küssen geht es daher viel um das Erspüren des anderen. Du wirst feststellen, was dein Gegenüber mag, ob deine Zärtlichkeiten erwidert werden oder ob es zurückweicht/passiv ist. Und natürlich wirkt das Küssen weit über den Mund hinaus. Dein Körper, besonders auch die Geschlechtsorgane, reagieren bei intensiven Küssen mit. Das kann für dich als Mädchen bedeuten, dass du bemerkst, dass dein Vulvabereich feucht wird und du Lust auf mehr intime Nähe und Berührungen hast und dass er bei sich eine Erektion feststellt (oder auch du bei ihm), dass auch er sich nach mehr Intimität mit dir sehnt. Wie beim Sex gilt hier: »Erlaubt ist, was beiden gefällt.« Dabei kann es zärtlich zugehen, leidenschaftlich, mal sind die Lippen weiter geöffnet, mal eher geschlossen, manche saugen gern an der Lippe des anderen, andere knabbern daran, für manche ist das Zungenspiel mit dem anderen schön, doch nicht jeder mag es.

Don'ts beim Küssen:
Ein Kuss ist nicht automatisch eine Einladung weiterzugehen. Besonders Zungenküsse, bei denen man die Zunge in den Mund der anderen Person hineinführt, können als übergriffig wahrgenommen werden, speziell, wenn man sich noch kaum kennt. Ähnliches gilt auch für das Beißen der Lippe des anderen. (Während manche Letzteres mögen! – das sollte man dann aber lieber auf der Sprachebene klären!)

Abtörnend wirken Mundgeruch, aber oft auch sehr feuchte Küsse, Nikotingeschmack, für manchen Knoblauchgeruch und laute Schmatzgeräusche. Bleibt dazu im Gespräch.

Klar sein sollte, dass beim Küssen Infektionskrankheiten übertragen werden können. Besonders ein Lippenherpes ist sehr ansteckend und »beschert« dem Gegenüber eine lebenslange Viruspatenschaft. Denn diese Viren verlassen den Körper nicht mehr, »überwintern« in Nervenzellen und brechen in Zeiten von Abwehrschwächen, Stress etc. gern als Lippenbläschen wieder aus. Herpes kann vom Mund in den Intimbereich übertragen werden und zählt als sexuell übertragbare Krankheit.

Gut zu wissen

Das **Pfeiffersche Drüsenfieber,** auch »Kissing Disease« genannt, ist eine Infektionskrankheit, die häufig im Jugendalter vorkommt und durch Schmierinfektionen übertragen wird – zum Beispiel beim Küssen, aber auch wenn man aus denselben Flaschen/Gläsern trinkt. Klassische Symptome sind hartnäckige Halsschmerzen und Lymphknotenschwellungen am Hals. Wird gern mit einer Mandelentzündung verwechselt, Verursacher sind aber Viren, daher wirken Antibiotika hier nicht! Kläre mit deiner Hausärztin, ob du während der Erkrankung Sport machen darfst, da innere Organe anschwellen und reißen können!

Die Lust aufs Streicheln und **Berühren** eines anderen Menschen hat genauso etwas zu tun mit Botenstoffen in unserem Körper und mit unserem größten Organ überhaupt, der Haut! Unsere Haut ist weit mehr als die Körperhülle, die uns einkleidet. Nicht umsonst münden unzählige Nervenenden auf dieser nur ein bis zwei Millimeter dünnen Schicht, und unser ganzer Körper ist mit ca. fünf Millionen (!) feinsten Härchen als »Antennen für Berührungsreize« eingekleidet, die das Empfinden noch mehr steigern können. Die Haut enthält Sinneszellen für Berührung, Druck, Vibration, Dehnung, Temperatur-Rezeptoren und spezielle Nervenenden, die Schmerz empfinden können. Wenn wir Kuscheln, uns umarmen, Zärtlichkeiten austauschen, werden zugleich in unserem Körper Botenstoffe, wie das Kuschelhormon Oxytocin ausgeschüttet: unser Blutdruck und die Herzfrequenz sinkt, Stresshormone werden weniger – und wir entspannen uns. Das stabilisiert unserer Immunsystem.[104] Schon kleine Berührungen sind in der Lage, Sicherheit zu vermitteln. Es tut der Beziehung gut, miteinander im Körperkontakt zu sein – und hilft noch dazu jedem Einzelnen.

Tipp: Auch wenn ihr schon länger zusammen seid, kann es dran sein oder erforderlich werden, (noch mal) Klartext miteinander zu sprechen und Grenzen zu klären. Besonders wenn ihr das anfangs vernachlässigt habt, klare Absprachen fehlen oder ihr womöglich irgendwo landet, wo einer oder beide nicht hinwollte(n). Dass eine Erregung entsteht, etwa beim Küssen, ist normal! Verabredet, euch gegenseitig die Freiheit zu geben, dass derjenige, der sich damit nicht mehr wohlfühlt oder Sorge hat, die Kontrolle zu verlieren, es ansprechen kann. Achte gut auf dich und auf deinen Partner. Verabredungen, dass jeder es ansprechen kann, wenn sie/er merkt, dass etwas nicht gut läuft, können für beide hilfreich sein.

Besser Unklarheiten in Beziehungen irgendwann ansprechen als unangenehme Überraschungen erleben. Wie steht jeder von euch zum Beispiel zu der Frage: Gehört Sex nur in eine Ehe oder käme das für euch auch ohne Trauschein in Frage?

Einen guten Freund, der dich achtet und gut mit dir umgeht, erkennst du unter anderem daran, dass er deine Grenzen achtet und dich als Person voll respektiert – auch in Bezug auf Themen, zu denen er anderer Meinung ist. Mach die Gegenprobe. Könnte er das auch von dir sagen?!

Umgang mit Grenzen in Beziehungen

Wenn ihr euch einig seid und beide zum Beispiel in eurer Beziehung keinen Sex haben oder bis zur Ehe warten wollt, sind gute Grenzen hilfreich, um das gemeinsame Ziel auch zu erreichen, zum Beispiel:

- Euch nicht voreinander auszuziehen.
- Die Geschlechtsorgane des anderen nicht zu berühren oder zu erregen.
- Nicht beieinander zu übernachten.
- Nicht gemeinsam leicht- oder unbekleidet im Bett zu liegen.

Findet eure eigenen Vorstellungen von Grenzen, klärt, wieso ihr die so seht und überlegt, welchen Rahmen ihr braucht, um sie einzuhalten. Es nützt nichts, wenn euch jemand von außen Grenzen »vorschreibt« oder sie euch »überstülpt«, wenn ihr sie nicht mit Inhalt füllen könnt, womöglich das Gegenteil tut oder euch zähneknirschend nach außen hin danach richtet, und doch innerlich ganz andere Wege geht!

Grenzen sind im Alltag nur tragfähig, wenn sie a) überhaupt besprochen, b) gemeinsam angenommen und c) dann auch gelebt werden, sonst helfen sie niemandem.

Die praktische Konsequenz im Alltag kann euch niemand abnehmen. Damit übernehmt ihr die Verantwortung für eure sexuelle Lerngeschichte – und für ein Kind, das natürlich auch beim Sex in Beziehungen entstehen kann.

Beziehungsgestaltung hat auch etwas mit Verantwortung zu tun. Es tut langfristigen Beziehungen gut, wenn sie auf allen Ebenen einigermaßen gleichmäßig wachsen. Und die körperliche Ebene kann nun mal aufgrund der damit verbundenen Botenstoffe rasch ihre eigene Dynamik entwickeln.

Und wenn es nicht mehr läuft? Sich von jemandem zu trennen, mit dem man intensiv auf dem Weg war, sich Hoffnungen gemacht hat, schmerzt stark und will erst mal verarbeitet werden. Je mehr man zusätzlich körperlich miteinander intim war, umso schwerer fällt oft die Trennung. Anders gesagt – wer viel Zärtlichkeiten mit dem anderen ausgetauscht, viel geküsst hat, Petting oder sogar Sex miteinander hatte, dem fällt es oft noch schwerer, zu gehen/den anderen gehen zu lassen (auch wenn klar ist, dass es nicht die/der Richtige ist) und die Trennung zu verschmerzen.

Denk dran: Du bist wertvoll und einzigartig. Überleg dir in Ruhe, was dir wirklich guttut, was hilfreiche Grenzen sind – und steh dazu. Geh nicht aus Angst, zu kurz zu kommen, irgendwelche faulen Kompromisse ein.

Sexualisierte und andere Gewalt in Beziehungen

Gut zu wissen

Gewalt in Beziehungen zwischen Jugendlichen ist leider nicht die Ausnahme, sondern eher die Regel, auch wenn sie oft noch sehr tabuisiert ist. Eine Studie mit 14- bis 18-Jährigen deckte auf, dass 60 Prozent der Jungs und 66 Prozent der Mädchen in Beziehungen bereits körperliche, psychische oder sexualisierte Gewalt erlebten.[105] Praktisch verbergen sich hinter dieser Zahl am häufigsten Demütigungen, Drohungen, ständige Kontrolle durch den anderen, aber auch Schläge und sexuelle Übergriffe.

Wer derartiges Verhalten aus der eigenen Familie oder aus anderen Beziehungen kennt, wird häufiger selbst Opfer von Gewalt oder hat Probleme festzustellen, dass wertschätzendes Verhalten fehlt.

Wissenschaftler sagen, die Gewalt wird »chronisch«. Erschreckenderweise wollen 80 Prozent der Jugendlichen eine Beziehung, in der sie Gewalt erleben, nicht beenden. Viele wollen mit dem Täter zusammenbleiben, weil sie denken, dass ihre Clique oder ihr soziales Umfeld diesen Beziehungsstatus von ihnen erwarten oder sie sich vor ihren Eltern nicht die Blöße geben wollen, dass die mit ihren Warnungen doch recht hatten.

»Psychologen sagen: Bei jemandem zu bleiben, der einen schlecht behandelt, hat oft nichts mit Liebe zu der Person zu tun. Sondern mit mangelnder Liebe zu sich selbst. Nur wer nach den eigenen Bedürfnissen fragt und feststellt, dass diese auch ohne Beziehung erfüllt werden können, nur, wer sich selbst wichtig nimmt, kann ausbrechen aus der Opferrolle.«[106]

Also: Akzeptiere Gewalt in Beziehungen nicht, schütze deine Grenzen achtsam und nimm dich selbst wichtig! Kultiviert in eurer Beziehung von Anfang an Wertschätzung und einen respektvollen Umgang miteinander.

Action Step

Wie zufrieden bist du mit dir? Nimmst du dich selbst komplett an? Das ist eine essenzielle Lebensgrundlage an sich, aber auch das Fundament, auf dem Beziehungen stabil stehen! Überleg dir, wie du deine Selbstannahme verbessern kannst. Falls du allein nicht weiterkommst, suche dir fachliche Hilfe. (▶ Hilfsadressen im Anhang)

Aktuelles Sexualstrafrecht: »Nein heißt nein!«

Das 2016 in Kraft getretene Sexualstrafrecht macht klar, dass sexuelle Handlungen nur einvernehmlich stattfinden dürfen! Ein Opfer muss sich nicht explizit wehren oder Gewalt erlebt haben. Denn Opfer im Schockzustand können sich oft nicht wehren oder tun dies aus Todesangst nicht![107] Schweden und Spanien sind noch einen Schritt weitergegangen.[108] Dort gilt: »Ja heißt ja!«

#Metoo

Und wenn es schon passiert ist?! Dann bist du damit nicht allein. Unter dem Hashtag #Metoo haben viele Menschen öffentlich gemacht, was ihnen widerfahren ist, um andere zu ermutigen – und um auch das Ausmaß deutlich zu machen. Inwieweit man das öffentlich machten möchte, ist eine zutiefst private Entscheidung, die nicht übereilt getroffen werden sollte.

Fakt ist: Schuld ist immer der Täter, nicht das Opfer! So sehr Täter auch oft die Tatsachen verdrehen oder versuchen, dem Opfer ein schlechtes Gewissen zu machen. »Das habe ich ja nur gemacht, weil du …« – damit schieben sie alle Verantwortung von sich weg.

Erlebte **sexualisierte Gewalt** kann Ängste, Gefühle von Kontrollverlust, Hilflosigkeit und Beschämungsgefühle auslösen. Manchmal verdrängt unser Körper das Unaushaltbare als Sicherungsmechanismus ins Unbewusste. Dann verlieren wir vorübergehend die Erinnerung daran. In ähnlichen Situationen – und dies definiert der Körper, um dich vor erneuten Gefahren zu schützen, ausgesprochen großzügig – können bestimmte, schon kleinste Schlüsselreize an vorausgegangene

Traumata erinnern. Das kann ein bestimmtes Bild sein, ein Liedfetzen, ein Geruch, eine Berührung – und plötzlich ist alles wieder da. Erinnerungsblitze nennt man auch **Flashbacks**. In solchen Fällen ist fachliche Hilfe unbedingt ratsam. **Psychotraumatologen** helfen, solche unschönen Lebenselemente für sich einzuordnen, einen konstruktiven Umgang damit zu finden und Strategien zu lernen, wie man mit den eigentlich gut gemeinten Erinnerungs-Bodyguards des Körpers umgehen kann. ▶ **Hilfsadressen** findest du im **Anhang**. Wenn einer der Partner Belastungen aus der Vergangenheit mitbringt, ist in neuen Beziehungen ein sensibler Umgang mit diesem Teil seiner Lerngeschichte wichtig und braucht oft Zeit und Geduld.

Klartext

In einer Paarbeziehung sollte klar sein, dass Gewalt nicht den Umgang miteinander bestimmen darf, und dass du respektvoll mit deinem Partner umgehst, dass ihr gegenseitig eure Grenzen achtet. Wenn du bei dir selbst feststellst, dass du unkontrolliert die Fassung verlierst, suche dir dringend professionelle Hilfe, bevor etwas geschieht, dessen Tragweite du nicht absehen kannst. Viel zu viele gekränkte Menschen haben die Eskalation zugelassen und ihren Ex-Freunden/-Partnern, teils sogar den Kindern etwas angetan und oft auch sich selbst. Ein Mensch gehört aber nicht einem anderen! Du kannst niemanden zwingen, dich zu lieben. Das widerspricht dem Grundwesen der Liebe. Sie braucht die freie Entscheidung für den anderen. Sonst ist es nichts als Manipulation und Zwang.

Aus und vorbei?!

Besser ein »Ende mit Schrecken« als »Schrecken ohne Ende«? Bestimmt. Aber noch viel besser wäre eine respektvolle Beendigung der Beziehung, wenn einer oder beide feststellen, dass der Weg nicht gemeinsam weitergeht. Auch hier hilft die goldene Regel: Was du nicht willst, das man dir tu, das füg auch keinem anderen zu!

Manchmal sind Beziehungen schneller vorbei, als du gucken kannst. Es gibt Leute, die sammeln Eroberungen wie andere Leute Likes auf Insta. Manche sind für eine Beziehung noch viel zu unreif. Sie springen rasch ab, wenn sie merken, dass sie nicht klarkommen oder sich vermeintlich »was Besseres« bietet. Ehe du dich versiehst, seid ihr getrennt.

Gerade in der Teenie-Zeit formt sich die Persönlichkeit erst noch. Daher halte deine Antennen offen und geh Strohfeuern möglichst aus dem Weg.

Ja, Herzschmerz, besonders ohne Vorwarnung, tut weh. Gerade war es noch so schön. Jetzt bist du schlagartig auf dem harten Boden der Realität angekommen.

Klartext
Niemand von außen kann beurteilen, wie weh es genau **dir** tut! Tränen, Wut, Enttäuschung, Trauer, Herzschmerz – alles darf sein. Manchmal hast du die Risse schon längst gesehen, es hat es sich irgendwie abgezeichnet. Doch das Aus kann trotzdem voll schmerzhaft sein auch, weil bei Beziehungen Bindung entsteht! Besonders wenn der andere Schluss macht, ist es oft wie eine unerwartete Vollbremsung. Wenn du selbst meinst, die Notbremse ziehen zu müssen, überleg, ob es einen Weg gibt, der für beide verträglich ist.

Tipp: Nach so einem Crash kann eine beziehungstechnische Auszeit ratsam sein, anstatt sich gleich in die nächste Beziehung zu stürzen. Das hilft zu sortieren, was geschehen ist, und sich für die Zukunft gegebenenfalls anders aufzustellen.

Klartext
Ghosting[109] ist eine ganz fiese Art Schluss zu machen und leider in Social Media sehr gängig. Ohne Vorwarnung verschwindet der Partner von der Bildfläche und reagiert auch nicht mehr auf Nachrichten. Die Beziehung endet einfach ohne Erklärung und ohne dass der andere etwas davon ahnt.
Beim **Zombieing** oder **Submarining**[110] taucht der andere dann plötzlich ohne Erklärung nach Monaten wie aus dem Nichts wieder auf. Hier ist Vorsicht geraten – denn dahinter können Motive wie Bindungsschwierigkeiten, manipulative Strategien oder Persönlichkeitsschwächen stehen. Für das verlassene Gegenüber kann so ein Verhalten Vertrauensschwierigkeiten auslösen und generelle Ängste, sich an andere zu binden. Meist hilft dann nur das Ziehen klarer Grenzen und unter Umständen ein endgültiger Kontaktabbruch. Fällt dir das schwer, kann es ein Hinweis sein, dir die Themen Selbstwert und Abgrenzung in deinem Leben mal genauer anzuschauen.[111]

Sexting

Mal ehrlich: Hast du schon mal halbnackt oder nackt einen Spaziergang durch deine Schule gemacht oder so im Klassenzimmer gesessen? Nein, wir sind nicht schräg drauf, sondern nur direkt und ehrlich! Ob du es glaubst oder nicht: Immer mehr Teens machen genau das. Freiwillig würde ihnen das natürlich im Traum nicht einfallen, aber unfreiwillig auf dem Handy ihrer Mitschüler kann das ganz normaler, bitterer Alltag sein. Wieso?

Gut zu wissen

Seit einigen Jahren wächst ein Trend, Fotos von sich mit viel Haut und wenig bis gar keiner Kleidung auf dem Handy oder im Netz zu verschicken = Sexting. Anfangs gehen diese Bilder nur an Vertrauenspersonen, es fängt oft als harmloses kleines Spiel an. Oder sie werden an den eigenen Freund geschickt – oder von ihm eingefordert. Als »Vertrauensbeweis« – »Unser kleines privates prickelndes Abenteuer, das weiß ja niemand ...« Tja, hoffentlich! »Was ist an etwas tieferen Einblicken schon verkehrt? Schließlich sind wir zusammen ...«

Leider kommen die wenigsten Teens während der Verliebtheit auf die Idee, dass die Beziehung auch enden könnte – und dass der andere dann womöglich anders mit diesen Bildern umgeht, als einem selbst lieb ist. Was ist, wenn die Bilder online gehen – und sie dann alle sehen können? Oder wenn jemand den Rechner/das Smartphone hackt und die Bilder entwendet? Eine Horror-Vorstellung, die schon für viele bittere Wirklichkeit wurde!

Es ist eine traurige Wirklichkeit, dass besonders viele Mädchen und junge Frauen, aber auch Jungs und Männer wegen freizügiger Bilder furchtbar unter Druck gekommen sind. Wenn jeder an deiner Schule dich auf Bildern nackt betrachten kann, ist es fast egal, ob du wirklich nackt durch die Schule läufst.

Klartext

Du kannst die Bilder meist nicht zurückholen. Sind sie erst einmal veröffentlicht, kannst du nur lernen, damit im Alltag irgendwie zu leben. Selbst wenn du sie offiziell löschen lässt, dann braucht nur einer eine Kopie davon zu haben, die er wieder ins Netz stellt, und der ganze Spuk geht von vorn los. Schon manche betroffene Person konnte mit der Hilflosigkeit und Beschämung nicht mehr umgehen, hat keinen Ausweg, keinen Lebenssinn mehr gesehen und Suizid be-

gangen. Sextortion (Kofferwort aus Sex und Extortion/Engl. Erpressung) ist eine Form der Erpressung mit Nacktaufnahmen.[112] Der Schweizer Verein Projuventute stellt in einem kurzen Clip klar vor Augen, wie schnell sich ein persönlich verschicktes Bild wandeln kann:
https://www.youtube.com/watch?v=O9CRUiQd6Ew

Tipp: Wenn du Betroffene kennst, steh ihnen, wo es sich anbietet und so wie sie es hilfreich finden, zur Seite. Es ist ein unterschiedlich langer Weg, seinen ureigenen Wert wiederzufinden. Dabei können sie Beistand gut brauchen.
Und wenn du dir jetzt verzweifelt wünschst, du hättest diese Tipps bloß früher bekommen und denkst, es hat eh keinen Sinn mehr, alles ist kaputt: Bleib bitte nicht allein damit. Such dir Vertrauenspersonen, die dir helfen, mit der aktuellen Situation neue, hilfreiche Umgangsformen zu finden. Auch wenn es jetzt nicht so aussieht. **Es ist möglich. Viele andere haben es auch geschafft.** Und vergiss bitte nie: Du bist nicht allein! Denn es betrifft viele Teens. Wenn du niemanden hast, wende dich in einem ersten Schritt an die **Telefonseelsorge**[113] und sprich mit jemand dort deine nächsten Schritte durch. Bleib bitte am Ball und gib nicht auf! Hey, du bist wertvoll, immer! Daran kann niemand etwas ändern!
https://www.telefonseelsorge.de
oder 0800/1110111 bzw.
0800/1110222

Immer häufiger googeln spätere Arbeitgeber Namen ihrer Bewerber im Internet. Oder jemand, der dich interessant findet, informiert sich vorher über dich im Netz, bevor er näheren Kontakt zu dir aufnimmt. Manchmal ist ihr Interesse mit dem Finden fragwürdiger Bilder so schnell vorbei, dass du es noch nicht einmal mitbekommst.

Sei schlau und achte auf deinen Auftritt im WWW. Selbst wenn eure Beziehung im Moment der Himmel auf Erden zu sein scheint, kann man dennoch ganz ungeahnt plötzlich auf dem harten Boden der Realität ankommen. Daher schütz dich – und sende niemandem und niemals Nacktbilder von dir. Es ist auch kein Liebesbeweis, Nacktbilder geschickt zu bekommen und kein Misstrauensvotum, wenn du keine schicken willst. Im Gegenteil. Du zeigst dadurch, dass du respektvoll und achtsam mit dir umgehst! Umgekehrt sollte klar sein, dass man sie auch nicht anfragt und persönliche Fotos nach Beenden einer Beziehung löscht.

Und für diejenigen, die irrtümlicherweise denken oder gehört haben, es sei als Anmache legitim, Nacktbilder von sich zu verschicken: Vulvafotos, sogenannte Pussypics, oder Penisfotos, sogenannte Dickpics, zu senden ist eine Form sexualisierter Gewalt, die strafbar sein kann!

Sollte dir jemand intime Fotos schicken, schick sie nicht weiter! Ist es eine Person, die du kennst, lösch sie einfach. Kommt dir dabei aber irgendetwas ganz entschieden komisch vor oder fühlst du dich durch die Fotos belästigt (besonders von Dickpics oder Pussypics), überlege mit einer Vertrauensperson, ob es Zeit ist, die Polizei einzuschalten. Weitere Informationen findest du auf dieser Internetseite: **https://dickstinction.com**

»Als meine Freundin noch mit ihrem damaligen Freund zusammen war, haben sie sich oft intime Fotos mit viel Haut geschickt. Das war wie ein erotisches Spiel für die zwei. Doch vor kurzem hat sie mitbekommen, dass er parallel noch was mit einer anderen hatte. Sie war entsetzt und hat die Beziehung sofort beendet. Jetzt macht sie sich total Gedanken, was er mit ihren Fotos machen könnte. Fragen, ob er sie gelöscht hat, will sie nicht. Zur Sicherheit bewahrt sie seine Bilder auch noch auf.«

Online-Bekanntschaften

Du hast jemanden im Urlaub kennengelernt und möchtest in Kontakt bleiben? Du bist umgezogen und willst deine alten Freunde nicht verlieren? Kontakt zu Menschen am anderen Ende der Welt? Kein Problem, das Internet macht's möglich. Was auf den ersten Blick total viele Möglichkeiten bietet und hilfreich ist, hat leider auch Schattenseiten. Im Internet kann jeder jede beliebige Identität annehmen.

Du kannst mit der 14-jährigen Linus chatten und später stellt sich raus, dass es der 50-jährige Rainer war. Auch aus diesem Grund sollte man Online-Bekanntschaften nicht daten – oder höchstens abgesichert, an einem öffentlichen Ort, wenn andere davon wissen.

Sicher unterwegs im Netz?

- Achte unbedingt darauf, deine Identität zu schützen. Gib nie deinen echten Namen, deine Anschrift oder andere Kontaktdaten wie Telefonnummer, Schule, Vereinszugehörigkeit oder dein Alter an. Achtung, das kannst du auch durch ungünstige Nicknamenwahl tun. Wenn »Lara12Ulm« keine Erfindung ist, weiß dein Chatpartner jetzt schon, wie du heißt, wie alt du bist und in welcher Stadt du wohnst. Nimm lieber eine nichtssagende Mailadresse oder einen unpersönlichen Nicknamen. Zum Beispiel »Happynewyear246«.
- Denk dran: Nur du entscheidest, wem du wie viel von dir mitteilst. Es ist nicht ok, wenn andere versuchen, dich zu manipulieren, etwas von dir preiszugeben.
- Sei vorsichtig. Online-Sein kannst du dir auch als eine megagroße, unübersichtliche Karnevalsveranstaltung vorstellen. Jeder kann sich (muss das aber nicht!) »verkleiden«, wie er will. Geschlecht, Alter, Beruf, Wohnort – alles ist im Netz wie ein Kostüm frei wählbar. Darum muss nichts von dem wahr sein, was dir ein Unbekannter dort erzählt.
- Meide möglichst Seiten, die ausdrücklich erst ab 18 sind. Klicke sofort weg von Seiten oder aus Chats, wenn du das Gefühl hast, dass etwas nicht stimmt, dir komische Fragen gestellt werden, du angegriffen wirst oder man dir aufdringlich begegnet. Schick Fremden niemals Bilder von dir, auch keine harmlosen!
- So ein Weggehen oder einen Kontaktabbruch brauchst du nicht zu erklären, du musst dich auch nicht verabschieden. Du darfst einfach gehen.
- Gerade wenn du noch nicht so viel Erfahrung hast, solltest du nicht allein chatten und dir nach Möglichkeit einen Chat suchen, bei dem du einen Alarm-Knopf hast oder Moderatoren zu Hilfe rufen kannst. Fertige Screenshots von übergriffigen Texten oder Bildern an. Dann kann man später besser dagegen vorgehen. Speichere solche Belästigungen ab. Dann kann man sie später nachweisen und gegebenenfalls anzeigen.

- Da Chatpartner überhaupt nicht diejenigen sein müssen, als die sie sich ausgeben, verabrede dich nie allein mit ihnen. Wenn du wirklich meinst, ein Treffen sei dran, nimm eine erwachsene Vertrauensperson mit – und wähle einen öffentlichen Ort als Treffpunkt.
- Achte bei Angeboten im Internet drauf, dass du wirklich über die Kosten informiert bist, die auf dich zukommen.

Klartext

Und wenn du dich doch unklug verhalten hast, jetzt jemand mehr weiß, als er wissen sollte? Such dir einen vertrauenswürdigen Erwachsenen, auch wenn ihr zu Hause andere Absprachen hattet. Zu deiner eigenen Sicherheit ist es wichtig, dass andere darum wissen, um mit dir gemeinsam gut zu überlegen, was man jetzt machen kann. Manchmal konnte man Kids, die keinem Bescheid gesagt hatten, nur noch helfen, weil man die Kontaktdaten aus Chats auf ihrem Rechner fand.

Ein Stalker ist jemand, der einen anderen beharrlich verfolgt, ihm nachstellt, ihn teilweise auch bedroht, sich viele Informationen über die Person beschafft, die er verfolgt. Stalking ist in vielen Ländern strafbar, in Deutschland nennt man die Straftat »Nachstellung«.[114] Die offizielle präventivpolizeiliche Definition in Deutschland lautet: »Das beabsichtigte und wiederholte Verfolgen und Belästigen eines Menschen, so dass dessen Sicherheit bedroht und er in seiner Lebensgestaltung schwerwiegend beeinträchtigt wird.«[115]

Achtung: Loverboys

Loverboys sind junge, zum Teil sogar minderjährige Menschenhändler.
Meist suchen sie sich ihre Opfer aus ganz normalen Familien vor der Schule, in Jugendtreffs oder in sozialen Netzwerken. Akzeptierst du ihre Freundschaftsanfrage zum Beispiel bei Insta, können sie dein ganzes Profil einsehen, wenn es öffentlich ist. Dadurch erhalten sie jede Menge für sie nützliche Informationen über dich.

Sie freunden sich zum Schein meist mit minderjährigen Mädchen, aber auch (seltener) Jungs an und täuschen ihnen eine normale Liebesbeziehung vor. Nach und nach entfremden sie ihr Opfer von seiner Familie und seinem Freundeskreis. Dann beginnt der Loverboy, Sex mit ihr oder ihm zu haben und holt schließlich sogenannte »Freunde« dazu. Manche Opfer werden auch direkt vergewaltigt. Werden Bilder davon gemacht, ist das Opfer erpressbar. Mitunter drohen sie, seinen Geschwistern etwas anzutun oder sie werden von Drogen abhängig gemacht. Teils täuscht der Loverboy eine Notlage oder ein Schuldenproblem vor und schlägt vor, dass sein Opfer als »Lösung« dafür »anschaffen geht«, also mit anderen gegen Geld Sex hat. Anfangs nur einige Male, dann immer häufiger, täglich, mehrmals täglich, manchmal sogar während Freistunden in der Schule. Das verdiente Geld muss das Opfer an den Loverboy abgeben oder er kassiert direkt bei den »Kunden« ab.

Klartext

Jeder Loverboy hat seine eigene Masche. Sie alle haben gemeinsam, dass sie ihre Opfer nicht lieben, sondern ausbeuten!

Viele Opfer von Loverboys verschwinden irgendwann für Außenstehende spurlos. Verzweifelte Eltern haben kaum eine Chance, ihre Kinder wiederzufinden. Sie werden in Bordellen zum Teil im Ausland sexuell ausgenutzt. In Bordellen bieten Sexarbeiter oder Prostituierte Sex gegen Geld an. Werden sie dazu gezwungen, spricht man von sexueller Ausbeutung und Menschenhandel.[116] Dies ist in Deutschland eine Straftat.[117] Personen, die andere sexuell ausbeuten und an ihnen verdienen, nennt man Zuhälter. Andere Begriffe für Bordell sind beispielsweise Freudenhaus, Eroscenter oder Saunaclub.

Betroffene sind meist sehr beschämt, auf diese Masche hereingefallen zu sein, und schaffen den Ausstieg nicht allein. Sie sind teils emotional vom Loverboy abhängig, wollen ihrem »Vorbild« gefallen oder werden mit Hilfe von Drogen gefügig gemacht.

Was viele nicht wissen: Auch Jungen können Opfer von Loverboys werden![118] Selbst wenn die Mehrzahl der Opfer Mädchen sind – manche Jungs werden direkt sexuell ausgebeutet, andere werden eingesetzt, um Mädchen für die Loverboys zu kontaktieren, teils ohne zu wissen wofür. Andere werden gezwungen, Drogen oder Waffen zu transportieren.

Weitere Informationen gibt es hier:
https://liebe-ohne-zwang.de/de/loverboys

Alles über Sex

Wer, wie, was, wieso, weshalb, warum – wer nicht fragt bleibt ... – stumm! Weder verdient es Sex, ein Tabu-Thema zu bleiben, noch du, auf heimliche und unzuverlässliche Quellen angewiesen zu sein. In diesem Kapitel sprechen wir bewusst Klartext zum Thema Sex!

Wozu gibt es überhaupt Sex?

Die Antwort auf die Frage, wozu Sex da ist, fällt oft sehr unterschiedlich aus. Oft kommt Kindern gegenüber als erstes die unverfängliche Antwort: zum Kinderkriegen. Doch wenn Eltern dazu nicht mehr erklären, rechnen manche Kids in ihrer eigenen Logik: »Wenn das so ist ... Wir sind vier Geschwister – also hatten unsere Eltern vier Mal Sex.« Doch Sex ist keine Grundschulmathematik und Fortpflanzung nur ein Aspekt von Sexualität.

Klartext

Sex nur auf Fortpflanzung zu reduzieren, wäre in etwa so, als wenn du dein Smartphone nur zum Telefonieren nutzt. Das war natürlich mal die Kernfunktion des Ganzen ... Praktisch gesehen wurden die Geräte aber für viele andere Funktionen entwickelt (Telefon, Wecker, Fotos, Messages, zahlreiche Apps, Spiele, Musik ...).

Sex ist zudem auch eine Möglichkeit, wie Erwachsene sich ihre Liebe auf den Ebenen Körper, Seele und Geist zeigen – und dabei nicht nur körperlich zu verstehen: »Hauptsache gut geturnt und eine gute Figur im Bett abgegeben ...«,sondern Ausdrucksform einer tiefen, intimen Begegnung: Sex kann gute Gefühle machen, drückt Nähe und Vertrauen aus. So dicht lasse ich keinen anderen an mich heran. Sex kann Entspannung bewirken, einfach Spaß machen, lustvoll sein. In der Zeugung eines Kindes kann Sex der körperlichen Liebe zweier Menschen sogar eine Gestalt geben.

Gut zu wissen

Die Bibel übersetzt den ersten Geschlechtsverkehr mit den Worten »Adam erkannte seine Frau Eva und sie ward schwanger ...« (1. Mose 4,1)
Hebräisch-Experten betonen, dass die Bibel unter kennen ein tiefes praktisches Kennen versteht, nicht ein oberflächliches Kennen, wie wir es hier in

Deutschland oft verwenden: »Den kenne ich«, kann bei uns auch heißen, »Den habe ich schon mal gesehen, wohnt der nicht in der Nähe?«
Einige Bedeutungen des hebräischen Wortes, das an dieser Stelle benutzt wird – yada – sind: »Anerkennen, Bekanntschaft, Kenntnis, Umgang haben, entdecken, fühlen, sorgsam sein, wahrnehmen, unterscheiden, über etwas verfügen, vertrauter Freund, und vieles andere mehr.«[119]
»›Yada‹ bedeutet ein tiefes, praktisches (im Gegensatz zum theoretischen) miteinander Vertrautwerden und -sein. Es geht weit über das eigentliche Sexualleben hinaus. Es ist ein Vertrautsein mit den Stärken und Schwächen des Partners in einem gemeinsamen Bund, in dem man sich sicher sein kann, dass diese intime Vertrautheit nicht missbraucht wird.«[120]

Braucht Sex einen »Schutzraum«?

Und wenn ja, wäre dieser Schutzraum die Ehe? Oder anders gefragt: Ist Sex in der Ehe besser aufgehoben als in anderen Beziehungen? Im christlichen Kontext begegnet einem häufig die Aussage, mit dem Sex solle man bis zur Ehe warten. »Ein Mann wird Vater und Mutter verlassen, sich an seine Frau binden und dann mit ihr zu einer neuen Familieneinheit werden.« (Vgl. 1. Mose 2,24) Tatsächlich machte man früher in Israel, ähnlich wie heute hier, seine Ehe vor den Mitmenschen öffentlich. Damals gehörte Sex in den »Rahmen« der Ehe.

Heute, bei uns in Deutschland, gibt es keine Gesetze, die das vorschreiben. In jedem Fall ist eine Ehe eine offizielle Angelegenheit. Sie erhöht die Verbindlichkeit der daran Beteiligten. Die Lebenswirklichkeit unserer Gesellschaft allerdings besteht oft aus »Lebensabschnittsgefährten«. Eine Verbindlichkeit »... bis dass der Tod uns scheidet« erscheint vielen wie ein verstaubtes Relikt aus alten Zeiten. Die Scheidungsrate ist hoch, Christen wie Nichtchristen scheitern in ihren Ehen.

Ein gängiger **Mythos:** Wenn man sich nur richtig liebt/den richtigen Lebenspartner gefunden hat, versteht man sich in der Ehe bestens.

Fakt: Ehe ist kein Spaziergang, bei dem alles von selbst läuft. Konflikte kommen in allen Ehen vor. Weil jeder darin an seine eigenen Lernfelder kommt, hilft die Ehe sogar sich weiterzuentwickeln. Sie erfordert Investitionen von beiden Seiten. Ehe ist von der Grundidee Team-Work, Anpassung, eigene Persönlichkeitsentwicklung und eine verbindliche Bindung an den Partner oder die Partnerin. Wenn beide Partner sich konsequent dazu stellen, hat Ehe auch heutzutage richtig gute Chancen.

Tipp: Vielleicht hast du das selbst schon schmerzlich erfahren, wenn die Ehe deiner Eltern gescheitert ist oder zu scheitern droht und du zwischen die Beziehungsfronten gerätst. Wenn Erwachsene Stress haben, neigen Kids dazu, die Schuld bei sich zu suchen. Doch für das Gelingen ihrer Beziehung sind deine Eltern in allererster Linie selbst verantwortlich. Du brauchst (und kannst) ihre Ehe nicht retten. Wenn ihre Trennung oder Scheidung dir Not macht, suche dir eine neutrale Vertrauensperson, mit der du sprechen kannst (▶ Hilfsadressen im Anhang). Begib dich nach Möglichkeit nicht auf das Kampffeld deiner Eltern. Langfristig wäre es wünschenswert, dass du zu beiden eine gute Beziehung haben kannst – auch wenn das aktuell schwer vorstellbar ist. Mit der Zeit kann sich das aber auch verändern.

Spricht etwas dafür, mit dem Sex bis zur Ehe zu warten?

Sex ist die größtmögliche Nähe, die man zu einem anderen Menschen haben kann. Berater weisen darauf hin, dass intime Begegnungen in der Sexualität zwischen den Partnern eine Bindung schaffen.[121] Verbindlichkeit kann allen Beteiligten Schutz und Sicherheit geben, zum Beispiel ein geringeres Risiko für sexuell übertragbare Krankheiten, Schutz vor »beziehungsvergiftenden Vergleichen«, aber auch für ein möglicherweise dabei gezeugtes Kind! Deshalb hat Sex auch immer mit Verantwortung zu tun. All das spricht für Sex in einem festen Beziehungskontext. Dieser »feste Beziehungskontext« ist oft Definitionssache und gerät schnell an seine Grenzen, wenn es um Mietverträge, Bankkonten und Lebensentscheidungen geht. Eine Heirat nimmt die Herausforderungen des Lebens nicht weg, doch ich habe damit jemanden an der Seite, der mir rechtlich zusichert – wie auch ich ihm: »Wir zwei gehen diesen Weg verbindlich auf Dauer gemeinsam.«

Klartext

Manche hören es als Verbot und halten Gott für einen Spaßverderber. Doch Gott kennt uns und meint es gut mit uns. Ob er uns mit diesem schützenden Rahmen nicht eher eine Art Leitplanke geben will, damit wir mit unserer Liebe nicht im Straßengraben landen?

Aus dieser Perspektive, und auch aus der Perspektive der Paar- und Sexualberatung, spricht auch heute noch sehr viel für Sex in der Ehe und für die Ehe an sich. Auch wenn die Ehe kein Heile-Welt-Paradies ist, in dem nichts mehr schiefläuft, und auch diese Beziehung sehr wohl gepflegt und gestaltet werden will!

Tipp: Hast du dir schon Gedanken über Sex vor oder in der Ehe gemacht? Wie gehst du mit dieser Frage um?
Absolute Verbote verhindern nicht, dass Menschen tun, was sie wollen und für richtig halten. Zu eigenen Entscheidungen zu stehen ist Teil des Erwachsenwerdens und Erwachsenseins. Und manchmal bewertet man Entscheidungen rückblickend auch als nicht so gut oder zahlt »Lehrgeld«.
Voreilige Entscheidungen in Sachen Sex kannst du nicht hinterher ungeschehen machen. Darum geh umsichtig mit dir um. Schütze dich, wo es nötig ist. Du bist wertvoll, auch mit deiner Sexualität. Respektiere dabei aber auch die Grenzen anderer! Übereile nichts und lass dir die Gedanken zu diesem Kapitel in Ruhe durch den Kopf gehen.

Sex – das »Erste Mal«

Der »beste« Zeitpunkt für den ersten Sex wird von verschiedenen Menschen total unterschiedlich gesehen: Manche sagen, nur mit festem Freund, andere meinen man sollte »nicht zu jung« sein oder sogar volljährig oder Sex nur haben, wenn man verheiratet ist. Wieder andere ziehen ihr Bauchgefühl zu Rate (was angesichts der verrücktspielenden Botenstoffe und des Bauchkribbelns als sehr drängend und intensiv erlebt werden kann).

Zunächst mal muss klar sein: Es gibt kein Verfallsdatum, bis zu dem du Sex gehabt haben müsstest! Das Erste Mal gibt es wie Hochzeiten in allen Lebensjahrzehnten.

Tipp: Sei ermutigt, dazu deine eigene, gut durchdachte Position zu finden, und nicht die Meinung anderer zu kopieren! Immerhin es geht um **dein** Erstes Mal und damit um etwas Besonders. Das Erste Mal ist kein Film, bei dem du unter dem Motto »Klappe, die zweite« mit einem oder verschiedenen Partnern mehrere Versuche startest, um dann die beste Aufnahme zu behalten.

Was ist am »Ersten Mal« so besonders?

Manche Menschen denken, beim Ersten Mal sei der Sex am allerschönsten, besonders, wenn beide damit aufeinander gewartet haben, wie eine Art Belohnung dafür. Doch die hat niemand ausgeschrieben. Ja, das Erste Mal ist besonders und nicht zu reduzieren auf eine rein körperliche »Übung«. Der Mann führt seinen Penis immerhin in den Körperinnenraum der Frau ein. Er kommt dieser Frau so nah wie bisher niemand anderes. Beide zeigen sich einander umfassend, ohne schützende Hüllen. Das erfordert viel Vertrauen, ist wie aufs Eis gehen und schauen, ob es trägt. Und zugleich ist es erst der Beginn eines *gemeinsamen* sexuellen Entwicklungsprozesses.

→ Beide sollten sich zuvor über ihre Erwartungen im Klaren sein, damit es nicht zu einer Ent-Täuschung (= Aufdecken einer Täuschung) kommt. Was positiv ist, wenn sich dadurch Klarheit einstellt und was zugleich richtig weh tun kann, wenn es sich um eine Illusion handelte.

Klartext

Wenn man sich zum Beispiel denkt: »Ich kaufe doch nicht die Katze im Sack! Bevor ich mich ganz auf diese Person einlasse, will ich testen, ob der Sex auch klappt«, geht man davon aus, das erste Mal Sex sei »repräsentativ« dafür, wie sich Sexualität weiterentwickelt. Doch beim gemeinsamen Sex lernt man sich erst kennen, beide Lerngeschichten (▶ Ein paar Worte zur Lerngeschichte) verknüpfen sich nach und nach. Verliebtheitsgefühle, viel durch Botenstoffe (Bauchkribbeln) gesteuert, wandeln sich zu reiferer Liebe, die eine Beziehung langfristig trägt. **Liebe ist die Entscheidung, sich gegenseitig anzunehmen, mit Fehlern und Schwächen, ohne diese einzuzementieren.** Stattdessen macht man deutlich: Wir beide sind nicht perfekt, arbeiten an uns und halten uns in diesem Prozess gegenseitig aus. Wir schätzen und achten uns. Und natürlich ist Liebe keine reine Sachentscheidung, sondern eine Entscheidung für einen ganz besonderen Menschen. Wir werden zu einer neuen Einheit.

Als weiteres Argument für das »Testen« vor der Bindung wird mitunter die sehr technische Frage, ob Penis und Scheide anatomisch ineinanderpassen, erwähnt. Da die Scheide sehr dehnbar ist (zur Geburt bis 10 cm! So breit ist kein erigierter Penis!), ist das aber langfristig kein Problem. Doch: Anfangs ist die Scheide der Frau von Natur aus schmal und muss sich erst auf den Penis »einstellen«. Oft wissen beide nicht, welche Bewegungen oder Positionen hilfreicher oder schwieriger sind oder wie der Penis steif bleibt. Daher ist es normal, wenn es beim ersten Versuch nicht direkt ganz einfach klappt.

Tipp: Nicht wenige Personen fühlen sich bei solchen Worten oder Forderungen ihres Partners nach Sex zum Austesten »wie auf dem Prüfstand«. Unter dem Motto: »Wenn ich gut ›funktioniere‹, bestehe ich die Prüfung. Sonst werde ich ausgetauscht oder abserviert.«
Lass dich nicht unter Druck setzen. Die Entscheidung für dein Erstes Mal solltest du niemals aus Zugzwang treffen, »weil jemand es verlangt oder mich sonst vielleicht verlässt«. Du bist wertvoll und darfst deine Entscheidungen aus freiem Willen treffen.

Scheiden- & Penisgröße

Wenn der Penis (▶ Äußere und innere männliche Geschlechtsorgane) steif wird und in die Scheide der Frau eingeführt werden kann, ist selbst ein kleinerer Penis breiter als die Scheide anfangs weit ist. Dies bedeutet für das Erste Mal (▶ Sex – das Erste Mal), dass man beim Einführen des Penis vorsichtig vorgehen sollte, damit es der Frau nicht weh tut.

Für den Sex sind andere Faktoren viel wichtiger als die Penisgröße (▶ Welche Rolle spielt »seine« Größe?): etwa das Vorspiel (▶ Was genau ist Sex?) und damit die ausreichende Vorbereitung des Körpers für den Sex, die Bildung von körpereigenem Gleitmittel bei der Frau (▶ Bartholini-Drüsen) – und auch die Festigkeit ihrer Beckenbodenmuskulatur. Damit kann die Scheide beim Sex aktiv angespannt werden und so zusätzlich zu schönen, lustvollen Gefühlen beitragen.

Typische Herausforderungen der Frau: »Ist die Scheide weit genug?«; »Wie groß ist so ein erigierter Penis eigentlich? Und wird das passen?« »Hoffentlich tut es mir nicht weh!« Typische Herausforderung für den Mann: »Hält die ▶ Erektion?«; »Wo genau muss der Penis eingeführt werden und wie stelle ich sicher, dass ich nicht zu früh komme?« (▶ Vorzeitiger Samenerguss); »Hoffentlich tut es ihr nicht weh!«

Häufig finden beide von alleine ihren Weg. Aber ja, es kommt vor: Manchmal ist das Missverhältnis zwischen der schmalen Scheide und dem erigierten Penis anfangs sogar so stark, dass noch kein Sex gelingt, obwohl beide es möchten (= nicht vollzogener Geschlechtsverkehr). Die Ursachen können körperlicher oder psychischer Natur sein. Und das kann an ihm oder ihr liegen! Manchen hilft es, sich selbst und einander geduldig besser kennenzulernen. Kommt das Paar damit allein nicht weiter, ist es ratsam, sich frühzeitig professionelle Hilfe in der Sexualberatung zu suchen (und nicht bei vermeintlich »einfachen Lösungen«, etwa einer mitunter rasch angebotenen Intimoperation bei der Frau. Diese ist nur extrem selten bei anatomischen Fehlbildungen angezeigt!). Auch deshalb eignet sich ein erstes Mal nicht zum »Austesten«!

Gedanken vor dem »Ersten Mal«

Willst du es jetzt? Beim Sex kommst du der Person näher als irgendjemand anderem. In der Ehe ist so eine große Nähe Sinn der Sache.
Wenn du nicht verheiratet bist, habt ihr keinen Schutzraum, zum Beispiel, falls du schwanger wirst. Wie fest ist eure Beziehung? Kommst du damit klar, wenn sie wieder auseinandergeht? Oder möchtest du bis zur Ehe zu warten? Mit jedem Partner prägst du deine sexuelle Lerngeschichte.

Wollen beide? Beide Partner sollten sich sicher sein, dass sie miteinander schlafen wollen. Keiner sollte es nur dem anderen zuliebe mitmachen oder den anderen unter Druck setzen, um seinen persönlichen Lustgewinn zu haben.

Was wollen beide? Das Einverständnis, miteinander zu schlafen, ist nicht gleichzeitig der Freibrief, mit dem anderen jetzt alles auszuprobieren, was einem gerade so in den Sinn kommt. Was sie dabei tun, sollte grundsätzlich für beide okay sein. Sie müssen es nicht immer gleichermaßen gut finden, probieren vielleicht manches nur einmal aus.
Bleibt im Gespräch, dein Gegenüber kann nicht raten, was du problematisch findest. Wenn ihr darüber nicht gut reden könnt, ist es vielleicht besser noch zu warten, zuerst eine gemeinsame Sprache dafür zu finden.

Empfängnisregelung! Verständigt euch grundsätzlich darüber, ob Empfängnisregelung (▶ Wissenswertes zum Thema Empfängnisregelung) dran ist, und wer sich darum kümmert. Setz nicht voraus, dass der andere dran denkt! Die gewählte Methode sollte beiden sicher genug sein und sie sollten genug Wissen haben, um sie sicher anwenden zu können. Keine Methode gibt hundertprozentige Sicherheit. Es gibt immer ein Restrisiko.

Verantwortung! Beide sollten für mögliche Folgen der intimen Gemeinschaft Verantwortung tragen, d. h. für den Schutz vor ▶ Sexuell übertragbaren Krankheiten (Safer Sex/Kondom) und möglicherweise für ein gezeugtes Kind (▶ Ungeplante Schwangerschaft)

Sexuell übertragbare Krankheiten kann man sich bei jedem Sex holen. **Auch beim Ersten Mal!** Safer Sex, »sicherer Sex« mit Kondom (▶ Wissenswertes zum Thema Empfängnisregelung) ist besonders dann wichtig, wenn einer von beiden oder beide schon mit anderen Partnern geschlafen haben. Auch Kondome schützen nur bedingt vor sexuell übertragbaren Krankheiten! Man kann sich bereits beim Vorspiel anstecken, beim Petting (▶ Was genau ist Sex?) oder wenn der Penis noch nicht so fest ist, dass der Mann das Kondom anziehen kann.

Vertrauen! Es ist ganz normal, wenn man vor seinem Ersten Mal unsicher oder aufgeregt ist oder sogar etwas Angst hat. Ganz wichtig ist daher die Sicherheit: »Nichts passiert gegen den eigenen Willen!«

Ort und Zeit? Damit man sich unnötigen Stress erspart, sollte es für beide ein sicherer und schöner Ort sein – ohne die Angst, gestört, gehört oder gesehen zu werden. Um den Stress zu reduzieren (die Aufregung ist schon groß genug!), ist genügend Zeit hilfreich. Reichlich Alkoholkonsum und feiern bis zum Morgengrauen haben schon manchem Paar die Hochzeitsnacht verdorben. Seid clever, plant euer Erstes Mal mit guten Randbedingungen – vielleicht auch erst am Tag nach der Hochzeit?!

Geduld! Auch wenn man sich »gut vorbereitet« hat, kann das Erste Mal anders sein, als man es sich vorgestellt hat. Stress und Leistungsdruck können die Lust nehmen, Angst und Nervosität sind auch nicht unbedingt hilfreich. Wenn man nicht richtig entspannen kann, hilft es mitunter, das Erste Mal zu vertagen, eine Runde spazieren zu gehen und es später noch mal zu versuchen ... Wichtig ist, dass beide lernen, miteinander über Sex ins Gespräch zu kommen.

Schmerzen? Etwa 80 Prozent der Mädchen oder Frauen spürten bei ihrem Ersten Mal ein Enge- oder Spannungsgefühl, einige sogar Schmerzen. Das ist normal und kann daran liegen, dass man beim Ersten Mal noch nicht weiß, wann und wie die Frau körpereigenes Gleitmittel bildet (kann durch Trockenheit ausgelöste Schmerzen verhindern) oder wann der richtige Zeitpunkt zum Einführen des Penis ist. Sei ermutigt, deinem Partner Feedback zu geben. Sonst kann er nur raten, ob es gerade für dich okay ist oder ob es dir weh tut. Manchmal ist es hilfreich, dass er sich zwischendrin mal nicht bewegt. Sprecht vorher darüber, wie ihr damit umgehen möchtet.

Blutung? *Eine Blutung muss nicht zwangsläufig auftreten!* Wenn das Hymen (▶ Innere Geschlechtsorgane) beim Ersten Mal zur Seite hin gedehnt wird, *kann* eine kleine, meist harmlose Blutung auftreten. Wenn das Gewebe der Frau sehr elastisch ist, ihr Hymen von Geburt an fehlte oder sie regelmäßig Tampons bzw. Menstruationstassen benutzte, kommt es meist zu keiner Blutung.

Tipp: Sollte es beim Ersten Mal etwas mehr bluten, drückt eine Ecke eines frischen Papiertaschentuchs auf die Stelle, bis die Blutung steht. Löst das Taschentuch erst am nächsten Tag vorsichtig mit warmem Wasser ab. Nicht abreißen, sonst geht die Stelle wieder auf! Falls der Taschentuchtrick nicht hilft, ist eine Frauenärztin bzw. am Wochenende der Notdienst im Krankenhaus ansprechbar. Das muss keinem peinlich sein! Starke Blutungen kommen äußerst selten vor. Ich, Ute, habe im Krankenhaus in sechs Jahren nur ein einziges Paar gesehen, das sich dazu Rat holte und dann rasch wieder gehen konnte.

Was genau ist Sex?

Klartext

Bevor wir hier weiter ins Detail gehen, einige Gedanken vorab aus der Erfahrung meiner (Ute) Schulprojekte: Sexualität ist **eine** Art, wie Erwachsene sich ihre Liebe zeigen. Je nach Prägung durch ihre eigene Lerngeschichte wirkt allein die Vorstellung, dass Erwachsene Sex haben, auf Kids oder Teens oft total schräg und abgefahren, manchmal sogar richtig eklig. Wenn dir das so geht, mach dir klar, dass es hier im Buch zunächst nur darum geht zu verstehen, was Sex ist, und nicht darum, sofort Dinge praktisch auszutesten. Dein Denken und Empfinden werden sich wahrscheinlich auch noch auf deinem Weg ins Erwachsensein verändern.

Und Vorsicht – wenn du Erwachsene für das Ausleben von Sexualität stark verurteilst und dir vornimmst, auf keinen Fall jemals so etwas zu machen, kann es schwierig sein, deine eigene Sexualität einmal unbeschwert zu entdecken. Das Anschauen von Pornofilmen (▶ Pornografie) macht die Sache daher nicht gerade leichter, sondern eher noch viel schwieriger. Diese Fantasiegeschichten für Erwachsene vermitteln oft ein schräges und ekelhaftes Bild von Sex, das die eigene Entdeckerfreude sehr trüben kann. Daher enge deinen späteren Handlungsspielraum nicht unnötig ein. Überleg dir in Ruhe, wie du damit umgehen möchtest. Immerhin gibt es auch andere Dinge, die du als Kind noch nicht verstehst, die aber für Erwachsene normal sind.

Tipp: Wenn es für dich dran ist, dich näher mit Sexualität zu beschäftigen, lies weiter und verbuch »Merkwürdiges« unter »Infomaterial, muss ich jetzt noch nicht nachvollziehen können« – falls es noch nicht dran ist, leg das ganze Kapitel erst einmal beiseite und schau später wieder rein, wenn es für dich besser zu handhaben oder der richtige Zeitpunkt ist.

Disclaimer

In diesem Kapitel »Was genau ist Sex?« gehen wir bewusst ins Detail. Denn auf diesem Gebiet gibt es – geprägt durch kursierende Halbwahrheiten und pornografische Filme – leider jede Menge Fehlinfos und ungute Erwartungshaltungen. Sie erschweren den Start in die Sexualität oft erheblich. Manche stellen fest: »Das klappt alles nicht so, wie ich es gehört oder gesehen habe. Ich bin wohl verkehrt!« Deshalb kann das Klarstellen von Fehlinformationen ehrlich erleichternd sein und deutlich machen: Das Problem liegt nicht bei einem selbst.

Für andere kann dieser Klartext inhaltlich jedoch schon viel zu viel sein. Kein Leser gleicht dem anderen. Darum hör gut in dich rein, wo du gerade stehst und was du jetzt gern lesen/wissen möchtest. Es läuft dir nichts weg, wenn du hier erst später weiterliest.

Sexuelle Liebe ist viel mehr als der eigentliche »Penis-Scheide-Geschlechtsverkehr«. Ganz viele verschiedene Verhaltensweisen, mit denen Erwachsene sich ihre Liebe zeigen, kann man unter diesem Begriff zusammenfassen.

Und ab wann spricht man überhaupt von Sex? Bei einer starken erotischen Anziehung zwischen zwei Menschen kann schon eine Berührung ein Feuerwerk der Gefühle auslösen. Berührungen werden von Mensch zu Mensch sehr unterschiedlich wahrgenommen. Bereiche des Körpers, die besonders erregbar sind und sexuelle Lust hervorrufen oder verstärken können, nennt man *erogene Zonen*. Diese sind von Person zu Person und von Zeit zu Zeit verschieden. Manche Frauen werden gern am Hals gestreichelt oder geküsst, andere mögen dies lieber an der Brust, Männer am Penis oder am Brustkorb. Diese beispielhaft erwähnten erogenen Zonen sind überhaupt nicht absolut zu sehen. Es geht darum zu schauen, was man selbst mag und was dem anderen gefällt.

Gut zu wissen

Berührungen in diesen Bereichen können bei fehlender sexueller Lust als unangenehm, teils schmerzhaft und sogar übergriffig wahrgenommen werden!

Mythos: Es gibt sogenannte Super-Orgasmus-Punkte, die bei Stimulation ein krasses sexuelles Lustgefühl hervorrufen und das Erleben des Höhepunkts verstärken.

Fakt: Ja, in Körperbereichen mit sogenannten erogenen Zonen gibt es viele Nervenverbindungen. Ob und wenn ja wie stark oder angenehm diese von Person zu Person wahrgenommen werden, ist absolut individuell und überhaupt kein Automatismus! Eine erogene Zone ist kein Schalter, der automatisch eine bestimmte Reaktion auslöst.

Intensive körperliche Berührungen, bei denen neben den erogenen Zonen vor allem die Geschlechtsorgane mit dem Ziel sexueller Erregung stimuliert werden, bezeichnet man als **Petting** oder auch Rummachen oder Fummeln. Die Partner entscheiden, ob sie sich zum Petting ausziehen, ihre Sachen zum Teil oder komplett anlassen. Neben sexueller Erregung hat Petting oft bei einem oder beiden einen *Orgasmus* (= Höhepunkt) als Ziel.

Klartext

Denk daran, dass man beim Petting intensivste sexuelle Lernerfahrungen sammelt und damit die eigene sexuelle Lerngeschichte sehr prägt, auch wenn es nicht zum eigentlichen Penis-Scheide-Geschlechtsverkehr kommt. Gelangen Spermien zum Beispiel beim Fingern (Reizen der Scheide mit den Fingern) an oder in den Scheideneingang, kann die Frau sogar durch Petting schwanger werden.

Die Formulierung »miteinander schlafen« ist wie »Liebe machen« oder »zusammen ins Bett gehen« ein eher umschreibender Begriff, um den Sex nicht direkt beim Namen zu nennen. Koitus, Geschlechtsakt oder Geschlechtsverkehr ist der Fachbegriff und neutrale Ausdruck dafür Umgangssprachlich gibt es darüber hinaus noch eine ganze Reihe anderer Begriffe, die mehr oder weniger abwertend gebraucht bzw. empfunden werden, wie ficken oder bumsen, vögeln. Ein ziemlich bekanntes Wort ist auch poppen. Es hängt sehr vom Kontext und der eigenen Lerngeschichte ab, welche Begriffe wir verwenden. Als Paar ist es gut, eine eigene, gemeinsame und vor allem von beiden als wertschätzend empfundene Sprache zu entwickeln. Übrigens – die Steifheit des Penis hält nicht so lange an, dass man in der Position bei eingeführtem Penis in der Scheide der Frau einschlafen und stundenlang so liegen könnte.

Klartext

Wie auch immer du es nennst – beim Geschlechtsverkehr hat man zu einem anderen Menschen die größtmögliche Nähe überhaupt. Keine schützende Schicht (so wie sonst auf unserer Außenhaut) ist mehr dazwischen. Beim Sex verschwimmen daher quasi Körpergrenzen. Die Bibel spricht sogar davon, dass Ehepaare **eins** werden (1. Mose 2,24). Sie bilden eine neue Familieneinheit. Wenn ein Kind gezeugt wird, aus der Hälfte der männlichen und weiblichen Erbinformation, entsteht aus dieser Einheit ganz real eine neue Person. Der Mann führt den Penis aktiv in den Körperinnenraum der Frau ein. Das erfordert viel Vertrauen. Wichtig ist für beide deshalb die Sicherheit, dass nichts geschieht, was man nicht möchte. Daher ist eine wichtige Spielregel, dass alles, was man tut, für beide okay sein sollte.

Klartext

Immer wieder begegnen mir, Ute, Paare, die sagen, dass sie eigentlich mit dem Sex bis zur Ehe warten wollten. Im intensiven Petting sind sie dann immer weitergegangen und haben nicht selten bis auf den Penis-Scheide-Verkehr schon alles Mögliche miteinander erlebt, wie zum Beispiel ▶ Oralsex, ▶ Analsex oder das Ausprobieren verschiedener ▶ Sexspielzeuge. Damit haben sie sich sexuell bereits sehr intensiv kennengelernt und fragen sich dann selbst, was jetzt eigentlich noch so besonders übrigbleibt, und ob sie die Definition von »kein Sex vor der Ehe« nicht hätten genauer eingrenzen sollen. Wenn es dir wichtig ist, bis zur Ehe mit dem Sex zu warten, sei zu dir und deinem Partner ehrlich. Ob es dir nun aus persönlichen psychologischen oder religiösen Gründen wichtig ist, etwa wegen der Frage nach der Verbindlichkeit und dem Vertrauen: Steh zu deinen Überzeugungen und wirf sie nicht einfach für jemand anderen über Bord. Überlege dir gut, welche Grenzen dir wichtig sind, und untergrabe deine Entscheidung nicht selbst, indem du sie ständig dehnst und überschreitest. Genauso wenig sinnvoll ist es aber auch, anderen etwas vorzumachen, hinter dem du nicht stehst – also so zu tun, als würdet ihr bis zur Ehe warten, obwohl schon munter ausprobiert wird ...

Rund um das Thema Sexualität sind dir womöglich bereits viele verschiedene Begriffe begegnet, die hier kurz erklärt werden:

Vorspiel

Ist das Ziel des Pettings der Penis-Scheide-Geschlechtsverkehr, bezeichnet man es auch als *Vorspiel*.

Das Vorspiel geht dem eigentlichen Geschlechtsverkehr voraus, dient dazu, die Erregung zu steigern und sich auf den gemeinsamen Sex einzustimmen. Gleichzeitig bereit sich der Körper auf den Sex vor und setzt bei der Frau mit steigender Erregung aus den ▶ Bartholini-Drüsen in der Nähe des Scheideneingangs ein körpereigenes Gleitmittel frei. Das ist eine wichtige Voraussetzung dafür, dass es schön ist, miteinander zu schlafen und nicht schmerzt, wenn der Penis in die Scheide eingeführt und dort bewegt wird. Fehlt das Gleitmittel oder ist die Scheide zu trocken, tut es weh! Ist das Vorspiel lang genug, benötigt man meist kein zusätzliches Gleitgel. Ist mal nicht ausreichend natürliches Gleitmittel da, etwa, weil sich durch ein Kondom der Scheideneingangsbereich schneller trocken anfühlt, kann man Gleitgel verwenden, das in Drogeriemärkten, Apotheken oder online erhältlich ist.

Jeder Mensch findet beim Vorspiel unterschiedliche Sachen schön, so dass man keine allgemeinen Regeln für ein gutes Vorspiel aufstellen kann. Beide sollten sich damit wohl fühlen und den Mut haben anzusprechen, was sie sich wünschen.

Ist die Frau durch das vorausgegangene Vorspiel/Kuscheln erregt, schwellen ihre Genitallippen und die Klitoris etwas an. Das Befeuchten des Scheideneingangs mit körpereigenem Gleitmittel dauert jedes Mal unterschiedlich lang. Das Reizen der Brustwarzen oder der Klitoris kann die sexuelle Erregung der Frau steigern. Denn dabei werden Botenstoffe ausgeschüttet, die den Höhepunkt der Frau unterstützen. Doch Vorsicht: Ein Zuviel in diesem Bereich kann das Gegenteil auslösen. Darum achte gut auf dein Bedürfnis und teile dich deinem Partner mit. Wenn der Mann sexuell erregt ist, wird sein Glied steif und es richtet sich auf. Bei jungen Männern startet die Erregung oft recht schnell durch. Ist er schneller als sie, ist es entscheidend, dass die Frau im Wechselspiel mit ihrem Partner herausfindet, was ihr guttut, was sie mag, und dass sie Feedback gibt, wenn ihr etwas zu viel oder unangenehm wird. Er kann das nicht erraten – oder aus vorherigen sexuellen Begegnungen ableiten.

»Früher begann mein Mann auch aufgrund seiner Vorerfahrungen mit Pornos beim Sex meist direkt damit, meine Brustwarzen zu reizen. Wenn ich mich noch nicht richtig auf den Sex eingestellt hatte und angekommen war, empfand ich das als sehr unangenehm und ›way too much‹. Die ersten Male habe ich es irgendwie ertragen, auch weil ich damals total sprachunfähig war. Bald hatte ich keine Lust mehr auf unser intimes Zusammensein und jedes Mal Sorge, dass es wieder so wird. Ich zog mich immer mehr zurück.«

Das »**Vorspiel**« ist ein gegenseitiges Wechselspiel, das die Erregung beider steigern und zum Höhepunkt führen *kann.* Es hat aber auch den eigenen Zweck, einander zu genießen, intime Zeit miteinander zu verbringen, gegenseitig auf die Bedürfnisse einzugehen.

Vaginalverkehr

Vaginaler Verkehr (Vagina = die Scheide) ist ein anderer Ausdruck für Penis-Scheide-Geschlechtsverkehr. Wenn die Frau bereit ist, kann sie den Mann einladen, seinen Penis in ihre Scheide hinein einzuführen. Durch Bewegung können beide das Lustgefühl steigern. Dies *kann* bei beiden Partnern bis zum Höhepunkt führen, tut es aber nicht zwangsläufig, wie wir gleich noch sehen werden. Je nachdem, wie man sich gerade bewegt oder wie man liegt, ist es unterschiedlich, wie tief der Penis in die Scheide eindringt, wie sehr die Klitoris mit gereizt wird, wie schnell der Mann seinen Samenerguss hat oder ob sich beide Partner ansehen, küssen oder umarmen können.

Mythos: Sex ist nur dann »richtig«, wenn Penis-Scheide-Verkehr stattgefunden hat (und beide zum Höhepunkt gekommen sind).

Fakt: Was für sie richtiger Sex ist, bestimmt jedes Paar selbst. Hauptsache sie feiern ihre intime Zweisamkeit, so wie es ihnen gefällt!

Stellungen

Stellungen nennt man die Positionen, in denen die Geschlechtspartner Sex haben. Ob einer oben oder unten liegt, ob man vielleicht sitzt oder steht, sich dabei anguckt oder nicht. Eine sehr bekannte Stellung ist die sogenannte »Missionarsstellung«. Dabei befindet sich der Mann vor der auf dem Rücken liegenden Frau und führt sein Glied von vorn in die Scheide ein. Der merkwürdige Name geht wohl auf eine Begriffsverwechslung zurück, nach der Missionare Einwohner anderer Länder gelehrt hätten, was sie unter »richtigem Sex« verstehen.[122] Das ist natürlich Quatsch!

Es gibt viele Bücher, Internetseiten und Pornofilme, in denen zahlreiche Stellungen mit teils akrobatischem Charakter gezeigt werden. Viele sind, sofern man nicht sehr gelenkig ist, unbequem oder so nicht nachzumachen. Andererseits ist ein wenig Abwechslung nie verkehrt, solange das Ganze nicht in Stress und Leistungssport abdriftet. Jedes Paar sollte für sich ausprobieren, was Spaß macht und woran beide die meiste Freude haben.

Oralverkehr

Beim **Oralverkehr** (Lat. os = der Mund) werden die Geschlechtsorgane des Partners mit dem Mundbereich stimuliert. Oralverkehr kann Teil der partnerschaftlichen Sexualität sein, wenn beide das gut finden. In manchen Beziehungen spielt Oralverkehr eine Rolle, in anderen überhaupt nicht. Dass vorherige gründliche Reinigen der Geschlechtsorgane und Zähne sollte selbstverständlich sein.

Beim Oralverkehr kann der Mann die Frau im Intimbereich mit dem Mund befriedigen (Cunnilingus) oder die Frau den Penis des Mannes in den Mund nehmen (Fellatio) und durch Bewegungen zum Höhepunkt führen.

Klartext

In vielen Pornofilmen wird sehr viel Wert auf Oralverkehr und vor allem auch darauf gelegt, dass der Mann im Mund der Frau zum Höhepunkt/zum Samenerguss kommt. Sperma an sich ist nicht gesundheitsschädlich (es sei denn, es enthält Krankheitserreger), und die Frau kann nicht schwanger werden, wenn sie den Samenerguss des Mannes schlucken würde.
Allerdings finden etliche Frauen die Vorstellung befremdlich oder sogar eklig. Nicht wenige fühlen sich von ihrem Partner oder anderweitig unter Druck gesetzt, dass dies doch »völlig normal« sei. Auch manche Männer lehnen es ab, die Frau oral zu befriedigen, weil es für sie unangenehm ist. Die vermeintliche und eingeforderte »Normalität« entstammt oft genau aus den vermittelten Inhalten der Pornofilme.

Umgangssprachlich sagt man oft dazu, dem Partner einen zu blasen, was dann als »Blow Job« bezeichnet wird. Schon der Begriff »Job« macht eine gewisse Haltung dahinter deutlich, die wenig partnerschaftlich und wertschätzend wirkt.

Manche Erwachsene, die Oralverkehr als Teil ihrer Sexualität sehen, vermeiden auch den Samenerguss im Mund der Frau, indem der Mann den Penis vor dem Höhepunkt hinausnimmt – oder sie verwenden ein Kondom, das den Samen auffängt.

Achtung! Auch beim Oralverkehr können sexuell übertragbare Krankheiten weitergegeben beziehungsweise Infektionskrankheiten (wie etwa Lippen-Herpes) in den Mundbereich oder in den Genitalbereich übertragen werden. Auf keinen Fall sollte man Oralsex haben, wenn ein frischer Lippenherpes vorliegt! Und auch wenn der Herpes nicht akut ausgebrochen ist, besteht ein gewisses Risiko, Herpes in den Genitalbereich zu übertragen.
Wie das ▶ Kondom teilweise vor sexuell übertragbaren Krankheiten schützt, kann beim Oralverkehr im Intimbereich der Frau ein spezielles Tuch (aus Latex oder latexfrei) zum Infektionsschutz Verwendung finden.

Klartext

Lass dir von Pornofilmen nicht das Drehbuch für deine Sexualität vorgeben. Oralsex gehört nur dann zu einer intimen Liebesbeziehung, wenn beide es wirklich möchten. Ihnen bricht kein Zacken aus der Krone, weil sie es nicht oder jetzt noch nicht machen. Egal bei welchem Thema: Überleg gut, was zu dir passt.

Analverkehr

Analverkehr (Lat. anus = der Darmausgang) ist eine Form des Geschlechtsverkehrs, bei dem der Penis in den After (Darmausgang) eingeführt wird. Meist kommt dies in homosexuellen Partnerschaften vor allem unter Männern oder als Sexualpraktik in Pornofilmen vor, teils aber auch in heterosexuellen Beziehungen, also zwischen Männern und Frauen. Gleichgeschlechtlich orientierte Frauen verwenden zum Teil dazu einen Dildo (Sexspielzeug, das der Form eines Penis nachempfunden ist).

Aus medizinischer Sicht ist Analverkehr nicht unproblematisch: Der After ist nicht für den Geschlechtsverkehr vorgesehen und weniger dehnbar als die Scheide. Eine Grundfunktion des Po-Ausgangs ist das Zurückhalten des Stuhlgangs, bis wir diesen auf der Toilette entleeren. Verletzungen beim Analverkehr können im Schließmuskelbereich und im Darm selbst auftreten und über die akute Situation hinaus langfristig Probleme hervorrufen: Schließt der Po-Ausgang nicht mehr richtig, können unfreiwillig Stuhlgang oder »Wind« abgehen.

Im Darm gibt es kein natürliches Gleitmittel. Seine Oberfläche ist noch empfindlicher als die der Scheide. Reibung ohne Gleitmittel erzeugt leichter Verletzungen. Daher sollte man beim Analverkehr auf jeden Fall ein Gleitgel benutzen und bei Schmerzen sofort aufhören!

Im Darm befinden sich unzählige Bakterien zur Verdauung unserer Nahrung. Im Intimbereich haben diese nichts zu suchen und können zu einer Entzündung führen. Daher ist das Benutzen eines Kondoms sehr sinnvoll. Fieber nach Analverkehr kann ein wichtiges Hinweiszeichen auf eine Darmverletzung sein. Diese kann zu einer gefährlichen Gewebeentzündung im Unterleib führen.

Keinesfalls darf man nach Analverkehr den ungesäuberten Penis in die Scheide einführen! Denn damit würden unzählige Krankheitserreger in die Scheide gelangen. Diese Darmbakterien könnten durch den Gebärmutterhals in die Gebärmutter aufsteigen und dort gefährliche Entzündungen auslösen! (▶ Eileiterschwangerschaften)

Klartext
Bei Analverkehr können sexuell übertragbare Krankheiten besonders leicht durch kleine Risse in der Schleimhaut weitergegeben werden.

Orgasmus

Nach dem Vorspiel findet die eigentliche sexuelle Begegnung statt. Je nachdem, was das Paar bevorzugt, haben sie ▶ **Vaginal-Verkehr**, ▶ **Oralverkehr** oder auch ▶ **Analverkehr** und das in unterschiedlichen ▶ **Stellungen**. **Orgasmus** nennt man den Höhepunkt des sexuellen Lusterlebens beim Sex.

Menschen beschreiben ihren Höhepunkt ganz unterschiedlich.
Ein Orgasmus ist ...

- wie Niesen, man kann ihn nicht bewusst auslösen.
- wie Schmetterlinge im Bauch.
- mal wie ein Raketenflug und mal ein gemütlicher Heißluftballonflug.
- wie ein Sonnentag am Meer.
- wie ein Düsenflugzeug.
- ein ruhiges Genießen.
- wie eine Explosion.
- ein total schönes Kribbeln im Bauch.
- ein überfließendes Wärmegefühl.
- ein Fest der Sinne.
- meine schönste Sinneswahrnehmung.
- die Sahne auf dem Kuchen, doch teils schmeckt der Kuchen auch ohne Sahne super.
- immer wieder ein Geschenk – und nicht im Abo zu haben.
- und jede Menge mehr ...!

Wie es genau dazu kommt, beschreibt der sexuelle Reaktionszyklus[123] nach Masters und Johnson[124]:

1. Erregungsphase:

♂♀

- Erregende Gedanken oder sinnliche körperliche Berührungen werden im Gehirn wahrgenommen.
- Die körperliche Erregung steigt, das Herz schlägt zügiger, der Atem geht schneller.
- Der Körper, besonders die Geschlechtsorgane werden empfindsamer und besser durchblutet, man beginnt vielleicht zu schwitzen.

♀

- Die Schwellkörper der Klitoris und der inneren Genitallippen beginnen anzuschwellen.
- Die Scheide wird feuchter. Die Brustwarzen richten sich auf.

♂

- Die Schwellkörper des Penis füllen sich mit Blut, der Mann bekommt eine Erektion.
- Die Hoden bewegen sich näher an den Körper heran.

2. Plateauphase:

♂♀

- Die Schwellkörper füllen sich weiter mit Blut.

♀

- Der Scheideneingang wird enger, die oberen zwei Drittel der Scheide weiter, die Gebärmutter richtet sich auf und wird etwas größer.

♂

- Die Schwellkörper füllen sich weiter mit Blut.
- Das Glied wird steif und fest.

3. Orgasmusphase:

♂♀ Wie beim Zünden einer Rakete, setzt der Höhepunkt selbst ein:

♀

- Ein rhythmisches Zusammenziehen der Muskulatur des Beckenbodens und der Scheide setzt ein. Botenstoffe werden ausgeschüttet, auch die Gebärmutter zieht sich zusammen. Bei einigen weiten sich die Bewegungen auf den Körper aus.
- Ein kribbelndes (Wärme-) Gefühl breitet sich im Beckenbereich oder darüber hinaus aus.
- Manche Frauen haben mehrere Orgasmen hintereinander. Einige haben dabei eine Flüssigkeitsabsonderung ▶ Skene-Drüsen/weibliche Ejakulation.[125] Die Drüsenflüssigkeit bei der der weiblichen Ejakulation stammt aus kleinen Drüsen neben der Harnröhre. (▶ Paraurethrale Drüsen/Skene-Drüsen) Es ist kein Urin!

♂

- Die Beckenbodenmuskulatur zieht sich zusammen.
- Der Mann kommt beim Geschlechtsverkehr an den ▶ „Point of No Return".
- Beim Mann geht mit dem Orgasmus meist der Samenerguss = Ejakulation einher.
- Die Samenzellen werden aus dem Nebenhoden in den Samenleiter transportiert und dann mit Sekreten aus Bläschendrüsen und Prostata vermischt.
- Das Sperma wird durch den Penis nach außen transportiert und stoßweise in die Scheide der Frau abgegeben.
- Das Zusammenziehen der Muskeln fühlt sich für den Mann lustvoll an.

4. Rückbildungsphase:

♀

- Die Schwellkörper und die Durchblutung der Geschlechtsorgane normalisieren sich wieder.
- Die Gebärmutter bewegt sich zurück in ihre Ruheposition. Entspannung setzt ein.

♂

- Die Stauung in den Schwellkörpern wird rückgängig gemacht, der Penis erschlafft.
- Eine Erholungsphase (Refraktärphase) setzt ein, die ihn für eine bestimmte Zeit sexuell reizunempfindlich macht. Er kann dann nicht gleich wieder eine Erektion/einen Orgasmus haben.[126]

Sogenannte sexuelle Erregungskurven versuchen das darzustellen. Doch Vorsicht, das sind medizinische Modellzeichnungen und nicht das Real Life, in dem diese Kurven in Länge und Intensität schwanken, Frauen schnellen Sex/einen Quickie genießen können und Männer auch mal mehr Anlaufzeit brauchen.

Klartext

Weil vor dem Point of No Return einzelne Samenzellen austreten können (sogenannter Lusttropfen), ist es nicht sinnvoll, erst ein Kondom anzuziehen, wenn Mann merkt, dass der Samenerguss gleich losgeht oder den Penis zur Verhütung vor dem eigentlichen Samenerguss rauszuziehen (sog. Coitus Interruptus) und außerhalb zum Samenerguss kommen zu lassen.

Der **Mythos,** beide Partner müssten gleichzeitig zum Höhepunkt kommen, hat schon vielen Paaren den Spaß am Sex verdorben. Nice, falls es mal so ist. **Fakt:** Tatsächlich ist das eher die Ausnahme. **Was guter Sex ist, entscheidet das Paar.** Ein Orgasmus muss nicht krampfhaft bei jedem Mal dabei sein. Außerdem werden die Höhepunkte von

Person zu Person und von Mal zu Mal eh anders erlebt. Sie befriedigen unterschiedlich stark, sind mal stärker, mal weniger intensiv. Manchmal ist einem dabei zum Lachen, manchmal genießt man stillt. Es ist jedes Mal anders und darum umso schöner und abwechslungsreicher. Wenn man das Ziel hätte, dass jeder Höhepunkt und jeder Sex schöner ist als das Mal zuvor, käme man unwahrscheinlich unter Leistungsdruck. Es ist eher ein Auf und Ab, und insgesamt je besser man sich kennenlernt ein Aufwärtstrend.

Klartext

Forschungsergebnisse und Erfahrungsberichte weisen darauf hin, dass viele Frauen noch nie oder nur sehr selten einen Höhepunkt beim Penis-Scheide-Verkehr erlebt haben. Viele Frauen erleben den Höhepunkt häufiger durch das Streicheln der ▶Klitoris. Und eine ganze Reihe von Frauen hat überhaupt noch nie einen Höhepunkt erfahren.

Was hilft Frauen, einen Höhepunkt zu erleben und wie kannst du dich selbst unterstützen? Zeitdruck, eigener innerer Druck und Rückfragen des Partners nach dem Motto »Bist du endlich soweit?« sind kontraproduktiv! Hilfreich kann das Streicheln und Berühren von Bereichen sein, die du als schön und angenehm empfindest. Das Reizen der Klitoris und der Brustwarzen setzt den Botenstoff Oxytocin im Körper der Frau frei. Das macht es dir theoretisch leichter, zum Höhepunkt zu kommen. Praktisch kann das nur gelingen, wenn du diese Berührungen als angenehm und lustvoll empfindest und es dich nicht überreizt. Teile deinem Partner mit, wenn er dich dabei unterstützen kann, und auch, was du nicht hilfreich findest, was dir eher Stress macht. Ansonsten fokussiere dich auf euch beide und schau auch, was dir gefällt. Wenn du es okay findest, mal keinen Höhepunkt zu haben, ist das total okay. Lass dich diesbezüglich nicht von deinem Partner unter Druck setzen. Falls er nach dem Höhepunkt fix und fertig ist, in jeder Hinsicht, und du leider noch nicht, bleibt im Gespräch darüber, ob er dich vielleicht mit der Hand stimuliert, damit nicht der Eindruck entsteht, »Pech gehabt« zu haben.

Während es vielen Männern eher leichtfällt, in der Scheide zum Höhepunkt zu kommen, sind viele Frauen auch deshalb sehr verunsichert, weil der Höhepunkt beim Penis-Scheide-Verkehr gern in erotischen oder pornografischen Filmen gezeigt wird, ein ausführlicheres Vorspiel aber eher nicht. Erleben sie den Höhepunkt nicht wie im »Drehbuch«, haben sie das Gefühl, etwas »falsch« zu machen oder sogar falsch zu sein, obwohl es ihnen wie vielen anderen Frauen auch geht. Denn es ist wichtig, die körperlichen Grundvoraussetzungen bei der Frau zu beachten und nicht einfach im Zeitraffer auszublenden!

Klartext

Eine Frau ist nicht gefühlskalt oder lustlos (manche sagen sogar abwertend »frigide«[127] dazu), wenn sie beim Sex nicht sofort feucht wird und deutliche körperliche Reaktionen wie das Anschwellen der Klitoris oder des Scheideneingangs zeigt. Am ehesten ist das nämlich Ausdruck ihrer in dieser Situation zum Teil langsameren sexuellen Erregungskurve – und damit ganz normal! Denkt sie stattdessen frustriert: »Wenn ich nur genug Lust hätte, müsste es anders sein«, führt dies in die gänzlich falsche Richtung. Denn Erregung entsteht ja aus einem Wechselspiel und aus vielen anderen Faktoren, ob sie zum Beispiel gerade dazu bereit ist, sie Angst vor einer Schwangerschaft hat oder welche Botenstoffe im Regelzyklus gerade überwiegen

Genauso wenig ist ein Mann »verkehrt«, wenn sich die Erektion nicht gleich einstellen möchte, er beim Sex anfangs nicht zum Samenerguss in der Frau kommt oder wenn er schon bei dem Versuch, den Penis in die Scheide der Frau einzuführen, einen vorzeitigen Samenerguss hat – der kommt bei hoher sexueller Erregung gar nicht so selten vor. Viele andere Männer erleben ihren Höhepunkt schon nach wenigen Minuten, wenn sie den Penis in der Scheide der Frau bewegen.

Männer können es mit speziellen Techniken lernen, die Erregung länger aufrecht zu erhalten und später zum Höhepunkt zu kommen.

Gut zu wissen

Die Erregung der Frau klingt meist nach dem Höhepunkt langsamer ab als beim Mann. Es ist daher für viele Frauen schön, wenn beide Partner in dieser Zeit nahe beieinanderliegen, sich halten, streicheln oder was ihnen sonst gefällt. Doch mit dem Orgasmus des Mannes baut sich meist seine körperliche Anspannung schlagartig ab. Als äußeres Zeichen dieser **Entspannung** erschlafft der Penis: Der Mann braucht jetzt eine Pause und kann nicht sofort wieder Sex haben (wird in Pornofilmen meist ausgeblendet). Wann wieder Sex möglich ist, ist von Mann zu Mann unterschiedlich lang. Es kann schnell gehen, Stunden brauchen oder bis zum nächsten Tag dauern.

Viele Männer sind nach dem Samenerguss müde und würden am liebsten gleich einschlafen. Das Entspannungsgefühl kommt von bestimmten Botenstoffen, die beim Höhepunkt ausgeschüttet werden. Doch wenn der Sex mitten in ihrer aufsteigenden Erregungskurve endet, kann das für die Frau frustrierend sein. Daher sollten in solchen Situationen die Bedürfnisse der Frau nicht aus dem Blick geraten. Sei ermutigt, mit deinem Partner über deine Bedürfnisse zu sprechen und verlass dich nicht darauf, dass er das im Blick hat. Kommt er häufiger zuerst zum Höhepunkt, könnt ihr überlegen, ob er dich vor dem Einführen des Penis an der Klitoris streichelt und mit der Hand oder dem Mund zum Höhepunkt führt. Möglicherweise erlebst du dann beim Penis-Scheide-Verkehr auch nochmals einen Höhepunkt, vielleicht aber auch nicht.

Schlussendlich entwickelt sich die Sexualität mit der Zeit. Durch eure gemeinsamen Erfahrungen prägt ihr eure sexuellen Lerngeschichten weiter.

Der mysteriöse G-Punkt und die CUV-Zone

Als G-Punkt, G-Zone oder Gräfenberg[128]-Zone wird ein Bereich an der Vorderwand der Scheide beschrieben, den manche Frauen als sehr lustvoll in der Sexualität erleben. Andere Frauen nehmen dort keine besondere Erregung wahr, manche finden die Stimulation in diesem Bereich sogar unangenehm. Ob dieser Bereich wirklich existiert, wurde in der Medizin immer wieder kontrovers diskutiert, teils sogar als Mythos oder als Medienschöpfung angesehen. Immerhin profitieren davon diverse kommerzielle Angebote im Bereich der Schönheitschirurgie, die mit Unterspritzungen dieses Punktes wahre sexuelle Wunder erreichen wollen.[129] Doch inzwischen weiß man, dass es sich um einen Bereich handelt, der aus der inneren Klitoris, einem Teil der Harnröhre und der Oberfläche der inneren Scheidenwand, besteht: die sogenannte CUV-Zone[130] (Engl. Clitoris, Urethra, Vaginal Wall).

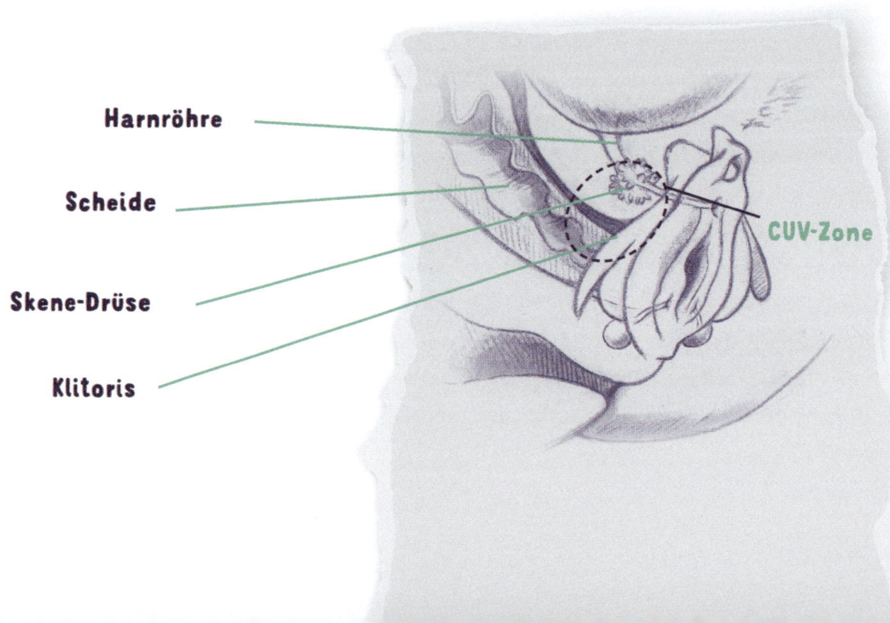

Häufigkeit/Frequenz

Wie oft ein Paar Sex hat und zu welcher Tageszeit, ist seine ganz private Entscheidung. Da haben äußere Normen und gesellschaftliche Klischees nichts zu suchen. Manche Paare haben selten Sex, alle paar Monate, andere pausieren mehrere Wochen, die nächsten schlafen alle ein bis zwei Wochen zusammen, andere mehrmals pro Woche oder sogar jeden Tag bis mehrmals täglich. Vergleiche bremsen die Lust aus. Leistungsdruck gehört hier nicht hin.

Klartext

Immer wieder suchen oft verunsicherte Menschen nach Anhaltspunkten oder Statistiken, welche Häufigkeit von Sex gut sei und legen dann irgendwelche Maßstäbe an sich selbst, ihre Beziehung oder ihre Partner an, die allerdings nie allgemeingültig sind. Solche Messlatten können Menschen in ihrer individuellen Sexualität sehr schaden, wenn diese »Vorgabe« zu ihnen selbst gar nicht passt! Bei anderen Bedürfnissen wie essen und schlafen ist es ja auch normal, dass sie bei beiden unterschiedlich stark und zu anderen Zeiten auftreten. Der Sexualtherapeut David Schnarch sagt, es gäbe in jeder Beziehung einen Partner, der mehr Lust und einen der weniger Lust auf Sex hat.[131] Diese Rollen können aufgrund anderer Lebensumstände in einer Beziehung auch wechseln. Paare stehen also vor der praktischen Herausforderung, diesbezüglich im Alltag gut zueinander zu finden.

Mythos: Männer sind immer mehr als Frauen an Sex interessiert/denken häufiger daran/haben mehr Lust darauf usw.
Fakt ist jedoch – wie hoch das Interesse an Sex ist, ist nicht vom Geschlecht eines Menschen abhängig, manchmal aber sehr wohl von der Auswahl der Zielgruppe, die man befragt! Viele Faktoren wirken darauf ein. Ja, es kann sein, dass du mehr Lust auf Sex als dein Partner hast, doch es kann genauso andersherum sein. Aber deshalb ändert sich weder dein noch sein Wert!

Gelegenheitssex?

Als **One-Night-Stand** bezeichnet man eine sexuelle Begegnung, die ohne die Intention eines Beziehungsaufbaus stattfindet, was sich auch darin ausdrücken kann, dass eine Person statt mit Namen als One-Night-Stand bezeichnet und so quasi entpersonalisiert wird. One-Night-Stands finden normalerweise nicht gegen Geld statt. Sexualverkehr, für den eine Person bezahlt wird, ist Prostitution, die oft mit Menschenhandel verbunden sein kann. In beiden Fällen ist die Gefahr sexuell übertragbarer Krankheiten hoch. Zudem ist eine sexuelle Begegnung die intimste Nähe zu einem anderen Menschen, dabei werden Bindungshormone ausgeschüttet und ein neues Leben kann entstehen. All das spricht nicht gerade für Sex on demand.

Das Hohelied der Liebe sagt bedenkenswerterweise: »Kein Wasser kann die Glut der Liebe löschen und keine Sturzflut schwemmt sie je hinweg. Wer meint, er könne solche Liebe kaufen, der ist ein Narr, er hat sie nie gekannt!« Hoheslied 8,7 (Gute Nachricht).

Eine alleinerziehende Frau sagte über den Papa ihres Kindes: »Wenn ich zumindest seinen Namen wüsste, wäre mir schon wohler. Mein Sohn fragt immer wieder mal nach ihm. Leider kenne ich ihn gar nicht. Wir trafen uns auf einem großen internationalen Konzertfestival, waren beide stark betrunken. Hinter der Bühne, spät abends, hatten wir Sex. Wochen später bemerkte ich die Schwangerschaft. Er war längst über alle Berge. Ich habe keine Idee, wie ich ihn wiederfinden könnte – und noch weniger eine Antwort auf die Fragen meines Sohns.«

Selbstbefriedigung

Selbstbefriedigung (oder auch Masturbation) ist, wie der Name schon sagt, eine auf das Ich angelegte Möglichkeit, Sexualität zu leben. Gelegentlich wird Selbstbefriedigung auch in partnerschaftlichen Sex integriert. Dabei werden die Geschlechtsorgane so gestreichelt, dass man schöne Gefühle oder sogar einen Höhepunkt (▶ Orgasmus) bekommt.

Ganz genaue Zahlen kennt man nicht, Befragungen kommen aber zu dem Ergebnis, dass etwa 95 Prozent der Männer und 60 Prozent der Frauen Erfahrung damit haben, sich selbst zu befriedigen.

Es ist normal, dass in der Teenie-Zeit dein Interesse, deinen Körper zu entdecken und auch an Sex mehr und mehr erwacht. Praktisch sieht das individuell sehr unterschiedlich aus:

- Manche erleben Selbstbefriedigung als *einen* Schritt, ihren Körper zu erkunden und ihre Sexualität zu entdecken.

- Andere entdecken zwar ihren Körper, möchten aber Selbstbefriedigung nicht ausprobieren oder wissen gar nicht darum.
- Wieder andere wollen ihre Sexualität bewusst später mit ihrem Partner entdecken und verzichten daher auf Selbstbefriedigung.
- Manche haben kein Interesse daran oder es ausprobiert und finden es für sich nicht reizvoll.
- Wieder andere haben das Gefühl, gar nicht mehr ohne auszukommen und empfinden sich als abhängig davon.

Ein Thema – sehr viele Ansichten! Früher war es ein heißes Eisen und ein großes Tabu-Thema. Bevor man die Funktion der Zeugung verstand, dachte man, die Babys befänden sich im Samen des Mannes, und dass der Mann der Frau beim Sex das Baby »hineinlege«, das in ihrem Körper heranreift. Bei der Selbstbefriedigung des Mannes befürchtete man den Tod des Babys, weil es so nicht in den Körper der Frau gelangen kann. Man versuchte, Menschen mit abstrusen Geschichten von der Selbstbefriedigung abzuhalten und unterstellte zur Abschreckung, Selbstbefriedigung würde schwere körperliche Schäden wie Gehirnerweichung und Rückenmarksschwund, Krebs, Lepra und vieles andere mehr auslösen.

Klartext

Selbstbefriedigung ruft keine körperlichen Krankheiten hervor. In jedem Fall prägt man aber auch dadurch seine individuelle ▶ Sexuelle Lerngeschichte.

Manche entdecken Selbstbefriedigung schon im Kindesalter. Unser Körper ist so gemacht, dass die Geschlechtsorgane schon früh empfindsam sind für schöne Gefühle. Daran ist nichts Verkehrtes. Wir entdecken so ja auch die Welt um uns herum und unseren Körper.

»Als ich vier Jahre alt war, entdeckte ich, dass das Reiben meines Unterleibs an der Sofakante besondere Gefühle macht. Meinen Eltern war das unangenehm. Sie versuchten mich davon abzubringen. Früher schämte ich mich dafür und verstand nicht, wie ich als unschuldiges Mädchen so etwas tun konnte. Viel später erst begriff ich, dass ich mich dafür nicht schuldig fühlen muss, und dass es normal ist, dass die Organe in dem Alter schon fühlen können.«

Klartext

Wenn man sich ab und zu selbst befriedigt und sich nicht darauf fixiert, ist das unproblematisch. Manchmal aber nimmt die Häufigkeit stark zu und Selbstbefriedigung entwickelt sich etwa zum Tröster, wenn man sich einsam fühlt – oder zur lieben und dann hartnäckigen Gewohnheit, die man nicht mehr missen möchte. Besonders in Kombination mit Pornografie (▶ Pornos & Sexseiten im Internet) kann sich Selbstbefriedigung zur sexuellen Sucht entwickeln. Manche Menschen empfinden sich selbst als abhängig von Selbstbefriedigung, sagen, dass sie nicht mehr damit aufhören können, auch wenn sie wollen und auch, wenn sie verheiratet oder in einer Beziehung sind und Sexualität inzwischen ganz anders leben könnten.

»Die Selbstbefriedigung begann bei mir als Jugendliche, beim Lesen von erotischen Büchern. Als mir das nicht mehr reichte, wechselte ich zu Erotikfilmen, später zu Pornos. Schon häufiger habe ich versucht, damit aufzuhören, doch es gelingt mir nicht. Inzwischen fühle ich mich davon abhängig.«

In einer Beziehung kann Selbstbefriedigung zum Problem werden, wenn einer seine sexuelle Lust ausschließlich oder größtenteils allein auslebt, weil er es so möchte oder es nie anders gelernt hat und Sexualität dann gar nicht/kaum auf der Beziehungsebene gelebt wird. Der andere geht ständig oder sehr oft leer aus. Interessanterweise werden bei Selbstbefriedigung laut Hormonuntersuchungen im Vergleich zu partnerschaftlicher Sexualität weniger Hormone ausgeschüttet. Partnerschaftlicher Sex wird meist erfüllender erlebt.

»Als wir gerade geheiratet hatten, war unser Sex als Paar schön. Mein Mann war sehr rücksichtsvoll und achtete darauf, dass mir nichts weh tat. Mit der Zeit, als Sexualität selbstverständlicher wurde, änderte sich das. Er kam oft sehr schnell zum Höhepunkt, und ich blieb halb erregt und frustriert zurück. Darüber reden konnten wir irgendwie nicht. Ich hatte immer weniger Lust auf Paar-Sex und wechselte zur Selbstbefriedigung, die ich früher oft praktiziert hatte. Eine Zeit lang habe ich mich dann überwiegend allein selbst befriedigt. Mein Mann merkte, dass wir immer seltener Sex hatten und vermutete, ich hätte eine Affäre. Doch es gab keinen anderen. Nur die Selbstbefriedigung. Endlich kamen wir ins Gespräch darüber – und überlegten neu, wie wir unsere Paarsexualität ab jetzt bewusster gestalten wollen. Inzwischen ist unser Sex wieder viel schöner und zufriedenstellender für uns beide.«

Klartext

Es geht also nicht darum, was du darfst oder wie andere Menschen sich dazu stellen. Schlussendlich ist es deine Entscheidung, verantwortlich mit deiner sexuellen Lerngeschichte umzugehen, und gut zu überlegen, wie und womit du deine Lerngeschichte prägen möchtest.

Sexspielzeug

Sexspielzeug nennt man Gegenstände oder andere Hilfsmittel, die Menschen zur Erregung benutzen. Vibratoren sind Geräte, die sexuelle Lust durch »Vibration« (=rüttelnde Bewegung) hervorrufen. Ob ein Paar Sexspielzeug verwendet, sollten beide gemeinsam überlegen.

Klartext

Vibratoren üben einen starken Reiz im Intimbereich aus. Baut man sie sehr intensiv in die eigene sexuelle Lerngeschichte mit ein, kann es passieren, dass natürliche Erregungsmuster nicht mehr als reizvoll genug wahrgenommen werden und dass eine sexuelle Stimulation womöglich nun ohne Sexspielzeug nicht mehr lustvoll genug ist.
Auch hier solltest du dich fragen: Was möchte ich und was tut mir langfristig gut? Wie möchte ich meine sexuelle Lerngeschichte prägen?

Pornos & Sex-Seiten im Internet

Was haben Pornos mit dir zu tun?
Vielleicht gar nichts! Vielleicht sehr viel. Rein statistisch kennst du wahrscheinlich jemanden, der damit mehr oder weniger viele Erfahrungen hat – und es kann sein, dass du selbst damit in Kontakt kommst/gekommen bist. So befremdlich all das klingen mag: Uns ist es wichtig, dir Mehrinfos zu geben, um dieses ganze Thema besser einordnen zu können.
Was haben Pornos mit »Beziehungen« zu tun?
Pornos vermitteln viele schräge Maßstäbe, die sich negativ auf die sexuellen Lerngeschichten der User und auf ihre Paarbeziehung auswirken können.
Zum Beispiel:
- Vergleiche – »Wie war es im Film? Wie mit dem Partner?«
- Falsche Schönheitsideale (Vorsicht Photoshop!)
- Frust – mit echtem Partner/echter Partnerin geht das alles nicht so einfach »wie im Film«
- Sex geht nur noch im »Handbetrieb«; mit Partnerin/Partner läuft nichts im Bett/Desinteresse am echten Gegenüber
- Der Versuch, den anderen in »Rollen« aus gesehenen Filmen zu drängen
- Erwartungsdruck, die Inhalte real auszuprobieren, auch wenn der andere das nicht möchte
- Irritation und Angst vor Defekt/Schaden. Bei mir/beim anderen funktioniert es nicht wie im Film … – eben wegen der Fantasy-Geschichten und Fakes!
- Tolerieren von Grenzüberschreitungen, weil etwa Gewalt in Filmen toleriert wird, u.v.a.m.

Hier geht es konkret um Pornografie = Fantasiegeschichten für Erwachsene mit sexuellen Inhalten. Ihr Merkmal: Die Bilder oder Sex-Filme zeigen oft die Geschlechtsorgane in Großaufnahme und haben bewusst vereinfachte Handlungen, um Erregung beim Betrachtenden auszulösen.

Pornos sind für Personen unter 18 Jahren vom Gesetzgeber verboten! Pornografie-Vergehen gegenüber Kids und Teens stehen in einer Reihe mit anderen Straftaten gegen die sexuelle Selbstbestimmung, wie zum Beispiel sexuelle Nötigung, Vergewaltigung und sexuellen Missbrauch von Kindern. Man darf ihnen Pornos weder zugänglich machen noch sie ihnen überlassen oder aktiv zeigen, muss sie also auch unzugänglich aufbewahren, weil Pornografie gegen die sexuelle Selbstbestimmung von Kids und Teens verstößt. **Zeigt man Kindern unter 14 Jahren**

Pornos, fällt das sogar unter den Straftatbestand sexuellen Missbrauchs (§176a Strafgesetzbuch).

Pornos sind *keine* Aufklärungsfilme für Kinder oder Jugendliche! Sie können deine Vorstellung von Sexualität erheblich prägen, sodass es schwer sein kann, später Sexualität in einer Beziehung zu leben.[132] Hinzu kommt: Ohne Erfahrungen, an denen du das Gesehene überprüfen kannst, kann man dir Fakes vorspielen, ohne dass du es merkst!

Klartext

Siehst du in einem Film eine Person, die ohne Sauerstoffmaske 60 Minuten unter Wasser taucht, würde dir der Schwindel schon rasch auffallen. Dir ist klar: in Wirklichkeit geht das gar nicht! Und doch könnte man einen solchen Film produzieren, indem man die Szenen, in denen die Person auftaucht und Luft holt, einfach herausschneidet. Aufgrund deiner Erfahrung beim Luft anhalten, kannst du das Gesehene gut einordnen.

Bei Sex-Filmen fehlen dir aber die Vergleichsmaßstäbe. Willst du später diese Art von Sexualität leben, stellst du womöglich fest, dass dies nicht möglich ist – und hältst dich für krank, anstatt zu durchschauen, dass dir digital bearbeitete Fantasiebilder untergeschoben wurden.

Gerade bei Teens mitten im Gehirnumbau brennen sich diese Fehlinfos richtig krass ein. Es geht also nicht darum, irgendwem den Spaß am Sex zu verderben, sondern eine normale Entwicklung der persönlichen Sexualität zu ermöglichen.

Klartext

Wer Pornos schaut und dabei körperlich Sex hat, zum Beispiel durch Selbstbefriedigung, legt in seinem Gehirn Muster an, wie Sex gelebt wird.

Diese Muster möchte das Gehirn oft später auch praktisch ausleben. Der Sexualwissenschaftler Prof. Dr. Jakob Pastötter regte sogar an, dass auf jede pornografische DVD und vor jeden pornografischen Videoclip die Warnung gehört, die wir in ähnlicher Form von Zigarettenschachteln kennen: »**Das Ansehen dieses Films bei gleichzeitiger Masturbation ist eine sexuelle Selbstkonditionierung, die ihre sexuelle Gesundheit und ihre Partnerschaftsfähigkeit gefährdet.**«[133] Im wirklichen Leben ist dein Sexualpartner nicht Teil des Drehbuchs, nach dem er als Erfüllungsgehilfe zu reagieren hat und auch du bist keine Erfüllungsgehilfin für ihn. Ihr beide seid reale Personen aus Fleisch und Blut, mit eigenen Bedürfnissen, Gefühlen und Vorstellungen, die meist zu diesen Fake-Drehbüchern nicht passen. Manch einer findet Paarsexualität dann auch viel zu kompliziert und flüchtet sich in die Einfachheit von Pornos.

Wie kommt es zum Kontakt mit Pornos?

Klar schaut schon mal jemand aus Neugierde Pornos. Doch auch mangelnde Aufklärung zu Hause kann Kids oder Teens dazu bewegen, ihre Fragen anderweitig zu klären. Oder der Wunsch mitreden zu können und cool zu sein. Pornos sind aber kein Infomaterial für Kids und Teens, sie haben keinen Anspruch an eine wirklichkeitsgetreue Darstellung.

Viele Kids und Teens finden unfreiwillig Pornofilme oder Bilder. Sie landen versehentlich auf schrägen Seiten, während der Recherche für Hausaufgaben oder Referate, teils durch Fehlklicks, bei Pop-Up-Fenstern. Computer können mit Porno-Viren infiziert werden. Teens werden in Chats belästigt oder bekommen Filme aufs Handy geschickt oder von anderen gezeigt. Sie übernehmen ein gebrauchtes Handy, auf dem jemand vergessen hat, die vorhandenen Pornos zu löschen oder jemand sendet ihnen Nacktbilder aufs Handy. Wusstest du, dass das Durchschnittsalter für den Erstkontakt mit Internetpornografie bei ca. 11 bis 13 Jahren liegt?[134]

»Ich finde Pornos blöd und habe immer vermieden welche anzuschauen. Dann bekam meine beste Freundin so einen Film auf ihr Smartphone geschickt. Sie wollte ihn nur mit mir gemeinsam anschauen. Ich dachte, als beste Freundin wäre ich ihr das schuldig. Es war so ekelhaft, ich kann die Bilder einfach nicht vergessen.«

Klartext

Der vielfache Porno-Konsum kann zu einem Normalisierungsdruck unter Usern führen, unter dem Motto: »Egal ob ich das blöd, eklig oder ätzend finde, so geht Sex. Das machen wohl alle. Dann muss ich da eben durch. Sonst hält mich womöglich jemand für verklemmt oder spießig.«

Doch das ist Quatsch! Es zeugt eher von gesundem Menschenverstand, gut auf sich zu hören und nicht jedem vermeintlichen Trend nachzulaufen. Immerhin geht es um dich und deine Grenzen. Und es ist gut, darauf gut zu achten – denn Pornos prägen natürlich auch deine ▶ Sexuelle Lerngeschichte. Lass dich von niemandem, auch von deinem Partner nicht, unter Erwartungsdruck setzen! Mute dir selbst und anderen nichts zu, was für sie nicht gut wäre. Und natürlich ist es fair, nicht zweigleisig zu fahren – in der realen Welt eine Beziehung führen und online auf der Sex-Schiene unterwegs zu sein, in Pornos, Chats oder Internetsex.

Und wenn du jetzt denkst: »Tja, dafür ist es schon zu spät? Ich hänge da voll drin?« Dann suche dir Hilfe! Adressen findest du im Anhang.

Zu erwarten, dass man auf jeden Fall einen Partner oder eine Partnerin findet, der oder die noch nie mit Pornos Kontakt hatte, wird angesichts der immensen Zahlen immer unrealistischer. Doch darum geht es auch gar nicht in erster Linie. Denn wir alle sind nicht perfekt. Wir alle bringen unsere Ecken und Kanten mit.

Aber wenn du den Eindruck hast, dass es deinem Gegenüber gar nicht um dich persönlich geht, er/sie sich nicht festlegen will oder über diesen Bereich ganz anders denkt als du selbst, ist es vielleicht dran, im Vorfeld klare Konsequenzen zu ziehen – und eine Beziehung (noch) nicht einzugehen. Manchmal muss man erst einmal mit sich selbst klarkommen, bevor man sich auf einen anderen Menschen einlassen kann.

Klartext

Vielen Paaren gelingt es aber auch, ihren Weg zu finden, sich ganz und verbindlich aufeinander einzulassen. Auch wenn Konsequenzen aus einer Lerngeschichte, in der Pornos eine Rolle spielten, unschön sein können – das Wichtigste ist, dass beide miteinander im Gespräch sind, die Pornografie einordnen können und von jetzt an aktiv im Hier und Jetzt ihre Beziehung gestalten und sich bei Problemen frühzeitig Hilfe etwa in Form von Beratung suchen.

»Als seine Eltern abends weggegangen sind, hat mein Freund einen Sexfilm angestellt. Er fand es cool, dass wir den zusammen gucken. Ich fand es anfangs spannend, was anzusehen, was eigentlich verboten ist – und wollte auf keinen Fall als Baby dastehen. Ehrlich gesagt, kam ich mir im ersten Moment ziemlich erwachsen vor. Erst hat mich das sogar etwas angemacht, doch die Handlung wurde schon bald so ekelhaft, dass mir echt schlecht geworden ist. Auf meinen Freund konnte ich mich nachher überhaupt nicht mehr einstellen. Ich wollte nur noch nach Hause. Die Bilder haben mich echt verwirrt. Ich würde so gern mit jemandem darüber sprechen, aber ich weiß nicht, mit wem. Am schwersten ist für mich, dass so was für meinen Freund normal zu sein scheint. Hoffentlich will er nicht wieder so was gucken – und erst recht nicht so was praktisch ausprobieren.«

Weil wir Menschen anhand von Vorbildern lernen, wird es besonders bei Gewalt in Darstellungen problematisch. Wissenschaftliche Studien ergeben, dass in Pornos sehr viel Gewalt, vor allem gegen Frauen, gezeigt wird. Frauen werden erniedrigt, geschlagen und gewürgt – und reagieren laut Drehbuch oftmals lächelnd oder neutral darauf. Das sieht dann so aus, als würden sie sich zunächst sträuben und die Gewalt dann doch »genießen«. Sieht man das zum ersten Mal, reagiert man darauf noch irritiert und empört, bei regelmäßigen Nutzern von Pornos setzt oft der Abstumpfungs- und Gewöhnungseffekt ein. Durch solche Szenen wird der sogenannte Vergewaltigungsmythos[135] am Leben gehalten. Dieser unterstellt, dass Frauen an Vergewaltigungen eigentlich Spaß haben, es aber nicht so zeigen (können). Dies öffnet grenzverletzendem Verhalten und sexualisierter Gewalt Tür und Tor!

Bestimmte Bücher und deren Verfilmungen vermischen Sex und Gewalt. Als vermeintliche »Literatur« kommen sie auf den ersten Blick salonfähiger daher als ein plumper Pornofilm. Doch gerade die Vermischung von Sex und Gewalt/Schmerzen prägt aufgrund der bei Schmerz ausgeschütteten Botenstoffe die körpereigene Biochemie und damit die sexuelle Lerngeschichte erheblich.
Manche können sich der sexuellen Anziehungskraft dieser Art von Büchern und Filmen nicht mehr entziehen. Dies prägt ihre sexuelle Gedankenwelt beträchtlich und hat Auswirkungen darauf, wie sie Sex leben.
Andere Personen möchten Sex nur noch in Kombination mit Schmerz leben, indem sie entweder Lust daran haben, anderen Schmerzen zuzufügen oder selbst Schmerzen lustvoll erleben. Dies nennt man Sadomasochismus.
Es bleibt dabei, dass alle sexuellen Spielarten deine Lerngeschichte in unterschiedliche Richtungen prägen. Geh daher sorgsam und verantwortungsbewusst mit deiner Lerngeschichte um.

Und was für eine Basis ist die Ausübung sexueller Gewalt in Filmen für spätere partnerschaftliche Sexualität?

Erotische Fantasien und Tagträume

Fantasien sind Teil unseres kreativen Geistes – die unglaubliche Vorstellungskraft von Menschen hat schon enorme Projekte in Gang und das Unmögliche möglich gemacht. Für Menschen in herausfordernden und schwierigen Lebenssituationen sind Fantasien manchmal der letzte Weg, sich aus dem Alltag herauszuretten, abzuschalten – und das Leben noch auszuhalten. Tagträume sind an sich nichts Schlechtes! Entscheidend ist, welchem Drehbuch du dabei folgst, und ob du immer wieder auch zurück auf den Teppich kommst. Die Kombination von Träumen, Einsamkeit, Pornos, ▶ Selbstbefriedigung und häufiger Wiederholung kann Gedankenautobahnen in Betrieb setzen, die man später oft nur noch schwer abschalten kann und Verhaltensmuster verfestigen, die deine sexuelle Lerngeschichte längerfristig prägen können.

Action Step

Du bist Fantasien nicht hilflos ausgeliefert. Dreh das Ding! Nutze deine Kreativität. Bring neue, gute Elemente rein, wenn dich deine Tagträume runterziehen und fertigmachen. Je mehr ungute Wiederholungen, umso tiefer fräst sich die Spur ein. Je mehr konstruktive Seitenpfade, umso eher prägst du neue gute Spuren. Suche auch aktive Momente im Leben, in denen du bewusst im Hier und Jetzt lebst, um das Real Life nicht zu verpassen.

Problematisch wird es, wenn Fantasien sich ins echte Leben einmischen wollen. Damit sind wir an der Schnittstelle, an der Fantasien auf das reale Leben treffen und auch andere Menschen beeinträchtigen oder sogar belästigen können, zum Beispiel, wenn der Drang immer stärker wird, **Gewaltfantasien** an wehrlosen Opfern oder beim Sex auszuleben.

Neben den Gewaltfantasien gibt es auch noch andere Formen, von denen du einmal gehört haben solltest:

Exhibitionisten stellen sich vor, wie sie ihre Genitalien anderen Menschen zeigen und geilen sich an deren Schreckerleben auf. Andere Menschen so zu belästigen ist strafbar.[136]

Das Gegenteil dazu sind **Voyeuristen,** vom Französischen voir = sehen. Sie werden umgangssprachlich auch als **Spanner** bezeichnet. Sie gewinnen sexuelle Lust, in dem sie andere Menschen beim Entkleiden, wenn diese nackt sind oder beim Sex beobachten. Insbesondere Bildaufnahmen anderer Personen ohne deren Einverständnis sind strafbar.[137]

Pädophile sind Menschen, deren sexuelles Interesse sich vorrangig auf Kinder richtet. Das ist eine Störung der Sexualpräferenz. Mehr Männer als Frauen sind davon betroffen. Sexuell geprägte Beziehungen zwischen Erwachsenen und Kindern sind strafrechtlich verboten.

Sexualisierte Gewalt kann, aber muss nicht von Personen ausgehen, die pädophil sind. Sie kann auch von Menschen verübt werden, deren Sexualpräferenz sich auf Erwachsene richtet, und die Macht ausüben wollen. Dass jemand pädophil empfindet, bedeutet nicht zwangsläufig, dass dem auch Taten folgen. Ein sehr wichtiges Projekt zur Vorbeugung ist **»Kein Täter werden«**.[138] Dahin können sich Personen wenden, die solche Gedanken bei sich feststellen und dazu Rat suchen – es ist aber auch Anlaufstelle für Menschen, die einen Betroffenen kennen und nicht wissen, wie sie damit umgehen sollen!

Aufnahmen von Kinderpornografie darf man weder erwerben noch besitzen oder weiterleiten! Auch als Minderjähriger nicht! Dabei sind auch Erzählungen oder derartige Mangas strafbar.[139]

Die Seite **»Sounds Wrong«** (Engl. = klingt falsch) hilft weiter: **https://www.soundswrong.de**

Sexuell übertragbare Krankheiten

Zugegeben, schon die Vorstellung ist unangenehm und man möchte es am liebsten ignorieren. Und doch kommen wir beim Thema Sex an *sexuell übertragbare Krankheiten* nicht vorbei.

Klartext

Infektionskrankheiten durch Bakterien, Viren, Pilze, Parasiten und Einzeller, die vor allem durch Sex übertragen werden, bezeichnet man als Sexuell übertragbare Krankheiten (STD = sexually transmitted disease). Dabei gibt es klassische sexuell übertragbare Erkrankungen, wie zum Beispiel Gonorrhoe (Tripper) und Lues (Syphillis), aber auch eine ganze Reihe anderer Krankheiten, die auf diesem Weg übertragen werden. Allein ein Übersichtsartikel bei Wikipedia listet zu STDs fast 30 verschiedene Krankheitsbilder![140] Dazu gehören das bekannte HIV, die Infektion mit dem Humanen Immundefizienz Virus (erst das zugehörige Krankheitsbild wird als »AIDS« bezeichnet), Leberentzündungen (Gelbsucht/Hepatitis), Genitalwarzen, Scheidenpilz, Filzläuse im Genitalhaarbereich, Herpes im Intimbereich und viele andere mehr. Manche davon sind meldepflichtig.

Klartext
Sexuell übertragbare Krankheiten sind weit verbreitet und alles andere als harmlos! Laut der Weltgesundheitsorganisation WHO stecken sich weltweit pro Tag(!) mehr als 1 Million Menschen damit an.[141] Oft infiziert sich ein Mensch mit mehreren Erregern gleichzeitig oder mehrfach im Jahr. Die Tendenz ist steigend![142] Nach einer Untersuchung der vier häufigsten STDs (Trichomonaden, Chlamydien, Gonokokken und Syphilis) warnen die Untersucher vor schwerwiegenden Folgen wie Eileiterschwangerschaften, Totgeburten, Unfruchtbarkeit, Herz-Kreislauferkrankungen sowie Gelenkentzündungen.[143]

Wie kann man eine Ansteckung mit einer sexuell übertragbaren Krankheit verhindern?

Zu 100 Prozent sicher ausschließen kann man sie nicht. Mit einigen Erkrankungen kann man sich auch auf anderen Wegen als beim Sex anstecken. Doch eines haben alle STD gemeinsam: Je häufiger man seinen Partner wechselt, umso leichter bekommt oder verbreitet man sexuell übertragbare Krankheiten. Wenn beide nur den einen Partner haben und diesem treu sind, ist ihr Infektionsrisiko sehr gering und sie können sich auch keine Infektionen von früheren Partnern weitergeben. Auch ein Argument, nicht vorschnell mit vielen Menschen Sex zu haben oder sogar damit zu warten, bis man den Lebenspartner gefunden hat.

Wer diesen Vorteil nicht hat, ist zumindest mit Safer Sex gut beraten. Damit sind Verhaltensweisen beim Sex gemeint, die dafür sorgen, dass jeweils keine Körperflüssigkeiten des anderen in den eigenen Körper kommen, unter anderem durch die Verwendung eines ▶Kondoms oder eines Kondoms für die Frau (▶Femidom) oder anderer Schutzmaßnahmen. Die Steigerungsform »Saf**er**« weist dabei auf die Erhöhung der Sicherheit hin, und macht deutlich, dass dies keine absolute Sicherheit bieten kann. Die im Deutschen teils verwendete Bezeichnung »geschützter Sex« ist missverständlich und kann in einer falschen Sicherheit wiegen. Nur gegen die wenigsten STDs gibt es übrigens bisher eine Impfung (Hepatitis B wird bereits im Säuglingsalter empfohlen, zu HPV siehe Infokasten).

Viele Teens schätzen das Risiko, sich mit STDs anzustecken, nicht so hoch ein und wissen nicht, wie häufig sie vorkommen. Schließlich spricht man darüber meist weder allgemein noch hängt man an die große Glocke, wenn man sich angesteckt hat. Einem Infizierten kann man meist weder die STD ansehen noch ob er oder sie ansteckend ist. Das macht die Sache nicht gerade einfacher. Die Symptome fallen je nach Krankheit nämlich ganz unterschiedlich aus und sind teils gar nicht sichtbar.

Klartext

Um es mal praktisch zu verdeutlichen: Jana ist 16 und seit letzter Woche mit Tobi, 17, zusammen. Sie überlegt: »Tobi war bis zum Sommer mit Maike zusammen. Die beiden waren schon eng miteinander, aber ob sie Sex hatten, habe ich Tobi noch nicht gefragt.«
Jana kennt Maike flüchtig und weiß, dass diese vorher einige Zeit mit Torben aus ihrer Stufe zusammen war. Torben hatte schon viele Freundinnen, davon kennt sie Anna, Elena und Nina. Wie weit sie körperlich gegangen sind, weiß Jana nicht. Maike jedenfalls war länger mit Julius zusammen. Der ist jetzt mit Louisa zusammen. Jana überlegt weiter: »Ich selbst hatte früher eine Beziehung mit Ole, mit dem hatte ich definitiv Sex. Ole war vorher mit Josie und davor mit Svea zusammen. Er sagte aber, da sei nichts gelaufen. Was das wohl heißt? Ob Tobi wohl schon Sex mit Luna hatte, seiner alten Flamme, die vor Maike angesagt war …?«

Tipp: Wenn dir etwas seltsam vorkommt und du Beschwerden hast (besonders, nachdem du mit jemandem Sex hattest oder intim geworden bist), solltest du eine Ärztin deines Vertrauens aufsuchen, und zur Sicherheit nachschauen lassen. Nur, weil der von außen sichtbare Geschlechtsbereich nicht erkrankt aussieht, heißt das nicht, dass keine Infektion vorliegt! Hellhörig werden solltest du übrigens auch, wenn dein Partner Juckreiz, eitrigen (gelben) Ausfluss aus dem Penis und/ oder Warzen im Intimbereich hat. Bei diesen sichtbaren Entzündungszeichen ist umso mehr Vorsicht geboten. Tückisch: Manche STDs verlaufen bei Männern symptomlos, führen bei Frauen aber zu schwerwiegenden Erkrankungen und Folgen.

HPV-Impfung

Von den Humanen Papillomviren (HPV) gibt es über 200 HPV-Typen. Etwa 40 befallen den Genitaltrakt. Viren aus der sogenannten Hochrisiko-Untergruppe sind bei bestimmten Krebserkrankungen nachgewiesen worden und werden daher beschuldigt, an ihrer Entstehung beteiligt zu sein. Viren aus der Niedrigrisiko-Untergruppe macht man für die Bildung von Genitalwarzen verantwortlich. **Die HPV-Impfung richtet sich je nach Wirkstoff gegen zwei oder neun HPV-Typen.** Diese Impfung gibt es erst seit 2006, daher ist die langfristige Wirkung noch nicht untersucht.

- Sehr viele Menschen erkranken im Laufe ihres Lebens an einer HPV-Infektion: Bei 90 Prozent oder mehr heilt die Erkrankung aus, ohne chronisch zu werden.
- HPV-Viren sind an verschiedenen Krebserkrankungen (zum Beispiel Karzinomen) beteiligt. Bei der Frau: Gebärmutterhalskrebs, Scheidenkarzinom und Karzinom des äußeren Genitales (Karzinom heißt so viel wie bösartige Geschwulst oder Tumor). Beim Mann: Peniskrebs; bei beiden Geschlechtern: Karzinome im Mund-Rachenraum sowie am After/Darmausgang.
- Die HPV-Typen werden mit Zahlen unterschieden. Der eine Impfstoff enthält die Hochrisiko-Typen 16 und 18, der andere die Hochrisiko-Typen 16, 18, 31, 33, 45, 52, 58, sowie die für Genitalwarzen bekannten HPV-Typen 6 und 11. Diese in der Impfung enthaltenen HPV-Typen allein schützen nicht gegen *alle*, möglicherweise gefährlich eingestuften anderen HPV-Typen mit. Die Impfung wirkt nur vorbeugend und kann vorhandene Infektionen nicht beseitigen. Man wiegt sich in einer falschen Sicherheit, wenn man glaubt, dass man mit der Impfung nicht mehr an Krebs erkranken könnte. **Darum ersetzt die Impfung auf keinen Fall die Krebsvorsorgeuntersuchung bei Frauen ab 20 und bei Männern ab 45 Jahren!**
- Bis eine Infektion chronisch wird und schließlich womöglich in Krebs endet, vergehen meist viele Jahre.
- Einige Faktoren erhöhen das Risiko, das sich HPV-infizierte Zellen zu Krebszellen entwickeln: Diese Co-Faktoren sind rauchen, HIV-Erkrankung oder andere Abwehrschwäche und Einnahme hormoneller Verhütungsmittel länger als fünf Jahre.[144]
- Zum gegenwärtigen Zeitpunkt wird offiziell empfohlen die Impfung möglichst vor dem ersten Mal Sex abgeschlossen zu haben. Die Ständige Impfkommission empfiehlt Mädchen die Impfung zwischen 9 und 14 Jahren (2 Impfdosen). Sie kann vom 15. bis zum 17. Lebensjahr nachgeholt werden (3 Impfdosen). Danach sind es Einzelfallentscheidungen, bei denen die Kostenübernahme vorher mit der Krankenkasse geklärt werden sollte.

Alles rund um Fruchtbarkeit & Fortpflanzung

Noch offene Fragen? Den Gedanken, dass Sex – auch – zum »Kinderkriegen« da ist, hatten wir ja oben schon einmal, aber was genau passiert da eigentlich? Deine Chance eine Expertin zu werden – rund um das Thema Fortpflanzung: Wie entstehen eigentlich Kinder? Was hat deine ▶ Monatsblutung damit zu tun? Und welche Methoden gibt es, eine Schwangerschaft zu verhüten?

Basics Empfängnis

Damit ein Kind entsteht, muss eine Eizelle der Frau von einer Samenzelle des Mannes befruchtet werden. Jeden Monat springt etwa in Zyklusmitte aus dem Eierstock der Frau meist nur eine Eizelle heraus und wird vom weiten Ende des Eileiters (Fimbrientrichter) aufgefangen.

Erst seit wenigen Jahren ist überhaupt bekannt, dass die Klitoris neben ihrer Funktion Lustgefühle beim Sex zu erzeugen und zum Höhepunkt zu führen eine weitere Funktion hat: die Unterstützung der Fortpflanzung![145] Wird die Klitoris stimuliert, setzt das dadurch aktivierte Gehirn eine ganze Reihe von Veränderungen in Gang, die darauf abzielen, eine Befruchtung zu ermöglichen: Die Durchblutung der Scheide und ihre Sauerstoffversorgung und Befeuchtung werden verbessert. Zusätzlich ändert sich die Position des Gebärmutterhalses.

- Die **Samenzellen** gelangen beim **Samenerguss** in die Scheide. Sie durchschwimmen die Gebärmutter bis in die Eileiter. Dort können sie mehrere, in Einzelfällen bis zu acht Tage überleben (auch kürzer, but you never know ...). Das ist richtig lange! Wenn der Eisprung in diese Zeit fällt, in der die Spermien quasi in Pole Position geduldig bereitstehen, kann es zu einer Schwangerschaft kommen.
- Die unbefruchtete **Eizelle** ist nach dem Eisprung nur bis zu maximal 24 Stunden befruchtungsfähig.
- Der **Eisprung** ist eine gewisse unbekannte Variable:
  - Er findet nicht immer am gleichen Tag statt/ist nicht einfach ausrechenbar.
  - Kann sich durch Stress oder Krankheit verschieben (früher oder später als erwartet).
  - Ist nur *medizinisch* nachweisbar, nicht aber durch klare äußere Zeichen.
- Die **Befruchtung** findet im Eileiter statt. Die schnellste Samenzelle verschmilzt mit der Eizelle der Frau. Sind beide zusammengekommen, tragen sie die komplette menschliche Erbinformation. Ein neuer Mensch ist entstanden!

- »**Eiwanderung**« – ca. vier Tage lang wird die befruchtete Eizelle durch Flimmerhärchen in der Wand des Eileiters zur Gebärmutter transportiert. Obwohl der gerade entstandene winzig kleine Mensch sich mitten in ihrem Körper befindet, hat er noch keine Verbindung zur Mutter und wird allein durch Flüssigkeiten aus dem Eileiter ernährt.
- Die **Einnistung** erfolgt etwa am 6. Tag nach der Befruchtung in die weiche Gebärmutterschleimhaut (= Nidation).

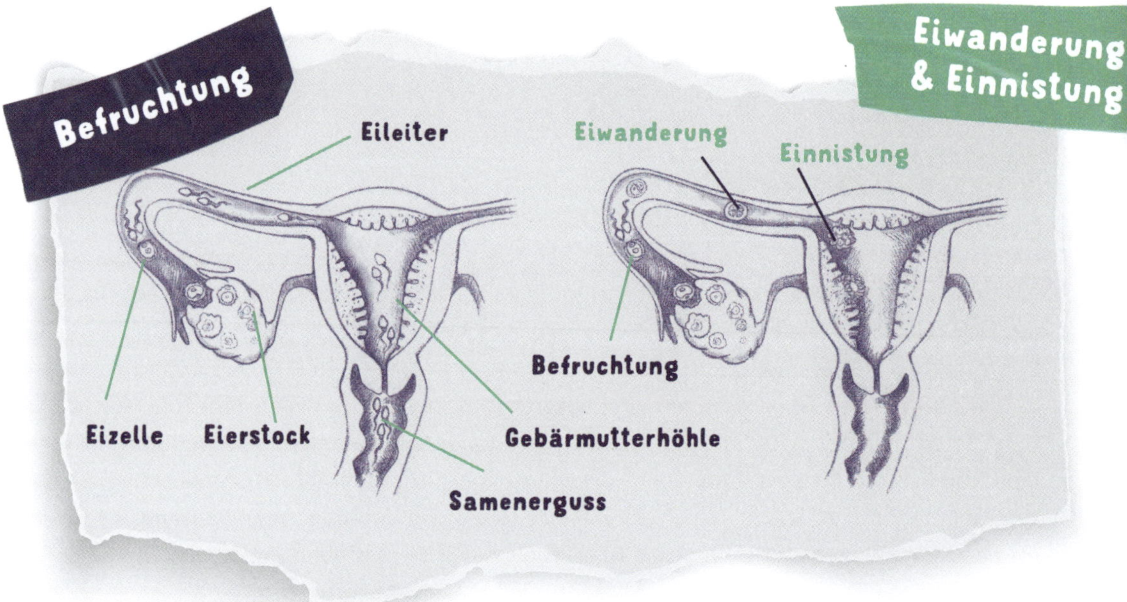

Deshalb kann das Zeitfenster, wann die Frau innerhalb eines Monatszyklus schwanger werden kann, bis zu zweieinhalb Wochen groß sein! Erst wenn der Eisprung sicher erfolgt ist und das Ei nicht mehr befruchtungsfähig bzw. abgestorben ist, beginnt bis zur nächsten ▶Monatsblutung eine sicher unfruchtbare Zeit.

fraglich fruchtbar — wahrscheinliches Konzeptionsoptimum — Sicher unfruchtbar

1 2 3 4 5 6 7 8 9 10 11 **12 13 14 15** 16 17 18 19 20 21 22 23 24 25 26 27 28

Menstruation — wahrscheinlichster Eisprung — Zyklustage

grundsätzlich mögliches fruchtbares Zeitfenster
Achtung – verschiebt sich der Eisprung, wandert dieses Zeitfenster mit!

Viele Menschen werden nicht so schnell schwanger, wie sie es sich wünschen. Ein unerfüllter Kinderwunsch betrifft etwa jedes fünfte bis sechste Paar[146] in Deutschland – und damit viel mehr Menschen, als wir oft wahrnehmen. Es kann mehrere Monate und viele Versuche dauern, bis es klappt. Und manchmal stellt sich gar kein Nachwuchs ein. Fortpflanzungsmedizinische Praxen können hier weiterhelfen, allerdings auch nicht in jedem Fall.

Klartext

Bei Mädchen in der Pubertät kommt der Regelzyklus und oft auch der Eisprung häufig noch unregelmäßig. Daher kann man die Fruchtbarkeit dann noch weniger eingrenzen. Die einsetzende Regelblutung signalisiert den Beginn eines neuen Monatszyklus. Jetzt beginnt eine unsichere Zeit. Aufgrund der theoretisch langen Lebenszeit der Spermien könnte sogar Sex während der Regelblutung bei einem frühen Eisprung zur Schwangerschaft führen (▶ Regelblutung).

Schwangerschaft

Es ist schon ein besonderes Wunder: Innerhalb von neun Monaten reift aus einer einzigen Zelle im Verborgenen des Bauchs ein vollständiger kleiner Mensch heran!

Schwangerschaft

In der Gebärmutterhöhle liegt das Baby von Fruchtwasser umgeben in einer Fruchtblase. Dies ist problemlos möglich, da es noch nicht durch den Mund atmet. Das Fruchtwasser hat mehrere wichtige Funktionen: Bewegungs- und Gelenktraining für das Kind, Schutz wie ein Airbag vor Stößen, Abschirmung vor zu lauten Außengeräuschen und Hilfe bei der sanften Ausdehnung der Gebärmutter, während das Baby wächst. So muss sich das Kind nicht aktiv gegen die Wand stemmen! Mit Nahrung, Sauerstoff und Abwehrstoffen gegen Krankheiten wird das Baby vom Mutterkuchen über die Nabelschnur durch das Blut versorgt.
Der Mutterkuchen hat etwa die Größe einer Frisbee-Scheibe und wird in jeder Schwangerschaft vom Baby am Einnistungsort in die Gebärmutterschleimhaut gebildet. Er ist die Schnittstelle zwischen mütterlichem und kindlichem Blut und stellt auch einen Schutz vor vielen Krankheitserregern dar. Vom Mutterkuchen

führt die Nabelschnur zum Bauch des Babys. Sie enthält drei Blutgefäße in zwei Richtungen, Versorgung des Babys in die eine und Abtransport von verbrauchter Luft (Kohlendioxid) und Abfällen in die andere Richtung. Nach nur drei Monaten sind alle Organe des noch kleinen Babys fertiggestellt. Jetzt muss es »nur noch« wachsen. Nach und nach nimmt es alle seine Sinnesorgane in Betrieb. Ab dem fünften Monat können Babys hören und sogar Musik wiedererkennen.

Die Gebärmutter hat die Form einer umgekehrten Birne, um den enormen Druck während der Schwangerschaft abfedern zu können. Denn in ihr wächst in neun Monaten das Baby zu mehreren Kilogramm Gewicht heran, zusätzlich wiegt auch das Fruchtwasser. Eine einfache Tür unten am Ausgang würde diesem Druck nie Stand halten. Babys kämen viel zu früh zur Welt. Doch auf dem 5 cm langen Sockel des Gebärmutterhalses liegt die Gebärmutterhöhle breit auf. Damit ist der winzige kleine Ausgang selbst bei schweren Babys stabil! Eine echte Ingenieurmeisterleistung!

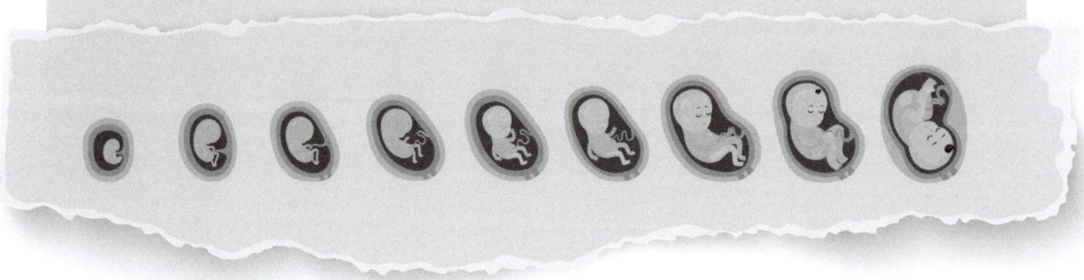

In der Schwangerschaft dehnt sich der Bauch einer Frau enorm. Bei manchen übersteht die Haut das völlig problemlos und bildet sich im Wochenbett (▶ Geburt & Wochenbett) in den ursprünglichen Zustand zurück. Bei anderen entstehen Schwangerschaftsstreifen, die meist auch mit teuren Salben und Cremes nicht verhindert werden können. Ob eine Frau Cellulitis oder Schwangerschaftsstreifen am Bauch bekommt, hängt von der Verarbeitung von Stoffwechselabbauprodukten und der Dehnbarkeit ihrer Haut ab. Auch sehr schlanke Frauen können Cellulitis oder Schwangerschaftsstreifen bekommen.

Klartext

Natürlich wäre es schöner, wenn es keine Schwangerschaftsstreifen gäbe, und sie mögen optisch nicht toll sein, aber ganz ehrlich – man kann sie auch als Ehrenabzeichen für die durchlebte Schwangerschaft sehen, den Part an der gemeinsamen Co-Produktion eines neuen Menschen, den Männer Frauen nicht abnehmen können. Nicht vergessen: Auch viele Männer haben Dehnungsstreifen an Oberschenkeln und Hüften – die haben aber weniger rühmliche Ursachen ... ☺

Entstehung von Mehrlingen
Es gibt eineiige und zweieiige Zwillinge.
Eineiige Zwillinge entstehen, wie der Name deutlich macht, aus **einem** Ei. Diese eine Eizelle wird von einer Samenzelle befruchtet. Die Verteilung der Erbeigenschaften zwischen Mann und Frau ist mit Ei- und Samenzelle immer ausgewogen, also 50 Prozent von der Frau (Eizelle) und 50 Prozent vom Mann (Samenzelle), sie verschmelzen zu einem gemeinsamen Zellkern. Mit der so befruchteten Eizelle ist **ein** neuer Mensch entstanden. Nun setzt die Zellvermehrung ein: aus einer Zelle werden 2, dann 4, dann 8, dann 16 Zellen usw. Wenn sich in diesem ganz frühen Stadium diese Zellen bei der Zellvermehrung noch einmal komplett durchteilen, entstehen zwei **erbgleiche Individuen**, da sie ja aus einer Zelle entstanden sind. Diese vermehren sich nun jeweils allein weiter. Diese eineiigen Zwillinge haben das gleiche Geschlecht.

Zweieiige Zwillinge entstehen aus zwei Zellen. Normalerweise kommt im Körper der Frau durch einen eingebauten Schutz pro Monat nur ein Ei zum Eisprung. Die menschliche Gebärmutter ist – anders als bei Tieren – nicht generell für Mehrlinge konstruiert. »Springen« doch einmal zwei Eizellen (manchmal durch Medikamente bei unerfülltem Kinderwunsch), können diese auch von jeweils einer Samenzelle befruchtet werden. Sie sind **erbungleich**. Die zweieiigen Zwillinge können daher auch ein Junge und ein Mädchen sein, die sich kaum ähnlich sehen. Sie sind wie Geschwister, die bis auf wenige Minuten, zur gleichen Zeit geboren sind.

Eineiige Drillinge entstehen, wenn eineiige Zwillinge sich in drei einzelne Zellen aufteilen, oder in vier und eine Eizelle noch abstirbt. Wenn es zu einer Mischung von ein- und zweieiigen Zellen kommt, sind es mehreiige Drillinge. So könnten zum Beispiel zweieiige Zwillings-Zellen entstehen, von denen eine sich noch einmal komplett in eineiige Zwillings-Zellen aufteilt. Am Ende wären es dann zum Beispiel ein Junge und zwei eineiige Mädchen.

In Einzelfällen sind auch noch höhere Mehrlingsschwangerschaften bekannt. Besonders höhergradige Mehrlinge sind aufgrund des geringen Platzangebots in der Gebärmutter Risikoschwangerschaften. So kommt es früher zu Wehen und damit auch zu Frühgeburten oder sogar zum Absterben einzelner oder aller Kinder schon in der Gebärmutter.

Geburt & Wochenbett

Jetzt weißt du, wie ein Kind entsteht und im Mutterleib wächst. Doch die Schwangerschaft ist zeitlich immer begrenzt. Und irgendwie muss das Baby ja nun herauskommen, um das Licht der Welt zu erblicken.

Die Geburt

Zur Geburt verkürzt sich der schmale, 5 cm lange Gebärmutterhalskanal auf 0 cm und öffnet sich auf die erstaunliche Weite von 10 cm! Beim ersten Baby dauert das meistens viele Stunden. Jetzt gelangt das Baby durch die Wehen (ein Zusammenziehen von Gebärmuttermuskeln) in den elastischen Geburtskanal Scheide. Schmerzen unter der Geburt werden mit speziellen Atemtechniken, Entspannungsbädern aber auch verschiedenen medizinischen Behandlungsmethoden gelindert.

Der runde Kopf des Babys drückt die Wände der Scheide immer weiter auseinander. Nun kann die Mutter durch das Pressen mithelfen. Dazu holt sie tief Luft, hält diese an, und schiebt das Baby mithilfe des Bauchdrucks, der so entsteht, in Richtung Ausgang.

Meist erblickt das Baby mit dem Köpfchen voran das Licht der Welt. Nur 4 Prozent der Babys kommen mit dem Po voran, 1 Prozent liegt quer und muss auf jeden Fall per Kaiserschnitt entbunden werden. Zunächst wird das Baby abgenabelt. Ein Clip sichert den Nabelschnurrest am Körper des Kindes. Dieser fällt innerhalb weniger Tage nach der Geburt ab. Genau an dieser Stelle hast du jetzt deinen Bauchnabel! Es folgen die Namenskennzeichnung, meist durch ein Armbändchen, und die erste ärztliche Untersuchung, das Wiegen und Ausmessen der Körperlänge.

Bei der »**Nachgeburt**« müssen der Mutterkuchen, die restliche Nabelschnur und auch die Fruchtblase den Körper der Gebärenden mithilfe von Nachwehen noch verlassen. Das dauert meist nur zehn bis zwanzig Minuten. Anschließen kontrolliert die Hebamme, ob alles vollständig ausgeschieden wurde, damit es nicht später zu Blutungsstörungen oder Entzündungen kommt.

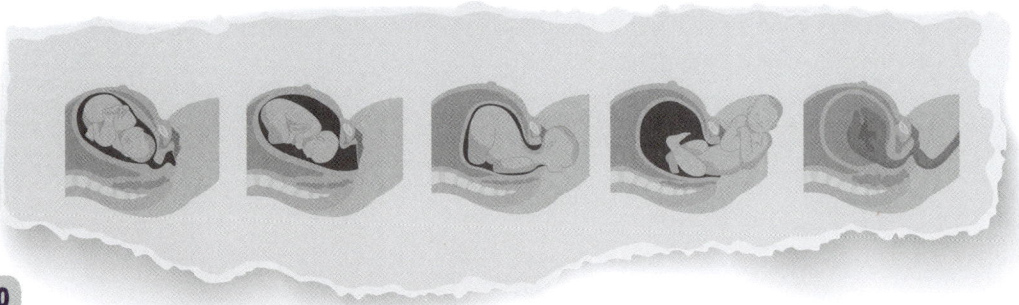

Stillen

Beim Stillen nimmt das Baby beim Trinken normalerweise den gesamten Warzenvorhof, also die gesamte dunklere Fläche der Brustwarze, in den Mund und bewegt diese zwischen dem Unter- und Oberkiefer. Daher können auch Frauen mit Flach- oder Hohlwarzen und damit verbundenen kürzeren Milchgängen stillen. So kommt die Milch am besten aus der Brust heraus. Trinkt das Baby nur am Nippel, der vorstehenden Brustwarze, wird dieser schnell wund und schmerzhaft. Gelingt es dem Baby nicht auf Anhieb bei Hohl- oder Flachwarzen zu trinken, kann die Frau spezielle Stillhütchen auf die Brustwarze aufsetzen.

Beim Stillen erhält das Baby stets wohltemperierte Milch, Abwehrstoffe und die exakt richtige Nährstoffzusammensetzung für sein Alter. Die Milch ist jederzeit verfügbar. Das Stillen fördert neben der Mutter-Kind-Bindung über Botenstoffe die Rückbildung der Gebärmutter nach der Schwangerschaft. Gleichzeitig »bestellt« das Baby bei jedem Trinken über ausgeschüttete Botenstoffe genau so viel Milch nach, wie es durchschnittlich trinkt. Frauen mit eher kleinen Brüsten können genauso gut stillen wie Frauen mit größeren Brüsten.

Wenn eine Frau nicht stillen möchte oder kann, wird ein Baby auch mit Flaschenkost gesund groß.

Stillen ist die von der Natur vorgesehene Nahrungsaufnahme neugeborener Menschen. Es sollte also völlig normal sein, stillende Frauen in der Öffentlichkeit zu sehen. Wenn Menschen sich davon irritiert fühlen, sollten sie sich lieber Gedanken über ihre Reaktion machen als über die Frau, die da ihrem Kind zu essen gibt!

Wochenbett nennt man die vier bis sechs Wochen nach der Geburt. Nun ist der Körper damit beschäftigt, die schwangerschaftsbedingten Körperveränderungen rückgängig zu machen. Die Gebärmutter verkleinert sich schnell nach der Geburt. Doch in ihrem Inneren muss die Wand, an der der Mutterkuchen saß, abheilen. Der Gebärmutterhals ist noch leicht geöffnet und lässt Wochenfluss (Lochien) hinaus. In dieser Zeit sollte Sex – wenn überhaupt – nur mit Kondom oder Femidom stattfinden, da sich die Gebärmutterhöhle sonst leicht durch Krankheitserreger infizieren kann. Früher sind im sogenannten Kindbettfieber viele Frauen nach Geburten gestorben.

»Plötzlich« Mama?!

Eine Schwangerschaft kann das Leben erst mal ganz schön auf dem Kopf stellen. Eine geplante Schwangerschaft schafft das schon locker, eine ungeplante umso mehr.

Besonders, wenn man dem **Mythos** glaubte: Ihr müsst nur sicher verhüten, dann wirst du garantiert nicht schwanger.

Fakt: So sehr man vorsorgen mag: Es gibt keine hundertprozentige Sicherheit, dass du beim Sex nicht schwanger wirst! Daher bist du gut beraten, dich fit zu machen zum Thema ▶ Empfängnisregelung!

Gewollt und gefeiert oder ungeplant, manchmal sogar ungewollt – wie auch immer: Ein einzigartiger und wunderbar gemachter Erdenbürger ist entstanden! Krass, wenn man bedenkt, dass wir inzwischen über 8 Milliarden Menschen sind, wie Weltbevölkerungsuhren[147] in Echtzeit zeigen. Wenn dieser einzigartige neue Mensch von seinen Eltern nicht direkt mit offenen Armen empfangen wird, liegt das nicht an ihm selbst, sondern meist an den Umständen, in die er hinein gezeugt wurde.

Klartext

Viele Erwachsene machen sich, wenn sie sagen: »Das letzte Kind war ein ›Unfall‹!« keine Gedanken, was diese Aussage und Wortwahl für das betroffene Kind bedeuten!

Selbst innerhalb einer Ehe kann ein weiteres Kind das Ehepaar an seine Grenzen bringen. Umso mehr gilt das für Menschen, die sich noch nicht lange kennen, womöglich gar nicht mehr zusammen sind oder sich einen anderen Lebensalltag mit Schule, Ausbildung oder Studium vorgestellt haben. Daher sollte man vorher gut überlegen, wann man Sex haben will (▶ Sex – das ›Erste Mal‹). Sex hat viel mit Verantwortung zu tun.

Was aber kannst du im Fall einer fraglichen oder ungeplanten Schwangerschaft tun? Wie feststellen?

- Ihr hattet Sex – und plötzlich ist deine Monatsblutung überfällig? Klar kommt dann die Frage auf, ob du schwanger bist! Gleichzeitig ist eine unregelmäßige Regel bei Teens total normal. Keine Panik.
- Zeit für einen Schwangerschaftstest, erhältlich in Drogeriemarkt/Apotheke. Ist er positiv, so ist das ein *wahrscheinliches* Schwangerschaftszeichen, dass ein kleiner Erdenbürger in deine Gebärmutter eingezogen sein kann. Die Überprüfung findet bei der Frauenärztin statt. Diese bestätigt die Schwangerschaft im Ultraschall. Denn in sehr seltenen Fällen kann das nachgewiesene Hormon auch aus anderen Gründen nachweisbar sein.

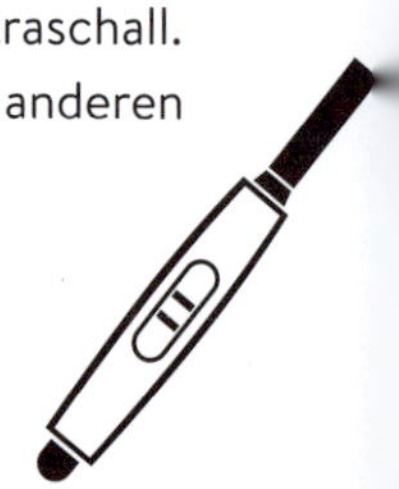

Gut zu wissen

Ein positiver Schwangerschaftstest kann anfangs ein ganz schöner Schock sein. Besonders, wenn jemand sich in Sachen Verhütung eigentlich sicher fühlte. Doch der winzige Mensch lebt bereits in dir und vermehrt seine Zellen unaufhörlich. Bereits in der sechsten Woche schlägt das kleine Herz. Seine Organe entwickeln sich bereits. Es bekommt mit, wie du dich fühlst, ob du dich freust oder ärgerst.[148] Alles an sich erfreulich und hoch spannend – wenn auch möglicherweise besser zu einem anderen Zeitpunkt. Je nach Lebenssituation wünschst du dir vielleicht lieber eine Zeitmaschine, mit der du zurückfliegen und Entscheidungen anders treffen könntest.

Tipp: Allein zu bleiben und sich zu vergraben, hilft niemandem, weder dir/euch noch eurem Baby. Viele ungewollte Eltern waren anfangs erschlagen und dachten, das geht gar nicht. Der Tunnelblick ist völlig normal. Vor irgendwelchen Entscheidungen solltest du wissen, dass es in solchen Situationen Hilfen, Ansprechpartner und Unterstützung gibt – **auch wenn man noch Teenager ist!** Du kannst zum Beispiel völlig unverbindlich und anonym bei vita-L (▶ Hilfsadressen rund um Teenie-Schwangerschaften), einer kostenlosen 24h-Hotline anrufen, die Situation mit jemandem besprechen und überlegen, welche Möglichkeiten es jetzt gibt. Der Gesetzgeber stellt für Frauen auch eine Schwangerschaftskonfliktberatung bereit.

Das Gesetz sagt zur Konfliktberatung laut §219 des Strafgesetzbuches Folgendes:

»(1) Die Beratung dient dem Schutz des ungeborenen Lebens. Sie hat sich von dem Bemühen leiten zu lassen, die Frau zur Fortsetzung der Schwangerschaft zu ermutigen und ihr Perspektiven für ein Leben mit dem Kind zu eröffnen; sie soll ihr helfen, eine verantwortliche und gewissenhafte Entscheidung zu treffen. Dabei muss der Frau bewusst sein, dass das Ungeborene in jedem Stadium der Schwangerschaft auch ihr gegenüber ein eigenes Recht auf Leben hat und dass deshalb nach der Rechtsordnung ein Schwangerschaftsabbruch nur in Ausnahmesituationen in Betracht kommen kann, wenn der Frau durch das Austragen des Kindes eine Belastung erwächst, die so schwer und außergewöhnlich ist, dass sie die zumutbare Opfergrenze übersteigt. Die Beratung soll durch Rat und Hilfe dazu beitragen, die in Zusammenhang mit der Schwangerschaft bestehende Konfliktlage zu bewältigen und einer Notlage abzuhelfen. Das Nähere regelt das Schwangerschaftskonfliktgesetz.«[149]

103.927 Frauen in Deutschland entschieden sich in solch einer Situation im Jahr 2022 dennoch für einen Schwangerschaftsabbruch.[150] Meist wird das ungeborene Kind dann innerhalb der ersten drei Schwangerschaftsmonate mithilfe von Medikamenten oder einer Operation abgetötet und aus der Gebärmutter entfernt. In manchen Fällen auch deutlich später. Schwangerschaftsabbrüche können mit unmittelbaren Nebenwirkungen und langfristigen Folgen für die körperliche und seelische Gesundheit der Frau einhergehen.[151]

Vielfach sehen ungewollte Eltern auf den ersten Blick nur die Möglichkeit zum Schwangerschaftsabbruch oder ihr ganzes geplantes Leben über den Haufen zu werfen. Es gibt aber noch weitere Möglichkeiten. Investiert man neun Monate in das Leben eines anderen Menschen, kann dieser vielleicht zur Adoption vermittelt werden und bei einer anderen Familie aufwachsen – oder man nutzt die Zeit, um sich mit der Situation vertraut zu machen. Oft finden Familien oder andere Anlaufstellen nach dem ersten Schreck doch Möglichkeiten, wie das Kind innerhalb der Familie groß werden und die jugendliche Mutter ihren Schulabschluss machen kann. Das muss nicht automatisch die Familie des Mädchens sein! Denn wichtig ist, dass auch der Junge überlegt, wie er mit Verantwortung übernehmen kann. Nicht immer gehen Beziehungen in solchen Fällen gemeinsam weiter. Aber Eltern eines gemeinsamen Kindes sind die zwei ab jetzt lebenslang! Nun ist es also wichtig, einen Weg zu finden, auf dem beide Verantwortung für das Wohlergehen und die Erziehung des gemeinsamen Kindes übernehmen. Es kann helfen, gemeinsam Termine bei der Frauenärztin wahrzunehmen, mit anderen Eltern zu sprechen, wie sie in die Eltern-Rolle hineingefunden haben (super, wenn die eigene Mama hier auch Tipps geben kann!) und einen Geburtsvorbereitungskurs zusammen zu besuchen. Da lernen Männer auch, wie sie ihre Partnerin bei der Geburt gut unterstützen können.

> **Eine Frau riet ihren Teenagern: »Eine unbedachte Entscheidung sollte keine zweite hinter sich herziehen. Falls mal jemand von euch ungewollt schwanger ist, sind wir auf jeden Fall für euch da. Und wir werden einen Weg für euch und das Kind finden.«**

Natürlich ist ein verantwortungsvoller Umgang mit der eigenen Sexualität wichtig. Dazu gehört aber immer auch ein verantwortungsvoller Umgang mit den Folgen. Dazu machen wir dir Mut. Im Anhang findest du Hilfsadressen und Anlaufstellen zu diesem Thema.

Alles über Empfängnisregelung

Empfängnisregelung oder Verhütung geht immer beide Partner an! Beide sollten diese Entscheidung inhaltlich mittragen.

Wenn Frau und Mann Sex haben, kann ihre Liebe in Form eines Babys, das sie zeugen, eindeutig Gestalt annehmen. Ab der einsetzenden Geschlechtsreife in der Pubertät können Frauen bis zu den Wechseljahren (die Regelblutung verabschiedet sich im Alter von ca. 40 bis 55 Jahren) schwanger werden. Glasklare Altersgrenzen gibt es da nicht. Während der geschlechtsreifen Zeit der Frau kann sie nur in speziellen Zeitfenstern schwanger werden.

Zum Eingrenzen dieser Zeitfenster hilft ein wenig Biologie-Wissen und die Kenntnis der Geschlechtsorgane. (▶ Alles über Jungs, ▶ Alles über Mädchen, ▶ Basics Empfängnis)

Männer hingegen können ihr Leben lang bei jedem Sex Kinder zeugen – auch wenn die Fruchtbarkeit im Alter etwas nachlässt.

Fazit: Beim Sex sollte man eine mögliche Schwangerschaft immer auf dem Schirm haben! Darum ist die Frage nach einer möglichst sicheren Empfängnisregelung umso wichtiger.

Basics zur Empfängnisregelung

Mittel und Methoden zur Empfängnisregelung dienen dazu, nicht ungeplant schwanger zu werden. Ihre jeweilige Zuverlässigkeit kannst du mit dem sogenannten **»Pearl-Index«** einschätzen.[152] Diese Zahl gibt an, wie viele Frauen bei sachgemäßem Gebrauch einer bestimmten Methode innerhalb eines vorgegeben Zeitraums trotzdem schwanger wurden: Ein möglichst niedriger Pearl-Index im Bereich von 0 bis 1 steht für eine sehr hohe Zuverlässigkeit der Methode. Je höher der Pearl-Index hingegen ist, umso unsicherer ist die Methode. Faule Kompromisse (»Pille vergessen, wird wohl nicht so schlimm sein ...«; oder: »Kondom beschädigt oder abgelaufen, ach egal ...«) verwandeln die theoretische Orientierungshilfe des Pearl-Index rasch in eine nutzlose Seifenblase!

Eine hundertprozentig sichere Empfängnisregelung gibt es nicht! (Außer enthaltsam zu sein, also »No Sex« oder aus medizinischen Gründen keine Gebärmutter/Eierstöcke oder Samenzellen zu haben.) Mit der gezielten Auswahl einer Methode kann die Wahrscheinlichkeit, schwanger zu werden, entscheidend mitbestimmt und niedrig gehalten werden. Und doch gibt es bei *jeder* Methode eine Restunsicherheit, sogar bei der Sterilisation (Durchtrennung der Eileiter – Pearl-Index 0,5[153]) bzw. Vasektomie (Durchtrennung der Samenleiter – Pearl-Index 0,1-0,15)![154] Der Körper versucht, Verletzungen zu heilen – so ganz grundsätzlich. Bei einem Knochenbruch begrüßen wir das. Weil das dem Körper bei einer Sterilisation oder Vasektomie jedoch normalerweise nicht gelingt, sind diese Methoden recht verlässlich – aber eben nicht zu hundert Prozent.

Klartext
Sogar vielen Erwachsenen ist nicht bewusst, dass diese Reparaturanstrengungen des Körpers unbedingt in Betracht gezogen werden sollten, wenn eine Frau nach der Vasektomie ihres Mannes trotzdem schwanger wird. Voreilige Verdächtigungen sind auf jeden Fall fehl am Platz!

Wie findet man die richtige Methode?

Jede Lebensphase hat eigene Rahmenbedingungen. Daher gibt es meist keine Entscheidung für ein ganzes Leben. Man entscheidet immer wieder neu, je nach persönlichem Setting. Diese Fragen können dabei helfen:

Fragen zu Methoden der Empfängnisregelung

- Was ist dir wichtig? Ist Sex schon dran?
- Benötige ich die Methode jeden Tag/nur in speziellen Situationen? Vorsorglich »für alle Fälle«?
- Fallen Kosten an? Wenn ja, wer bezahlt die?
- Hat die Methode Nebenwirkungen?
- Sollte ich oder mein Partner gesundheitliche Einschränkungen beachten?
- Rauche ich? Dann sind bestimmte Hormonpräparate wie die Pille wegen möglicher Nebenwirkungen nicht ratsam!
- Wie wirkt die Methode – und ist die Wirkung für mich vertretbar?
- Welche Sicherheit brauche ich, nicht schwanger zu werden?
- Welche Vor- und Nachteile hat die Methode?
- Dürfen andere wissen, welche Methode ich/wir verwenden?
- Welches Mittel/welche Methode spricht mich/uns an?

Tipp: Die zahlreichen Mittel/Methoden der Empfängnisregelung können ganz schön verwirrend sein. Bei Fragen bekommst du Hilfe in einer gynäkologischen oder hausärztlichen Praxis. Man kann als Paar auch gemeinsam hingehen und sich Rat holen. Die Ärztinnen dort kennen beziehungsweise erfragen deine Krankengeschichte und wissen, ob es Gegenanzeigen gibt und welche Probleme damit unter Umständen einhergehen können.

Good to know: Beziehe die Wirkmechanismen in Empfängnisregelung mit ein!

1. Befruchtung verhindern

Ovulationshemmung (= Verhinderung des Eisprungs) und *Barriere-Methoden*, die verhindern, dass Eizelle und Samenzelle zueinander finden. Die Samen gelangen entweder nicht zum Ei oder es kommt kein Ei zur Befruchtung aus dem Eierstock.

2. Einnistung verhindern. Dabei gibt es zwei Varianten:

A) Interzeptionswirkung

Störung der befruchteten, sich schon teilenden Eizelle auf dem Weg zur Gebärmutter, die dadurch die Gebärmutter nicht erreicht oder zu beschädigt ist, um sich einzunisten. Sie stirbt ab.

B) Nidationshemmung

Das neue Leben wird daran gehindert, sich in die Gebärmutter einzunisten. Erfolgt kein Anschluss an den Blutkreislauf der Mutter, stirbt es ab.

Beginn des Lebens und verantwortlicher Umgang mit der Empfängnisregelung

Sobald die weibliche Eizelle mit der männlichen Samenzelle verschmilzt, werden beide zu einer einzigen Zelle mit kompletter, menschlicher Erbinformation. Damit beginnt biologisch (Biologie = Lehre vom Leben) das menschliche Leben. **Nichts kommt zu einem späteren Zeitpunkt von außen noch hinzu, was den Menschen zum Menschen machen würde.** Aus dieser einen Zelle entsteht alles am Körper: jedes Organ, Muskeln, Knochen, Zähne, Haare ...

Anfangs sind noch alle Zellen gleich. Doch schon auf dem Weg in die Gebärmutter differenziert sich, welche Zellen das eigentliche Baby werden, wer der »Mutterkuchen«, der es versorgt, die Nabelschnur usw. Alles in allem eine hochspannende und komplizierte Angelegenheit.

Aus diesem Blickwinkel macht es Sinn, Methoden zur Empfängnisregelung zu wählen, deren primäres Ziel es ist, vor der Befruchtung anzusetzen, anstatt das schon entstandene Leben am Kontakt zur Mutter hindern. Denn ohne die Einnistung muss jedes neu entstandene Leben zwangsläufig absterben. Es wird durch die Zellvermehrungen nach der Befruchtung so groß, dass es schon bald von der Umgebungsflüssigkeit des Eileiters und der Gebärmutter nicht mehr ernährt werden kann. Viele Methoden haben jedoch mehrere Wirkmechanismen. Gelingt ihr primäres Ziel nicht (also die Befruchtung zu verhindern), können sie auch die Einnistung beeinträchtigen. Daher ist das Einordnen nach dem Wirkmechanismus meist nicht so einfach.

Klartext

Die besondere Herausforderung für Mädchen: Obwohl beim Sex die Verantwortung dafür, dass es nicht zu einer ungewollten Schwangerschaft kommt, definitiv beide übernehmen sollten, ist die Auswahl an Mitteln und Methoden zur Empfängnisregelung, die Frauen nutzen können, ungleich höher. Viele von diesen Mitteln, besonders die hormonellen, gehen mit einem enormen Spektrum möglicher Nebenwirkungen einher. Es ist schon befremdlich, wenn man zugleich feststellt, dass die Pille für den Mann bislang in ihrer Entwicklung immer wieder an Nebenwirkungen scheiterte. Aktuell ist immerhin ein Präparat für den Mann angekündigt, das ohne Hormone auskommen und die Bildung von Samenzellen stören soll.[155] Ansonsten gibt es bisher nur zwei Methoden, die der Mann allein aktiv und sinnvoll übernehmen/beisteuern kann: Das Kondom und die Vasektomie. Dabei ist die Durchtrennung der Samenleiter als endgültig zu betrachten und in der Regel nicht rückgängig zu machen – und damit für Teens eh nicht relevant.
Schwanger mit allem, was das auch für ihre Lebensplanung bedeutet, wird aber die Frau. Auch deshalb ist es wichtig, verantwortungsvoll mit Sex umzugehen, und damit, was bestimmte Methoden auch gesundheitlich für dich als Frau bedeuten. Lass dich daher nicht zum Nutzen bestimmter Methoden drängen, sondern trefft Entscheidungen gemeinsam und im Sinne des Wohls von beiden Partnern durchdacht!

Übersicht – Mittel und Methoden

Hier zunächst ein ganz kurzer Überblick, welche Methoden es insgesamt gibt:

- **Barriere-Methoden (Femidom, Kondom und andere)**
- **»Natürliche« Methoden, v. a. die Symptothermale Methode**
- **Spiralen und vergleichbare Methoden**
- **Hormonelle Methoden**

Barriere-Methoden

Wirkweise: Bilden eine Art Schutzmauer zwischen der zu befruchtenden Eizelle und den Samenzellen

- **Femidom/Kondom:** künstliche Membran für Scheide oder Penis (siehe unten)
- **Diaphragma**[156] **Pearl-Index 4-10* bzw. 16-17****: wird als künstliche Membran vor den Eingang zur Gebärmutter gesetzt
- **Portiokappe**[157] **Pearl-Index ca. 6* bzw. 9-16****: bedeckt den Gebärmutterhals wie eine Mütze

Eine spermizide Creme oder ein solches Gel unterstützt die Anwendungvon Barriere-Methoden durch das zusätzliche Abtöten der Samenzellen.
*Sicherheit mit spermiziden Cremes / **ohne spermizide Cremes

Die bekannteste dieser Methoden, und für Männer anwendbar, ist das Kondom!

Kondom (Pearl-Index 2-12)[158], Femidom (Pearl-Index 5-25)[159]

Das **Femidom** (»Kondom für die Frau«), ist das weibliche Pendant zum Kondom für den Mann. Es handelt sich dabei um einen nach oben verschlossenen Gummischlauch, der mithilfevon zwei eingearbeiteten Ringen innen vor dem Gebärmutterhals und außen am offenen unteren Ende vor den Genitallippen zu liegen kommt. Es kann vor dem Sex eingeführt werden. Nach dem Sex wird es unten „zugedreht“, so kann keine Samenflüssigkeit auslaufen.

Kondome für den Mann sind sehr dünne Gummihüllen, die an der Eichel aufgesetzt über den steifen Penis des Mannes abgerollt werden.

Wirkweise: Femidome und Kondome fangen beim Samenerguss die Samenflüssigkeit auf und verhindern so, dass die Samenzellen zum unbefruchteten Ei gelangen.

Vorteile von Femidomen/Kondomen:

- Kostengünstig. Das Männerkondom ist günstiger als das Frauenkondom.
- Einfach erhältlich (Drogerie, Apotheke, Supermarkt ...).
- Kommt nur zur Anwendung, wenn man wirklich Sex haben möchte.
- Ein (wenn auch eingeschränkter) Schutz vor sexuell übertragbaren Krankheiten.
- Frauenkondome können vor Beginn des Verkehrs angezogen werden (anders als das Männerkondom).
- Bei Latexallergie gibt es Alternativen. Polyurethran-Kondome sind latexfrei.[160]
- Männerkondome sind abwechslungsreich (farbig, Geschmack, Struktur, Größe, Gleitmittel etc.).

Nachteile von Femidomen/Kondomen:

→ Hohe Fehleranfälligkeit. Erheblich herabgesetzte Sicherheit durch *Anwendungsfehler!*
→ Gefühl anders als ohne Kondom, obwohl sie superdünn sind.
→ Hemmschwelle: Was macht es (vor allem in einer neuen Beziehung) für einen Eindruck, wenn ich es dabeihabe?
→ Einmalprodukte
→ Das Überziehen kann das Vorspiel stören.

Nachteile speziell des Kondoms

→ Penisgrößen sind sehr verschieden. Kondome müssen genau passen, sonst können sie abrutschen oder reißen. Werden teils aus Eitelkeit zu groß gekauft.
→ Immerhin vier von fünf Männern (82,4 Prozent) benutzen die falsche Kondomgröße – DER Hauptfaktor, der den Pearl-Index verschlechtert. Ein Kondometer hilft Jungs weiter.
→ Erst anwendbar, wenn der Penis fest ist.
→ Manche reagieren mit einer Latexallergie auf herkömmliche Männerkondome.

Praxis-Tipp: Wie benutzt man ein Kondom richtig? Zum Anziehen eines Kondoms muss der Penis sich aufgerichtet haben und fest sein!

1. Öffne die Packung vorsichtig, damit das Kondom nicht beschädigt wird.
2. Ziehe, so vorhanden, die Vorhaut zurück und setze das Kondom mit dem nach außen aufgerollten Rand vorn auf die Eichel.
3. Drücke die Luft aus dem Zipfel an der Spitze des Kondoms (so lässt du vorn etwas Platz und verhinderst, dass das Kondom platzt/reißt). Halte es hier fest. Rolle das Kondom nun mit der anderen Hand vollständig den Penis hinunter ab.

Nach dem Samenerguss sollte »Mann« nicht lange mit dem Ausziehen des Kondoms warten. Der Penis erschlafft jetzt und die Samenflüssigkeit kann innen im Kondom zur Penisbasis herunter- und auslaufen. Deshalb sollte das Kondom nach dem Samenerguss am unteren Rand festgehalten werden, damit es nicht abrutscht.

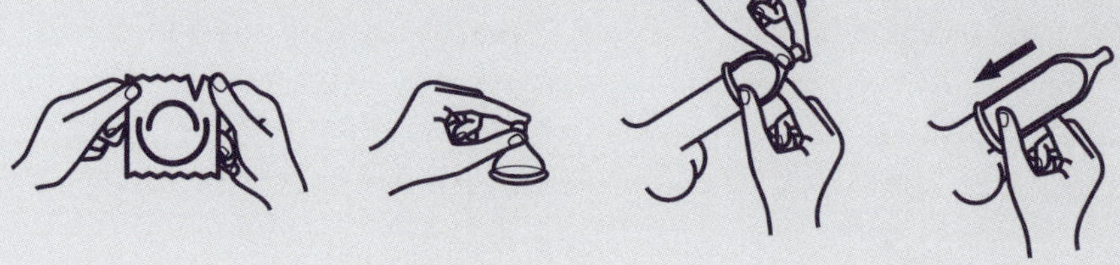

Vermeidet typische Anwender-Fehler! Hier die Top 10:

- Verkehrte Größe gekauft. Zu groß: Kondom rutscht beim Sex ab. Zu klein: Kondom kann beim Sex platzen.
- Falsche Lagerung: zu warm (Geldbörse/Handschuhfach des Autos).
- Verfallsdatum beachten! Regelmäßig kontrollieren und abgelaufene Kondome sofort entsorgen, damit man sie im Eifer des Gefechts nicht versehentlich erwischt ...!
- Beschädigung beim Öffnen der Einzelverpackung (lange oder scharfe Fingernägel, Schere, Zähne zur Hilfe genommen ...)
- Schon vor dem Samenerguss bildet der Mann einen Lusttropfen, in dem Samenzellen sein können. Wird der Penis anfangs ohne Kondom in die Scheide eingeführt und das Kondom zu spät übergezogen, kann die Frau schwanger werden. Hat der Mann beim Vorspiel Spermien an der Hand, wenn er das Kondom überzieht, so kann er die Spermien *auf* anstatt *ins* Kondom befördern. Beim Einführen in die Scheide sitzen die Spermien dann in Pole Position ...
- Kondom wird falsch aufgesetzt bzw. versucht falsch abzurollen und wenn man den Fehler bemerkt, gewendet und mit Lusttropfen jetzt außen wieder neu aufgesetzt.
- Beim Überziehen wird die Luft in der kleinen Zusatzkammer (für das Sperma beim Samenerguss) an der Spitze des Kondoms nicht herausgedrückt. Das Kondom kann platzen.
- Falsches Gleitmittel (zum Beispiel Vaseline) zerstört die Schutzschicht; nur extra für Kondome zugelassene Gleitmittel verwenden (siehe Packungsbeilage, besonders beim Gebrauch von Scheidenzäpfchen Beipackzettel prüfen)
- Mehrfache Verwendung ☺ (ist aus gutem Grund NICHT! vorgesehen!).
- Nach dem Samenerguss verliert der Penis seine Festigkeit schnell. Lockert es sich oder rutscht das Kondom jetzt ab, kann Sperma in den Scheideneingang laufen. Daher muss das Männerkondom unten am Penis festgehalten und zusammen mit dem Penis zügig aus der Scheide entfernt werden.

Klartext

Diese einzige derzeit für Männer allein praktikable Methode der Empfängnisregelung wird von diesen oft mit dem Argument abgelehnt, dass Gefühl beim Sex zu beeinträchtigen. Dabei ist das Kondom an sich sehr vorteilhaft, da es ohne Hormone auskommt, vor sexuell übertragbaren Krankheiten schützen kann und als »on demand« nur dann Einsatz findet, wenn es auch tatsächlich gebraucht wird. Angesichts der möglichen schwerwiegenden Nebenwirkungen für Frauen etwa bei der hormonellen Verhütung, der oftmals täglichen Einnahme dieser Mittel und der Gefahr von sexuell übertragbaren Krankheiten, ist das irgendwie auch eine Frage der Verhältnismäßigkeit und ein doch recht dürftiges Argument.

»Natürliche« Methoden der Empfängnisregelung

Symptothermale Methode (Pearl-Index 0,4)[161]

Gerade für Menschen, die Hormonen und chemischen Methoden skeptisch gegenüberstehen, erscheint diese Methode hier »natürlich« und attraktiv. Auch in manchen christlichen Kreisen steht sie – oft auch wegen des eindeutigen Wirkmechanismus – hoch im Kurs. Doch wer sie erfolgreich anwenden und von der grundsätzlich möglichen, aber nicht immer erreichbaren (!) hohen Sicherheit profitieren möchte, muss sie gut verstehen und ausüben lernen.

Wirkweise: Nutzt natürliche Körpervorgänge der Frau (Temperatur messen, Vaginal-Schleim beobachten), verzichtet gänzlich auf Hormone.

Vorteil:

- keine Chemie
- Wirkweise – Befruchtung verhindern, kein Sex während der fruchtbaren Tage.

Nachteil:

- **Anwenderfehler treiben den Pearl-Index hoch.** Bei Schichtdienst/gestörter Nachtruhe ungünstig. Erfordert zeitweise sexuelle Abstinenz

Beachten: Viele Frauen haben in Zyklusmitte, in der sie laut der Methode auf Geschlechtsverkehr verzichten sollten, besonders Lust auf Sex. Dann ist es wichtig, kreativ zu werden, zum Beispiel aus dem Vorspiel die »Hauptspeise« zu machen. Also Petting, manuelle Stimulation, vielleicht Oralverkehr ... alles was beiden hilft, ihre intime Zeit zu zweit schön zu gestalten.

Klartext
Man kann die hohe Sicherheit dieser Methode nicht mit anderen Methoden kombinieren! Wer statt der sexuellen Abstinenz zur fruchtbaren Zeit auf andere Barriere-Methoden wie das Kondom ausweicht, muss deren »Sicherheit« zu Grunde zu legen. Die ist beim Kondom erheblich schlechter! Und das ausgerechnet zu einer Zeit, in der die Frau am leichtesten schwanger werden kann …

Symptothermale Methode praktisch – wie geht's?

Ziel ist es, die sicher unfruchtbaren Zeiten nach dem Eisprung in der zweiten Zyklushälfte besser einzugrenzen, denn dann kann die Frau nicht mehr schwanger werden. Man nutzt dazu die *Unterschiede in der Körpertemperatur* und die *Körperzeichen*.

1. Temperatur: Durch den Wechsel der Hormone im weiblichen Zyklus steigt die Körpertemperatur in der zweiten Zyklushälfte um ca. 0,2 – 0,5 °C an. Das tägliche Temperaturmessen muss möglichst immer zur gleichen Zeit, direkt nach dem Aufwachen, noch im Liegen erfolgen. Es gibt Thermometercomputer und Smartphone-Apps, meist reicht aber ein digitales Thermometer. Man sollte immer an der gleichen Körperstelle messen, entweder im Eingangsbereich der Scheide oder im Po. Nutze auf keinen Fall dasselbe Thermometer für beides, sonst können Darmkeime in die Scheide verschleppt werden!

2. Körperzeichen: Die Muttermundöffnung und der Körperschleim ändern sich im Laufe eines Monatszyklus. Zum Beispiel hat der Schleim in der Nähe des Eisprungs eine besondere Konsistenz. All das wird ebenfalls beobachtet und notiert. In Kombination mit der Temperatur zieht man dann daraus Schlüsse, wann die fruchtbare Zeit ist – und man keinen Penis-Scheide-Geschlechtsverkehr haben sollte.

Tipp: Du findest die Symptothermale Methode auch unter den Abkürzungen NFP[162] (= Natürliche Familienplanung) oder NER[163] (= Natürliche Empfängnis Regelung). Am besten besuchen beide Partner einen entsprechenden Kurs. Diese werden oft von konfessionellen Familienbildungsstätten angeboten.
Bonus: Wenn dein Partner die Temperaturkurve und die beobachteten Körperzeichen aufschreibt, ist er über alles informiert und an der Empfängnisregelung beteiligt. Durch die Körperbeobachtung lernst du als Frau deinen Zyklus besser kennen und einschätzen. Später kannst du diese Methode, korrekt angewendet, sogar als kostenlosen Schwangerschaftstest verwenden! Denn die Körpertemperatur bleibt bei einer Schwangerschaft weiterhin um 0,2 – 0,5 °C erhöht.

Klartext

Der meist unregelmäßige Regelzyklus in der Teenie-Zeit macht die Auswertung der Messdaten zusätzlich schwer und damit unzuverlässig.
Um diese Art der Empfängnisregelung zu nutzen, sollte der Zyklus zuvor regelmäßig geworden sein. Der Eisprung ist anfällig für Stress und Krankheiten. Er kann sich bei einem Infekt beispielsweise um eine Woche nach hinten verschieben. Ganz entscheidend ist es, in jedem Zyklus neu die Körpersymptome genau zu studieren – und sich nicht auf seinen vermeintlichen Kenntnissen der letzten Zyklen auszuruhen. Daher sollte man den **Zyklus mindestens ein Jahr lang beobachten** und auszuwerten gelernt haben, bevor man ausschließlich diese Methode anwendet.

Andere »natürliche« Methoden:

- die **Temperaturmethode**[164] – Pearl-Index 0,4–1,8
  (orientiert sich allein an der Temperaturdifferenz von 0,2 – 0,5 °C zwischen den beiden Zyklusphase und versucht so, die fruchtbaren Tage einzugrenzen)
- die **Knaus-Ogino-Zeitmethode**[165] – Pearl-Index 5–12
  (schätzt die fruchtbaren Tage auf Basis der durchschnittlichen rechnerischen Zyklusdauer über mindestens 12 Monate)
- die **Billings-Methode**[166] – Pearl-Index 3–23
  (beobachtet den Gebärmutterhals-Schleim und seine Veränderung im Verlauf des Zyklus)

Diese Methoden sind allerdings für sich allein deutlich unsicherer. Daher macht eine kombinierte Anwendung in Form der »Symptothermalen« Methode am meisten Sinn.

Spiralen und vergleichbare Methoden

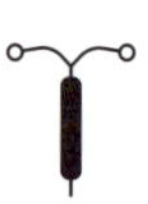

Hormonspiralen (Pearl-Index 0,16–0,33)[167]

- **IUS = Intra-Uterin-System** genannt; es gibt verschiedene Präparate mit leicht unterschiedlicher Sicherheit
- wird bei der Frauenärztin für drei bis sechs Jahre in die Gebärmutterhöhle eingesetzt, wo sie vor Ort Hormone abgibt
- **Wirkweise**: Verdichtet als Hauptwirkmechanismus den Schleim am Gebärmutterhals, sodass Spermien nur noch schwer bis gar nicht hindurchkommen. Stört zudem die Spermienbeweglichkeit und Fähigkeit, in die Eizelle zu schwimmen. Am Ende der Wirkkette auch ▶ Nidationshemmung. Verhindert *nicht* den Eisprung.

- **Vorteil:** kein täglicher Handlungsbedarf
- **Nachteile:** Nebenwirklungen möglich (zum Beispiel Blutungsstörungen, Kopfschmerzen, Stimmungsschwankungen, Akne, verringerte sexuelle Lust)[168]
- **Nachteile/Beachten:** Hohe Anschaffungskosten – »rechnet« sich nicht, falls Entfernung nach kurzer Zeit wegen Nebenwirkungen erforderlich werden sollte

Kupferprodukte

Kupferspirale (Pearl Index 0,4–1)[169]

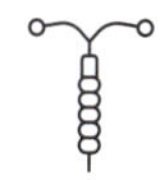

- Schmaler T-förmiger Gegenstand. *Einsetzen* von der Frauenärztin in die Gebärmutterhöhle, bleibt durch »Ärmchen« dort liegen. Rückhol-Fäden reichen durch Gebärmutterhalskanal in die Scheide.

Kupferkette (Pearl-Index 0,1–0,5)[170]

- Einhaken der Kupferkette in die Wand der Gebärmutterhöhle
- Empfängnisregelung für mehrere Jahre

Kupferperlenball (Pearl-Index 0,5–0,7)[171]

- Frei beweglicher Kupferball in der Gebärmutterhöhle
- IUB™ Ballerine® = IntraUterineBall
- Empfängnisregelung für bis zu fünf Jahre

Für alle Kupfer-Produkte gilt:

- **Wirkweise:** Entzündung der Gebärmutterschleimhaut durch das Metall Kupfer, Beeinträchtigung der Samenzellen durch giftige Kupferumgebung, Befruchtungsfähigkeit sinkt. Beeinträchtigung der nicht befruchteten und befruchteten Eizelle (▶ Interzeptionswirkung und ▶ Nidationshemmung).
- **Vorteil:** kein täglicher Handlungsbedarf, keine Hormone
- **Nachteile:** teils Blutungsstörungen (zu stark, Zwischenblutungen), Ausstoßung des Gegenstands möglich, Infektionsrisiko. Sehr selten: Ist die Spirale zu groß, kann sich das aufgrund von Verletzungen der Gebärmutter und Narbenbildung auf die spätere Fruchtbarkeit auswirken.[172]

Klartext

Für alle Spiralen und vergleichbaren Systeme gilt: Bei versehentlicher Fehlplatzierung durch die Wand der Gebärmutter in den Bauchraum ist eine Entfernung durch Bauchspiegelung erforderlich! Wird die Frau während der Anwendung eines solchen Systems schwanger, wird in der Regel empfohlen, dieses zu entfernen, damit keine Entzündungen eintreten und das Kind gefährden. Doch auch das Entfernen an sich geht mit einer erhöhten Fehlgeburtsrate einher. In 50 bis 60 Prozent der Schwangerschaften, die bei einer liegenden Spirale eintreten, verliert die Frau das Kind.[173]

Hormonelle Mittel

Dazu gehören verschiedene Präparate:

- **»Die Pille«**
- **Minipille**
- **Neue Minipille**
- **Verhütungsring**
- **Verhütungspflaster**
- **Dreimonatsspritze**
- **Verhütungsstäbchen**
- **Hormonspirale** (siehe Spiralen)

Da sie zum Teil ganz verschieden wirken und auch in ihrer Sicherheit unterschiedlich sind, geben wir dir hier einen Überblick über diese Methoden.

Grundsätzlich stellt der Eingriff in den Hormonhaushalt der Frau eine erhebliche Beeinträchtigung dar. Entsprechend gravierend können die Nebenwirkungen ausfallen. Besonders Pillen-Kombinationspräparate mit Östrogen und Gestagen sind bekannt dafür, dass es zu seltenen, aber schwerwiegenden Nebenwirkungen im Herz-Kreislaufsystem kommen kann. Zum Beispiel Schlaganfall, Thrombose, Embolie und Herzinfarkt. Diese schwerwiegenden Herzkreislauferkrankungen können dann schon mit zwanzig bis dreißig Jahren auftreten! Am gefährdetsten sind Raucherinnen und übergewichtige Frauen, aber auch solche, die unerkannt Trägerin einer Blutgerinnungsstörung sind. Zwar wird bei der Kombinationspille ausdrücklich darauf hingewiesen, doch natürlich haben auch die anderen hormonellen Mittel Nebenwirkungen.

Klartext

Die Entscheidung für oder gegen eine hormonelle Methode mit seltenen, aber schwerwiegenden Nebenwirkungen sollte sorgfältig abgewogen werden. Sie ist eine gut überlegte Einzelfallentscheidung und kein Schnellschuss. Nebenwirkungen sind kein Theoriekonstrukt. Sie kommen in der Praxis vor!
Auch wenn es unbequem ist: Diese hormonellen Methoden schieben die Verantwortung für die Verhütung und die potenziellen Auswirkungen auf deinen Körper komplett in deinen Zuständigkeitsbereich als Frau!

Ovulationshemmer (Pearl-Index 0,1–0,9)[174]

- **Wirkweise:** durch Kombination aus Östrogenen und Gestagenen den Eisprung (Ovulation) der Frau nach Möglichkeit verhindern
- Seltene aber sehr schwerwiegende Nebenwirkungen
- Simulieren dem Körper eine Scheinschwangerschaft (»Wenn du bereits schwanger bist, musst du kein Ei auf die Reise schicken.«)
- Wenn das nicht gelingt, greifen nachgeordnete Wirkmechanismen.

Die Ovulationshemmer haben insgesamt fünf Wirkmechanismen:
1. Der Eisprung (Ovulation) bleibt aus (keine Eizelle, keine Befruchtung ▶ Ovulationshemmung).
2. Der Schleim am Gebärmutterhals wird so verändert, dass die Spermien kaum hindurch kommen (keine Spermien = keine Befruchtung).
3. Die Spermien-Beweglichkeit wird beeinträchtigt (zu langsam = keine Befruchtung).
4. Der Eitransport wird behindert. Unbefruchtete Eizelle könnte absterben. Befruchtetes Ei könnte die Gebärmutter nicht oder zu spät erreichen (▶ Interzeptionswirkung).
5. Die Schleimhaut in der Gebärmutter wird im Aufbau gestört. Neues Leben kann sich nicht einnisten (▶ Nidationshemmung) und stirbt ab.
Mathematisch betrachtet: Je weiter hinten ein Mechanismus in der oben genannten Reihenfolge steht, umso weniger wahrscheinlich tritt er ein.

Klartext

Bei einer Pille ist die korrekte Einnahme unerlässlich! Bereits eine vergessene oder zu spät eingenommene Tablette bedeutet keine Verhütungssicherheit mehr in diesem Zyklus! Das heißt: Besser ganz auf Sex verzichten oder auf eine andere Methode wie ein Kondom wechseln. Das verdeutlicht: Auch die Pille ist kein Netz mit hundert Prozent sicherem, doppeltem Boden. Je zuverlässiger ein Pillenpräparat den Eisprung und das Aufsteigen der Spermien in den Eileiter unterbindet, desto zuverlässiger wird die Befruchtung verhindert und desto weniger wahrscheinlich wird der Mechanismus der Einnistungshemmung relevant. Wenn aber schon die Pilleneinnahme eher unzuverlässig ist oder der Schutz durch eine Magen-Darm-Erkrankung oder Nebenwirkungen anderer Medikamente beeinträchtig ist, beginnt die Unsicherheit bereits im ersten Glied dieser Wirkkette!

Hormonpflaster (Pearl Index 0,72–0,9)[175]

- ca. 4,5 x 4,5 cm großes, hautfarbenes Pflaster
- Hormonzusammensetzung wie eine Kombinationspille
- 3 x 7 Tage auf die Haut kleben, dann eine Woche Pause
- **Wirkweise:** Wirkmechanismen 1 bis 5, siehe Pille
- **Vorteile:** Aufnahme des Wirkstoffs über die Haut, tägliche Pilleneinnahme entfällt.
- **Nachteile:** Das Pflaster kann sich lösen. Hohe Rate an Hautreizungen,[176] muss an wechselnde Orte geklebt werden. Höhere Wirkstoffkonzentrationen im Blut als bei einer normalen Pille: Trägerinnen des Pflasters haben im Vergleich zu Pillenanwenderinnen ein noch etwas höheres Thromboserisiko[177] inklusiv der Folgekomplikationen. Zudem sichtbares Mittel zur Empfängnisregelung.
- **Nachteile/Beachten:** Die Wirkung kann ab einem Körpergewicht von 90 Kilo geringer sein.
- Nicht für Raucherinnen, Gefahr von verstärkten Nebenwirkungen!
- Anwendungsfehler treiben den Pearl-Index hoch!

Verhütungsring (Pearl-Index 0,25–1,2)[178]

- 3 Wochen in der Scheide tragen, weich und biegsam, Durchmesser 54 mm
- **Wirkweise:** Wirkmechanismen 1 bis 5, siehe Pille
- **Vorteile:** Kombination aus Östrogenen und Gestagenen. Wird unter allen hormonellen Methoden am besten aufgenommen, da der Ring direkt vor Ort sitzt. Tägliche Pilleneinnahme entfällt.
- **Nachteile:** Wie sonst auch bei der Pille: erhöhtes Risiko für Thrombosen, Lungenembolien, Herzinfarkte und Schlaganfälle.
- **Nachteile/Beachten:** Kann verrutschen, selten auch mal herausfallen.

Minipille (Pearl-Index 0,5–3)[179]

- Wirkstoff Levonorgestrel enthält nur das Hormon Gestagen. Gilt als veraltet.[180]
- Einnahme: an allen 28 Zyklustagen. Keine Pillenpause.
- **Wirkweise:** Wirkmechanismen 2 bis 5, siehe Pille
- **Vorteil:** kein Östrogen
- **Nachteile:** Kann Eisprung viel schlechter verhindern als ein Präparat in der Kombination mit Östrogen. Anfangs oft Blutungsstörungen. Mit der Zeit kann die Blutung ganz ausbleiben.
- **Beachten:** Sehr enges Einnahme-Zeitfenster von 3 Stunden, sonst für den restlichen Zyklus anders verhüten.

Neue Minipille (Pearl-Index 0,14–0,4)[181]

- Östrogenfreie Pille mit dem Wirkstoff Desogestrel.
- Einnahme an allen 28 Zyklustagen, keine Pillenpause
- **Wirkweise:** Wirkmechanismen 1 bis 5, siehe Pille – verhindert auch mit großer Wahrscheinlichkeit den Eisprung; kann nachgeordnet auch nidationshemmend wirken
- **Vorteil:** kein Östrogen
- **Nachteil:** Blutungsstörungen bei etwa jeder zweiten Frau, vor allem Zwischenblutungen
- **Beachten:** Einnahme-Zeitfenster von 12 Stunden zur normalen Einnahmezeit zu beachten, sonst für den restlichen Zyklus anders verhüten

Verhütungsstäbchen (Pearl-Index 0–0,08)[182]

- Auch Hormonstäbchen/Hormonimplantat genannt;
- Gestagenpräparat, wird für 3 Jahre unter die Haut des Oberarms geschoben
- **Wirkweise:** Verhindert in den ersten beiden Jahren den Eisprung sicher, im dritten Jahr mit sehr hoher Wahrscheinlichkeit. Schleimpfropf am Muttermund verdichten, darüber hinaus auch Einnistungshemmend, da die Gebärmutterschleimhaut kaum aufgebaut wird (▶ Nidationshemmung).
- **Vorteile:** Gilt als sehr sichere Methode der Empfängnisregelung. Tägliche Pilleneinnahme entfällt.
- **Nachteile/Beachten:** Hohe Anschaffungskosten – »rechnet« sich nicht, falls Entfernung nach kurzer Zeit wegen Nebenwirkungen erforderlich werden sollte.

Dreimonatsspritze (Pearl-Index 0,3–1,4)[183]

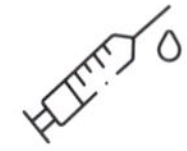

- Gestagenhaltige Hormonspritze, Verabreichung in den Oberarm- oder Po-Muskel
- **Wirkweise:** Verhindert in den ersten Wochen den Eisprung (▶ Ovulationshemmung), danach die Einnistung der befruchteten Eizelle (▶ Nidationshemmung).
- **Vorteile:** Tägliche Pilleneinnahme entfällt. Nicht sichtbar.
- **Nachteile:** Nebenwirkungen wie Blutungsstörungen, Gewichtszunahme und Depressionen.
- Einmal gespritztes Hormondepot kann bei Nebenwirkungen nicht sofort abgesetzt werden. Der Körper muss den Wirkstoff erst abbauen.
- **Beachten:** Nach der letzten Spritze kann die Normalisierung des Regelzyklus bis zu ein Jahr dauern und der Eisprung erst verzögert wieder einsetzen.[184]

Manche Mädchen oder Frauen bekommen die Pille wegen **Blutungsstörungen** verschrieben. Dies kann sehr sinnvoll sein, weil sie sonst blutarm werden können. Andere bekommen sie einfach verschrieben, obwohl sie nur am ersten Zyklustag Beschwerden haben – und müssen trotzdem an 28 Tagen eine Pille mit erheblichen Nebenwirkungen einnehmen.

»Mein Freund und ich sind schon seit zwei Jahren zusammen. Wenn wir kuscheln, geht es inzwischen oft schon sehr zur Sache. Ich spüre, wie stark erregt er ist, und habe oft Angst, dass er mal die Kontrolle verliert und ich dann schwanger werde. Dann würde ich einen Riesenstress mit meinen Eltern kriegen. Die sind eh dagegen, dass ich jetzt schon einen Freund habe. Und er hat anfangs auch oft gesagt, dass er auf keinen Fall Papa werden will. Weil mir das alles zu unsicher und stressig war, habe ich mir von der Frauenärztin vor einem Jahr schon heimlich die Pille verschreiben lassen. Doch irgendwie bin ich auch unsicher. Jetzt nehme ich die schon so lange, nur als Sicherheit, wenn ich mir den Beipackzettel anschaue, würde ich sie am liebsten direkt wieder absetzen.«

»Neulich war ich zum ersten Mal bei einer Frauenärztin.
Nach der Untersuchung wollte ich eigentlich nur ein paar Fragen zur Verhütung stellen. Als sie erfuhr, dass ich verlobt bin, stellte sie mir direkt ein Pillenrezept aus. Dabei schlafen wir noch gar nicht miteinander und wollen auch erst Ende nächsten Jahres heiraten.«

Klartext

In Familien gibt es zur Frage, wann man den ersten Sex haben sollte, sehr unterschiedliche Auffassungen. Daher fragen Teenies teils ohne das Wissen ihrer Eltern nach Verhütungsmitteln. Frauenärztinnen können minderjährigen Patientinnen ab einem bestimmten Alter auch ohne Einverständnis der Eltern Verhütungsmittel verschreiben – unter der Voraussetzung, dass sie bei der Patientin eine »Einwilligungsfähigkeit« feststellen, und meinen, dass sie reif genug dazu ist, die Konsequenzen ihres Handelns abzusehen.[185]

Doch Vorsicht – wenn du verschreibungspflichtige hormonelle Verhütungsmittel einnimmst, von denen deine Eltern nichts ahnen, können sie dir (falls seltene, aber schwerwiegende Nebenwirkungen auftreten) möglicherweise nicht helfen! Wer vermutet schon ohne Vorinformation, dass die eigene Tochter im Teenie-Alter einen Schlaganfall oder Herzinfarkt bekommt? Das kostet womöglich wertvolle Zeit. Ganz abgesehen davon, dass es möglichst wünschenswert wäre, wenn Eltern und Teens auch zu diesen Themen offen sprechen könnten.

Auch aus diesem Grund solltest du die Anwendung dieser Methoden zur Empfängnisregelung gut abwägen, und überlegen, ob du nicht doch mit deinen Eltern darüber sprechen kannst.

Klartext

Pillenpräparate sind aus gutem Grund nur über einen Arzt erhältlich und verschreibungspflichtig. Es sollten niemals Präparate an andere weitergegeben oder gar Packungen geteilt werden. Würde man das tun, hätten beide Anwenderinnen das Risiko der Nebenwirkungen, aber keinen Schutz vor ungewollter Schwangerschaft!

Zum Weiterdenken

Hormonelle Verhütungsmethoden wirken sich auf den Hormonspiegel der Frau aus, und der wiederum beeinflusst, wie sie ihre Umwelt und ihre Mitmenschen wahrnimmt. Wusstest du, dass es Studien zufolge tatsächlich Hinweise dafür gibt, dass die Pille die Partnerwahl der Frauen beeinflusst und dass sich die Zufriedenheit in der Beziehung nach Absetzen der Pille verändern kann?[186]

Vorsicht! Nicht empfehlenswerte Methoden

- **Coitus Interruptus** (Pearl-Index 18–38), sehr variabel – Herausziehen des Penis vor dem eigentlichen Samenerguss. **Nachteil:** problematisch – schon vor dem Samenerguss können Samenzellen im »Lusttropfen« sein. Unterbricht den Geschlechtsverkehr, bedeutet Stress, den richtigen Zeitpunkt zu finden.
- **Vaginalspülung** (Pearl-Index 21–41), Ausspülen der Scheide mit der Idee, Samenzellen noch vor dem Erreichen des Gebärmutterhalskanals zu entfernen. **Nachteil:** Unsinnig, da Samenzellen beim Samenerguss direkt am Eingang des Gebärmutterhalskanals landen und schnell darin verschwinden. Stört die empfindliche Vaginalflora, die dich vor Entzündungen schützt.
- **Chemische Mittel/Spermizide** (Pearl-Index 3–21), sollen Samenzellen inaktivieren/abtöten; nur in Kombination mit Barriere-Methoden sinnvoll, nicht allein; **Nachteil:** zu unsicher, allergische Reaktionen möglich.

Notfallmethoden

Pille danach

Immer wieder hört man von einer »Notfallverhütung« nach dem Sex, der sogenannten *Pille danach*. Der Name ist missverständlich. Die Pille danach ist **kein Mittel zur Empfängnisregelung im eigentlichen Sinn.** Sie sollte auch nicht mehrfach in einem Zyklus angewendet werden. Stattdessen geht es dabei um einen Wirkstoff, der – nach dem Sex eingenommen – eine Schwangerschaft möglicherweise noch verhindern kann.

Wann einnehmen? Möglichst frühe Einnahme, je nach Präparat innerhalb von 72 Stunden (Wirkstoff Levornorgestrel) oder bis zu 120 Stunden (Wirkstoff Ulipristalacetat) nach ungeschütztem Geschlechtsverkehr!

Wirkmechanismus der Pille danach

Da die männlichen Samenzellen im Körper der Frau mehrere Tage überleben, die Eizelle aber nur etwa 24 Stunden befruchtungsfähig ist, kann die Frau bei ungeschütztem Sex – oder abgerutschtem Kondom – je nachdem, wann der Eisprung stattfindet, gar nicht, direkt oder später schwanger werden.

Die **Pille danach** setzt hier an. Hatte die Frau in diesem Zyklus noch keinen Eisprung, versucht die Pille danach, diesen zu verhindern oder weiter nach hinten zu schieben (ohne Ei, keine Befruchtung). Gelingt dies nicht, kann es zur Schwangerschaft kommen. Auch wenn vielfach vereinfachend nur die Hemmung des Eisprungs genannt wird, gibt es Hinweise darauf, dass die Pille danach in bestimmten Phasen des Zyklus zusätzlich Einfluss auf eine befruchtete Eizelle beziehungsweise einen bereits eingenisteten Embryo im Sinne der Interzeptionswirkung und Nidationshemmung nehmen kann.[187]

Wendet man die *Pille danach* in der ersten Zyklushälfte weit vor dem Eisprung an und dieser wird verhindert, so kann keine Schwangerschaft entstehen.

Liegt der Eisprung nachweislich (!) schon mehr als 24 Stunden zurück, ist die Eizelle entweder schon abgestorben oder sie kann nicht mehr befruchtet werden. Eine Pille danach ist dann gar nicht mehr notwendig. Ob man sie in der Zeit direkt um den Eisprung herum einnehmen möchte, sollte aufgrund der oben angesprochenen Thematik jede Frau, jedes Paar für sich überlegen.

Klartext

Eine Pille danach kann Nebenwirkungen auslösen, wie zum Beispiel Zyklusstörungen, Übelkeit, Erbrechen und anderes mehr. Daher sollte man sie nicht unnötig einnehmen – was aber die meisten Frauen tun.[188] Auf keinen Fall sollte sie eine normale Verhütung ersetzen!

Die Pille danach ist nicht mit den Tabletten gleichzusetzen, die Frauen im Rahmen eines medikamentösen Schwangerschaftsabbruchs verabreicht werden![189]

Anders als die Pille danach hat die »**Kupferspirale danach**« nur das Ziel, eine Einnistung in die Gebärmutterschleimhaut zu verhindern. Erreicht die »Kupferspirale danach« ihr Ziel, stirbt der schon differenzierte und für die Einnistung vorbereitete, vor wenigen Tagen erst entstandene Mensch ab, weil er sich nicht ans Blutsystem seiner Mutter anschließen kann.[190]

Fazit: Wenn Sex und damit auch gegebenenfalls Empfängnisregelung für dich irgendwann dran sind, achte darauf, dass ihr **beide** mit der gewählten Methode und ihren Rahmenbedingungen einverstanden seid. Keinesfalls sollte sich einer zu etwas gezwungen fühlen, nur weil der andere damit gut leben kann.

Nicht nur Empfängnisregelung hat viel mit Verantwortung zu tun, auch dein Weg mit dir – wie du gleich zu Beginn bei ▶ Freundschaft. Mit mir?! schon festgestellt hast. Und genau in diese Thematik nehmen wir dich jetzt zum Ende dieses Buches noch einmal mit. Lass dich einladen zu einem ▶ Ausblick!

Ausblick

Soweit unser intensiver Ausflug ins Erwachsensein. Willkommen zurück in der Gegenwart! Pubertät als Entwicklungsphase hin zum Erwachsenwerden, das beinhaltet Wachstum, das Lernen neuer Kompetenzen und als beste Freundin mit sich unterwegs zu sein.

Next Level hat dir jede Menge Fakten, Berichte, Tipps und Hintergrundinfos angeboten. Ein bunter Mix. Sicher gab es Sachen, die du längst wusstest, manches Neue, anderes, das dir hoffentlich geholfen hat, dein Wissen richtig einzusortieren oder Dinge zu enttarnen, die sich an Fehlinfos eingeschlichen hatten. Und vielleicht bist du inzwischen auch schon ein ganzes Stück weiter auf deiner Reise mit dir selbst?! An diesem Punkt schlagen wir daher noch einmal den Bogen zum Anfang und möchten deinen Blick auf deine Freundschaft mit dir lenken.

Expertin in eigener Sache

»Ich liebe das Leben, weil ich darin auftreten darf.«
Pavel Kohout[191]

Deine erste Rundreise mit **Next Level** liegt jetzt hinter dir, ein ganzes Stück Pubertät noch vor dir. Egal, was und wie viel du jetzt schon mitgenommen hast und vielleicht in weiteren Rundreisen oder Stippvisiten noch mitnimmst, wir wünschen dir, echte und gute Meilensteine auf deinem ganz speziellen Weg zu deiner echten Expertin zu werden! **Next Level** ist weiter für dich da: als Referenzpunkt bei Fragen, als Reiseführer, falls das Terrain mal schwieriger wird.

Action Step

Nimm dir einen Moment zum Nachdenken: Erwachsenwerden bedeutet, aus dem, was vorher war, herauszuwachsen – hinein in einen neuen Lebensabschnitt:
Wo siehst du dich jetzt gerade?
Was liegt schon hinter dir?
Was siehst du unmittelbar vor dir, was in weiterer Entfernung?
Und wo liegen deine Chancen? Welche Tools brauchst du noch dafür?
Was möchtest du konkret als nächsten Schritt auf den Weg bringen?
Was möchtest du noch lernen, um in absehbarer Zeit »außerhalb des elterlichen Nests« allein klarzukommen?

Manches klingt vielleicht eher banal und uncool. Wahrscheinlich wollen die meisten viel lieber Onlinebanking lernen oder den Führerschein machen als Wäsche waschen, einen Dübel in die Wand bohren oder einen Haushaltsplan machen.

»Von Haushaltssachen hatte ich als Teenie keine Ahnung. Doch als ich im Studium eine Freundin fragen musste, wie man Wäsche wäscht, war es mir dann doch peinlich. Und ich musste einiges fürs Alleinleben nachlernen.«

Träume und Lebensziele – Was kommt nach der Pubertät?

Doch es geht nicht nur ums Staubsaugen, Wäsche waschen oder Onlinebanking. Je älter du wirst, umso aktiver gestaltest du deine Schullaufbahn mit. Irgendwann steht eine private und berufliche Orientierung an. Manchmal wollen schulische Weichen gestellt werden, sonst ist der Zugang zu bestimmten Richtungen verbaut. Was ist dir wichtig? Möchtest du Begabungen weiter entfalten? Lässt sich ein Hobby oder ein Sport mit deiner beruflichen Entwicklung verbinden?

Was könnten in diesem Bereich Schritte sein?
Steht demnächst eine Auswahl für bestimmte Fächer an?
Was liegt dir? Gibt es Fächer, wie zum Beispiel Sprachen, die du für einen Schulabschluss brauchst? Wo liegen deine Interessen?
Denkst du vielleicht schon an konkrete Berufe?
Ist ein Schnupperpraktikum möglich?

Sobald du klarer siehst, überlege, welche aktiven Schritte dir helfen, deinen Zielen näher zu kommen. Deine Begabung ist das Schreiben? Vielleicht schreibst du Beiträge für die Schülerzeitung deiner Schule? Du malst gern? Wie wäre es mit

Grußkarten oder einer Theaterkulisse? Oder etwas ganz anderes! Hauptsache, du vergräbst es nicht, sondern entfaltest dein Können. Es ist total spannend zu sehen, wie viel Kreatives entsteht, wenn du dir selbst eine Chance gibst!

Lass dich von Rückschlägen nicht entmutigen. Viele Erfinder unternahmen unzählige Versuche, bis sie am Ziel waren. Der Erfinder der Glühbirne, Thomas Alva Edison, brauchte 9.000 Versuche, einen Kohlefaden zum Glühen zu bringen. Als ein Mitarbeiter nach 1.000 Versuchen von Scheitern sprach, sagt er, dass die Welt nun eben wisse, auf welche 1.000 Arten ein Kohlefaden nicht zum Glühen gebracht werden kann.[192]

»Erfahrung nennt man die Summe aller unserer Irrtümer.«
Thomas Alva Edison (1847-1931)[193]

Deine Perspektive bei Veränderungen

Immer wieder im Leben kommen wir an nervige Punkte, die uns nicht gefallen, abrupte, ungeplante Veränderungen, hartnäckige Herausforderungen. Viele reagieren darauf entweder mit Wut oder Rückzug und Frust. In beiden Fällen aber wärst du das Opfer der Umstände. Eine kreative und brauchbare Alternative? Der realistische Optimismus. Er sagt: **»Es ist noch nicht gesagt, dass es schlecht ausgeht. Mal sehen, was ich draus machen kann!«** Mit dieser Perspektive wirst du zur aktiven Gestalterin deiner Umstände und bist ihnen nicht mehr hilflos ausgeliefert!

»Optimismus ist die Fähigkeit,
den blauen Himmel hinter den Wolken zu ahnen.«
Madeleine Robinson[194]

Es geht uns also weder um den Träumer-Optimisten, der abgehoben alles toll findet, noch um den Pessimisten, den Schwarzseher, der immer Katastrophen befürchtet. Der realistische Optimist tätigt seine Aussage gelassen, weil er die Zukunft noch nicht kennt und er seinen Handlungsspielraum auslotet. Denk an eine Waage mit ziemlich voller Waagschale auf der negativen Seite: Je mehr du in die zunächst leichtere positive Waagschale legen kannst (und dich nicht am Problem festbeißt), umso eher lässt sich das Ding drehen und ausbalancieren.

»Das tägliche Schreiben eines Danke-Buchs half mir in einer festgefahrenen Situation meine Perspektive zu verändern und damit meine innere Haltung. Damit kam langsam Bewegung in meine Sicht und mein Verhalten.«

Wir wissen, dass dies alles sehr herausfordernd sein kann. Oft ist eine Zeit des Innehaltens, der Trauer oder des Ärgers nötig, um mit irritierenden Veränderungen gut klarzukommen. Wenn du dich dann aktiv und gestalterisch auf die neue Situation einlassen kannst, zeigt sich, ob du nicht die ungeplante Welle zum Surfen nutzen kannst, statt dich von ihr überrollen zu lassen!

Beruf(ung)?!

Den erfüllenden Job fürs Leben finden …

- Lerne dich kennen und mögen. Wisse um deine **Stärken und Schwächen.** Schau in deine »Wer bist du-Checkliste« vom Beginn dieses Buches! Auch hilfreich: Welche Schulfächer oder Themen sind voll dein Ding, wo winkst du müde ab?
- Entwickle **Begeisterung und Leidenschaft**, das hilft dir durch schwierige »Dürrezeiten«. Trainiere deine Fähigkeit in Krisen **am Ball** zu **bleiben**, auch wenn manches nervt. Das stärkt dein Durchhaltevermögen.
- Grenze die **Richtung ein.** Bist du eher die Analytikerin/Theoretikerin/ein Lesefreak oder die Praktikerin? Magst du Gruppenarbeit oder bist du eher der Lonely Rider?
- **Lass dich inspirieren**: Welche **Menschen** begeistern/überzeugen dich mit dem, was sie beruflich machen? Wenn du dir von ihnen »eine Scheibe abschneiden« dürftest – was genau spricht dich so an? Triff interessante Personen und interviewe sie zu ihrem Beruf. Was raten sie? Vielleicht ergibt sich sogar mal ein Praktikum.
- **Informiere dich** online bei Check-U[195] oder vor Ort im Berufsinformationszentrum über einzelne Jobs genauer – und **nutze** die **Beratung** im Jobcenter.

Gute Lebensreise!

Next Level hat dich jetzt ein ganzes Stück Weg begleitet – und dir hoffentlich Mut gemacht, dich immer mehr zu entdecken, dich wertzuschätzen und zu dir selbst zu stehen. Super, dass es gerade dich gibt!

Für deine Lebensreise wünschen wir dir eine immer tragfähigere Freundschaft mit dir selbst, viel Freude, Weisheit und den Mut, ab und an in Neues hinein zu stöbern, dazu jede Menge kreative Ideen und vor allem gute Erfahrungen in Beziehungen. Wir beten, dass du einen richtig guten Weg für dich findest, und segnen dich dafür!

Herzlichst, Deine

Linnea und Ute Buth

Anhang

Mehrinfos im Netz

Hier möchten wir dir noch einige Websites empfehlen, die uns hilfreich erschienen. Auf den Inhalt dieser Seiten haben wir als Buchautoren jedoch keinen Einfluss. Sämtliche Internetadressen waren zum Redaktionsstand dieses Buches (März 2023) aktuell. Für die Inhalte der verlinkten Websites ist der jeweilige Anbieter oder Betreiber verantwortlich und anzusprechen.

Allgemeine Seiten zum Thema

Weiterführende Informationen zum Thema Aufklärung gibt dir diese Teenie Seite vom Weißen Kreuz: **www.gutaufgeklärt.de**

Verliebt, verlobt, bald verheiratet? Team.F – fürs Füreinander bietet gute Inputs und eine breite Seminarauswahl: **https://www.team-f.de/de/ehevorbereitung__615/.**

Bei allen Fragen rund um die Welt der Medien, speziell auch zur Mediensucht: Fachstelle für Mediensucht – Return to Reality: **http://www.return-mediensucht.de/.**

Allg. Ansprechpartner im Notfall

Du steckst mitten in einer Krise, hast niemanden zum Reden oder verzweifelst womöglich sogar am Leben? Die folgenden Angebote – nach Ländern sortiert – nennen dir erste Ansprechpartner für eine schnelle und unkomplizierte Kontaktaufnahme im Notfall!

Angebote aus Deutschland:

Bei der Telefonseelsorge erreichst du – auf Wunsch auch ganz anonym – rund um die Uhr kompetente Mitarbeiter mit offenem Ohr am Telefon, im Chat oder auch als Mailberatung!

www.telefonseelsorge.de

kostenlose Telefonnummer in Deutschland: 0800/1110111 oder 0800/1110222

Speziell für gläubige Kids und Teens gibt es das Chris-Sorgentelefon, **Telefon: 0800 – 120 10 20** (Montag bis Freitag von 14–19 Uhr) das auch via Messenger Signal, Threema & WhatsApp: 01579 – 238 92 78*und E-Mail erreichbar ist: **help@chris-sorgentelefon.de/www.chris-sorgentelefon.de**
Unter dem Motto »darüber reden hilft«, ist die Nummer gegen Kummer für Kids und Teens zu allen Fragen, Sorgen und Problemen ansprechbar:
Nummer gegen Kummer: 116 111, https://www.nummergegenkummer.de

Beraterteam der Bundeskonferenz für Erziehungsberatung für Jugendliche mit Fragen/Nöten und Austauschplattform:
Bundeskonferenz für Erziehungsberatung – bke-Jugendberatung:
https://jugend.bke-beratung.de/views/home/index.html

Angebote aus Österreich:

Bei der **Telefonseelsorge** erreichst du auf Wunsch auch ganz anonym, kostenlos und rund um die Uhr kompetente Mitarbeiter mit offenem Ohr am Telefon – **Telefonnummer 142** – im Chat oder auch als Mailberatung! **https://www.telefonseelsorge.at**

Ebenfalls ansprechbar telefonisch oder via Internet bei Fragen und Sorgen ist für dich die **Kids-Line** mit Gesprächsmöglichkeiten für Kids und Teens: **https://www.kids-line.at** und täglich von 13–21 Uhr – Telefonnummer **0800 234 123**

sowie in akuten Krisen oder Konfliktsituationen der Kindernotruf **0800 567 567**
https://www.jugendportal.at/inhalt/kindernotruf

Angebote aus der Schweiz:

Bei der »**Dargebotenen Hand**« kannst du anonym mit kompetenten Menschen ins Gespräch kommen. **Die Telefonnummer 143** ist jederzeit erreichbar (ohne weitere Vorwahl). Eine Chat- und Mailberatung gibt es auch! **https://www.143.ch**

Hilfsadressen zum Thema Genussmittel & Sucht

Struggles mit deinem Pornokonsum? Raus aus der Pornofalle:
https://raus-aus-der-porno-falle.de

Bei Fragen rund um Alkohol, Nikotin, Drogen: **https://www.drugcom.de**

Check-up zum Thema Alkoholkonsum: **https://www.kenn-dein-limit.de**

Alkoholkonsum reduzieren: **https://www.drugcom.de/beratung-finden/change-your-drinking-beratung-und-hilfe-zur-reduzierung-des-alkoholkonsums**

Jede Menge Hintergrundinfos und Tipps rund um das Thema »Null Alkohol – Voll Power« findest du auf: **https://www.null-alkohol-voll-power.de**

Bei Abhängigkeit von Zigaretten oder E-Zigaretten: **https://www.rauch-frei.info**

»Quit the shit!« bei Kämpfen mit Drogenkonsum:
https://www.quit-the-shit.net/qts

Hilfsadressen zum Thema Mobbing

Von anderen ausgegrenzt und angegangen werden bedeutet Stress hoch fünfzehn! Wenn du gemobbt wirst, ist gute, fachkompetente und frühzeitige Hilfe enorm wichtig. Hier findest du nach Ländern sortierte Angebote:

In Deutschland:
http://mobbing-schluss-damit.de
https://www.klicksafe.de/cybermobbing
In Österreich:
https://www.saferinternet.at/themen/cyber-mobbing
In der Schweiz:
https://www.147.ch/de/freundschaft-liebe/streit-und-mobbing cybermobbing-mehr-als-mobbing
https://hilfe-bei-mobbing.ch/mobbing/cybermobbing

Hilfsadressen zum Thema sexualisierte Gewalt

Das »**#unddu-Portal**« enttabuisiert sexualisierte Gewalt unter Jugendlichen, agiert weltweit und gibt Unterstützung für Betroffene: **https://unddu-portal.de/de**

Die folgenden Ansprechpartner helfen dir fachkompetent und einfühlsam weiter!

Deutschland:
Im konkreten Fall sexualisierter Gewalt sind mögliche Ansprechpartner Wildwasser, Dunkelziffer und Zartbitter:
http://www.wildwasser.de
www.dunkelziffer.de
http://zartbitter.de/gegen_sexuellen_missbrauch/Aktuell/100_index.php

Im Hilfeportal »Missbrauch« der Bundesregierung gibt es viele Facts zum Thema sexualisierte Gewalt und die Möglichkeit, anonym Kontakt aufzunehmen und Rat zu erfragen: **https://www.hilfe-portal-missbrauch.de/fragen-antworten/#c1090**

Aufklärung rund um das Thema Loverboys und Hilfemöglichkeiten bietet dir: **www.no-loverboys.de**

Das Netzwerk »Gemeinsam gegen Menschenhandel« **https://www.ggmh.de** hilft weiter, wenn dir Personen begegnen, die sexuell ausgebeutet werden. Unter dem Namen »**Liebe ohne Zwang**« kann man Fachpersonen dazu in den Schulunterricht einladen. **https://liebe-ohne-zwang.de/de**

Du verspürst sexuelle Neigungen zu Kindern und Jugendlichen und möchtest kein Täter werden? Wende dich vertrauensvoll an die fachkompetente Initiative »Kein Täter werden« **https://www.kein-taeter-werden.de!**

Wenn dir bei anderen kinderpornografisches Material begegnet oder selbst geschickt wurde, findest du bei **https://www.soundswrong.de** kompetente Hilfe und Hinweise, wie du auch anonym darauf hinweisen kannst.

Österreich/Liechtenstein:
Im konkreten Fall sexualisierter Gewalt ist dein möglicher Ansprechpartner
https://www.rataufdraht.at
https://www.rataufdraht.at/themenubersicht/gewalt/sexueller-missbrauch-hilfe-fur-betroffene

Schweiz:
»clickandstop.ch« ist die Online-Meldestelle gegen sexualisierte Gewalt an Kindern und Jugendlichen. Betroffene erhalten hier kompetente Hilfe:
https://www.clickandstop.ch

Hilfsadressen Teenie-Schwangerschaften & Schwangerschaftskonflikt

Deine Ansprechpartner in Deutschland:
»Vita-L« ist ein kostenloses, anonymes und fachkompetentes 24h-Notfalltelefon für ungewollt Schwangere und ihre Partner: **0800 36 999 63**
https://www.vita-l.de/kontakt/, kontakt@vita-l.de
Die »Bundestiftung Mutter und Kind – Schutz des ungeborenen Lebens« hilft schwangeren Frauen in Notlagen: **https://www.bundesstiftung-mutter-und-kind.de**

Deine Ansprechpartner in Österreich / Liechtenstein:
Bei der »österreichischen Lebensrechtsbewegung« gibt es Beratungsmöglichkeiten bei ungeplanter Schwangerschaft und anderen Fragen: **https://www.lebensbewegung.at**
Die Internetseite »schwanger.li« gehört zu einer Schwangerenberatung in Liechtenstein und Teilen Österreichs. Sie sind Ansprechpartner in Fragen rund um auch ungeplante Schwangerschaften: **https://schwanger.li**

Deine Hilfsangebote in der Schweiz:
Die Interessengemeinschaft »powerwomen« ist dem Leben gegenüber positiv eingestellt und ansprechbar für Schwangere und ihre Partner, die Hilfe suchen:
https://ungewollt-schwanger.ch/impressum
Bei der »Schweizerischen Hilfe für Mutter und Kind« gibt es Beratung und Direkthilfen, wenn Menschen durch eine Schwangerschaft oder Geburt in Not geraten.
https://www.shmk.ch

Dank

Zuallererst danken wir unserer Familie für ihr Verständnis, ihre Geduld und die liebevolle praktische Unterstützung während des gesamten Entstehungsprozesses dieses Buches. Ohne euch würde es **Next Level** nicht geben!!

Unser Dank gilt allen, die uns während der Entstehung dieses Buchs auf ganz vielfältige Art und Weise unterstützt haben! Ausdrücklich danken wir an dieser Stelle denjenigen **Kids, Teens und Erwachsenen,** die bereit waren, mutig ihre tiefsten Gedanken und Empfindungen zu diesen oft tabuisierten Themen zu teilen und den Lesern daran Anteil zu geben.

Unser spezieller Dank und unsere Wertschätzung gilt den **Mädchen und Frauen**, die mit ihren einzigartigen Erfahrungsberichten anonym einen Schuhkarton »fütterten« oder uns ihre Erfahrungen anders zukommen ließen. Eure Berichte geben **Next Level** seine ganz persönliche Note.

Auch Utes Kollegen **Gabriel und Martin** vom Weißen Kreuz sowie unseren Testleserinnen **Kiki, Thirza und Ella,** die alle **Next Level** sehr engagiert gegengelesen, kommentiert und durch ihre Rückfragen zu dem Buch gemacht haben, das es heute ist, gilt unser herzliches Dankeschön.

Wir schätzen die Zusammenarbeit mit **Anja Lerz** als Lektorin außerordentlich. Sie hat wesentlich zum Gelingen dieses Projektes beigetragen. Vielen herzlichen Dank für die überaus angenehme Zusammenarbeit!

Ruth Atkinson vom Neukirchener Verlag danken wir für die kompetente und persönliche Begleitung während des gesamten Entstehungsprozesses. **Andreas Sonnhüter** verdankt dieses Buch das hervorragende Layout, **Volker Konrad** die ausgezeichneten Illustrationen. Auch ihnen gilt unser herzliches Dankeschön für die sehr gute Zusammenarbeit in der grafischen Umsetzung.

Wer schreibt hier?

Dr. med. Ute Buth ist Frauenärztin, seit 22 Jahren verheiratet mit Peter. Ute arbeitet als Fachreferentin für das Weiße Kreuz Deutschland e. V. und leitet die Beratungsstelle **herzenskunst** in Bochum mit den Beratungs-Schwerpunkten Sexualberatung und Sexualaufklärung, unterstützt altersgemäße Schulprojekte, hält Vorträge für Eltern über Aufklärungsthemen und ist begeisterte Malerin.

Linnea Buth ist 18 Jahre alt und Oberstufenschülerin. Sie ermutigt gern Menschen, ihren ganz persönlichen Weg zu finden, und freut sich, wenn Frauen selbstbewusst durchs Leben gehen.

Gemeinsam referieren sie Workshops zum Thema »Werde deine beste Freundin«.

Linnea: »Bei unserem Aufklärungsunterricht in der Schule blieb so manche Frage offen – und nicht jeder stellt die gern vor anderen. Ich finde es toll, dass Next Level Jugendlichen die Chance bietet, ihre Fragen selbst zu beantworten und es dabei hilft, sich besser kennenzulernen. Next Level ist ein echt hilfreicher Pubertätsbegleiter.«

Ute: »Aufklärungsunterricht biete ich an ganz verschiedenen Schulformen schon seit mehr als 17 Jahren an. Separate Gesprächsgruppen für Mädchen und Jungs gehören für mich, wo immer möglich, dazu: zum Klartext reden, offene Fragen beantworten und Fehlinfos klären. Nicht jeder hat einen vertraulichen Ansprechpartner. Ich freue mich, dass Next Level genau dies bietet!«

Stichwortverzeichnis A - Z

N

O

P

Q

R

S

T

U

V

W

Z

Quellen

Die wissenschaftlichen Hintergründe zu diesem Buch haben wir durch Quellenangaben sorgfältig belegt. Da viele der zahlreichen Endnoten Verweise ins Internet sind, stellen wir sie digital zur Verfügung. Du findest sie unter:

www.neukirchener-verlage.de/
nextlevel-quellen

Bildnachweise

Wenn nicht anders angegeben:
Volker Konrad

Bildnachweis Hymen:
Hans-Jörg Nisch

Bildnachweise Shutterstock
vishakaa, Pravdinal, Anton Vierietin, AVS-Images, Noch, Pravdinal, Freud (Umschlag); Polina Tomtosova (S. 10); Mega Pixel, Vangert, Dima Zel (S. 12); Pravdinal (S. 14); Polina Tomtosova (S. 16); Perfectorius (S. 17); Anastasia Samorodova (S. 18), Happy Art (S. 19); Pravdinal (S. 20); 4LUCK (S. 21); JustDOne (S. 22); Polina Tomtosova (S. 23); Who If Not Us (S.24); Noch (S. 27); Pravdinal (S. 29); ANTSTUDIO (S. 30); SvetaZi, Simbert Brause (S. 31); Pravdinal (S. 32); Paladin12, Gun2becontinued, DreamStockIcons, bsd studio (S. 33); ASAG Studio (S. 38); KoTanGens (S. 40); Evgenia Vasileva (S.44); Number 86 (S. 49); Vera Serg (S. 50); Cube29 (S. 54); Antonov Maxim (S. 62); hadkhanong (S. 70); Julia Kovryzhenko (S. 74); Aluna1 (S. 76); bus109 (S. 80); Nadiinko (S.81); linear_design (S. 82); Dear Lady-Deer (S. 84); vectorchef (S. 94); Drawlab19 (S. 96); omarco (S. 97); ANT 7 (S. 114); Blamb (S. 117); digital.art, Mariia Lov, Takoyaki Tech (S. 122); davooda (S. 132); Panda Vector (S. 134); PCH.Vector (S. 138); Number 86 (S. 141); Webicon (S. 151); Freud (S. 159); nexusby (S. 162); Tymonko Galyna (S. 167); osmoVector (S. 170); C CherryFresh (S. 173); Andrii_Malysh (S. 179); Luis Antonio Gomez Torres (S. 195); Tymur Raccoon (S. 200); Zhanna Markina (S. 228); inspiring.team (S. 230); Rvector (S. 232); conKitty (S.238f.); Danil Balashov (S. 240); Who If Not Us (S. 257)